博士论文
出版项目

思想政治教育差异论

The Diversity Theory of the Ideological and Political Education

于 佳 著

中国社会科学出版社

图书在版编目（CIP）数据

思想政治教育差异论 / 于佳著. -- 北京：中国社会科学出版社，2024.11. -- ISBN 978-7-5227-3906-9

Ⅰ. D64

中国国家版本馆 CIP 数据核字第 2024K98K93 号

出 版 人	赵剑英
责任编辑	刘　艳
责任校对	陈　晨
责任印制	郝美娜

出　　版	中国社会科学出版社
社　　址	北京鼓楼西大街甲 158 号
邮　　编	100720
网　　址	http://www.csspw.cn
发 行 部	010-84083685
门 市 部	010-84029450
经　　销	新华书店及其他书店
印　　刷	北京君升印刷有限公司
装　　订	廊坊市广阳区广增装订厂
版　　次	2024 年 11 月第 1 版
印　　次	2024 年 11 月第 1 次印刷
开　　本	710×1000　1/16
印　　张	21.25
插　　页	2
字　　数	296 千字
定　　价	128.00 元

凡购买中国社会科学出版社图书，如有质量问题请与本社营销中心联系调换
电话：010-84083683
版权所有　侵权必究

出 版 说 明

为进一步加大对哲学社会科学领域青年人才扶持力度，促进优秀青年学者更快更好成长，国家社科基金 2019 年起设立博士论文出版项目，重点资助学术基础扎实、具有创新意识和发展潜力的青年学者。每年评选一次。2022 年经组织申报、专家评审、社会公示，评选出第四批博士论文项目。按照"统一标识、统一封面、统一版式、统一标准"的总体要求，现予出版，以飨读者。

全国哲学社会科学工作办公室
2023 年

序　言

　　差异作为一个哲学范畴，揭示着自然界、人类社会和人类思维之中普遍存在的现象，不仅反映物质与精神世界的常态性问题，而且是人们认识和改造世界的一个可及性视角。科学认识和把握差异现象、揭示差异本质问题对促进社会和人的全面发展具有重要价值。进入新时代，我国社会主要矛盾发生了新的变化，人们的需要呈现多样化、多方面、多层次的特点，但由于发展的不平衡与不充分，社会生活中存在着诸多差异现象和差异问题，其中一些差异问题可演化为社会矛盾与社会冲突，这就需要在新时代运用差异的分析视角来理性面对差异现象、有效协调差异问题。于佳博士撰写的《思想政治教育差异论》，以马克思主义差异思想为指导，以差异为分析视角，以思想政治教育差异问题为研究对象，以促进人的全面发展为旨归，就此展开了比较全面而系统、深入而持续的思考和探索。

　　《思想政治教育差异论》的问世凝结了于佳博士的大量心血，其创新价值在于：

　　一是对差异的概念、本质、特征进行了深度阐释。差异是万事万物存在的客观形式和普遍样态。该著作从马克思恩格斯文本出发，对马克思恩格斯关于差异思想的内容、本质和特征进行阐发，以期为研究思想政治教育差异问题提供科学、具体、全面的理论依据。任何具体事物的客观存在和永恒发展都必然表现为一定的内在差异和外在差异及其相互作用，差异要素间保持着紧密的联系，呈现出事物的丰富性、多样性，由差异要素构成的矛盾促进着事物由低级到高级、由简单到复杂的不断发展。差异具有普遍相关性、客观实在性、复杂多样性、社会历史性等特征。

二是对思想政治教育差异范畴进行了创新的学理分析。该著作提出，马克思恩格斯关于差异的思想是直面现实差异的重要理论，它在指导我们面对差异现象、协调差异问题时应当如何认识和理解人与社会的全面发展方面发挥着重要作用。该著作从思想政治教育差异的思维方式、实施方法、实践导向三个基本维度出发，概括出思想政治教育差异具有矛盾调适性、客观动态性、探索开发性、价值规约性四大特征。

三是聚焦思想政治教育众多差异问题进行了系统剖析。该著作从个体层面的差异、人与人之间的差异和个人与社会之间的差异入手，分析了人的实践活动中诸多差异现象与差异问题，特别是围绕思想政治教育众多差异问题进行了本质归纳，考察了差异问题的社会发展不够充分、人的发展不够全面、利益诉求不够平衡等成因，揭示了社会生产力是思想政治教育众多差异问题产生的根本性原因。该著作阐述了由于社会发展的不充分、不平衡，思想政治教育表现出看待差异问题观念滞后、协调差异和调适矛盾的有效性不强、激活人的发展动力任务艰巨，以及规约人的发展能力不足等内生之弊。

四是搭建了思想政治教育差异研究的理论架构。该著作从理念与机制、结构与功能、诉求与规约三个方面，深入探讨思想政治教育差异的理念、结构与诉求，并探究与之相关联的思想政治教育差异的机制、功能与规约。该著作论证了思想政治教育差异的六个范畴、三对矛盾及其所构成的三大方面相互制约、相互促进的关系，它们既分别发挥着多元性与统一性、整体性与局部性、综合性与层次性的差异价值，又共同促进着人的全面发展与社会的全面进步。

这部著作的写作特点与特色主要有四个方面：

一是研究视角的创新。

目前，学界聚焦思想政治教育协调差异现象和差异问题、促进人的全面发展等相关研究还相对较少，尚未对这一问题进行系统、整体的研究。思想政治教育差异论的研究旨在探讨人们从有限片面的差异状态走向更高层次的共同性发展，这对于回应现实的差异问题以及实现人的自由而全面发展都具有重要价值。该著作对马克思恩格斯关于差异的思想进行了深入探究，在此指导下探析思想政治教育差异的内涵、本质、基本维度、特性等内容，并从理念与机制、结构与功能、诉求与规约等方面建构和诠释思想政治教育差异的理论框架，以期达到"返本开新"，即回归马克思恩格斯关于差异的思想之本，开启新时代思想政治教育研究之新，为引导人们在新时代协调差异问题中走向实现人的自由而全面发展提供新的理论阐释。

二是研究观点的创新。

该著作提出的思想政治教育差异概念是建立在马克思恩格斯关于差异的思想以及思想政治教育科学理论的基础之上的。马克思恩格斯关于差异的思想对于面对差异现象和协调差异问题，促进人的全面性发展具有重要的指导价值，概括总结这一思想的内容、本质和特征，有助于科学把握思想政治教育差异的内涵。思想政治教育差异是指面对人在发展中有限片面的差异现状，以马克思主义唯物史观为视阈，有针对性地引导人们正确认识和把握社会实践中存在的差异现象与差异问题，揭示客观世界差异存在的条件、方式及其变化发展规律，以差异化的实践教育活动推进人们走向更高层次的共同性发展，从而促进社会全面进步，实现人的全面发展。

三是研究结构的创新。

该著作尝试探索了思想政治教育差异的理论研究架构。基于对思想政治教育所面对的差异问题的分析，并遵循新时代思想政治教育发展的规律和方向，该著作从理念与机制、结构与功能、诉求与规约等方面建构了思想政治教育差异的理论架构，并在阐明三对矛盾范畴相互制约、相互促进的互动关系的基础上，探索思想政治教育差异理念与机制的运行路径、思想政治教育差异结构与功能的发挥路径以及思想政治教育差异诉求与规约的实现路径，以期通过多方面的路径探索共同促进人的全面发展。

四是研究结论的创新。

该著作提出，在外部环境和内部挑战的双重推动下，新时代思想政治教育必然走向"差异"的研究视阈中，通过科学运用差异的分析视角来面对差异现象、协调差异问题，进而促使人们实现多样性与统一性的发展。尤其在新时代社会转型发展的进程中，差异现象和差异问题的存在并不可怕，只要我们透视困境表现、把握困境成因、探寻问题实质、凝聚解决共识，就能促使思想政治教育在面对和协调差异的过程中发现新的发展机遇，实现思想政治教育的创新性和进阶性发展。

于佳博士在攻读博士学位期间放弃了寒暑假和大量休息时间，潜心研究，深度阅读了马克思恩格斯关于差异的重要著作以及思想政治教育差异问题的相关文本著作，收集了大量的相关文献资料，进行了系统的加工、整理、开发、创造，撰写的《思想政治教育差异问题研究》一文，主题鲜明、立意深刻，内容丰富、结构严谨，表达顺畅、说理透彻，文风朴实、逻辑性强，在送审盲检中获得外审专家的一致好评，被评为苏州大学优秀博士学位论文。但时代在发展，实践在创新，认识有待深化，研究需要开拓。思想政治教育差异问题研究是新时代思想政治教育理论研究的生长点，是一个需要不断学习、深入研究的重要理论课题，更是一个有待在实践中创新发展的重要现实问题。希望于佳博士在《思想政治教育差异论》一书出版后，继续围绕思想政治教育差异问题做进一步深入研究，为促进人的自由而全面发展，推进思想政治教育科学化、制度化、现代化贡献智慧和力量；也衷心希望学界能够关注和推进思想政治教育差异问题的研究，特别是汇聚差异性社会的发展共识，创新差异发展的实现形式，为以中国式现代化全面推进中华民族伟大复兴做出新的更大的贡献！

是为序。

姜建成
2023 年 9 月于苏州大学

摘　　要

本书以差异为分析视角，以思想政治教育协调差异问题、促进人的全面发展为旨归，尝试性地为促进人的全面发展建构思想政治教育差异的理论架构。

第一，本书探析了差异问题的历史溯源和理论依据，从马克思主义唯物辩证法的源头——古希腊哲学，及其直接来源——德国古典哲学出发，对这两个时期哲学家们的差异思想进行梳理；并从内容、本质和特征三个方面对马克思恩格斯关于差异的思想进行论述。在马克思恩格斯看来，差异是万事万物存在的客观形式和普遍样态，矛盾是差别性双方的矛盾关系，矛盾双方相互联系、相互作用促进事物的进阶性发展。

第二，本书阐释了思想政治教育差异范畴的相关内容。首先，界定了思想政治教育差异的内涵与本质，其内涵是指面对人在发展中有限片面的差异现状，以马克思主义唯物史观为视阈，有针对性地引导人们正确认识和把握社会实践中存在的差异问题，揭示客观世界差异存在的条件、方式及其变化发展规律，以差异化的实践教育活动推进人们走向更高层次的共同性发展，从而促进社会全面进步、实现人的全面发展；其本质是实现人沿着有限片面的差异性现状—和谐共同性发展—最高层次的自由而全面发展这一过程而发展。其次，说明了思想政治教育差异的思维方式、实施方法、实践导向三个基本维度。最后，概括出思想政治教育差异的四个特性，即矛盾调适性、客观动态性、探索开发性、价值规约性。

第三，本书分析了思想政治教育所面对的众多差异问题。首先，对个体在实践活动中的诸多差异现象与差异问题进行了分析，包括个体层面的差异、人与人之间的差异和个人与社会之间的差异。其次，考察了差异问题的成因，其中社会生产力是根本性原因，表现为社会发展的不充分、人的发展的不全面、利益诉求的不平衡。最后，对当前思想政治教育解决差异问题的困境展开探究，思想政治教育表现出看待差异问题观念滞后、协调差异和调适矛盾的有效性不强、激活人的发展动力任务艰巨，以及规约人的发展能力不足等内生之弊。

第四，本书着力从理念与机制、结构与功能、诉求与规约三个方面建构了思想政治教育差异的理论架构。在人的发展中，原有的差异理念是人的发展的起点，它将外化为多样的差异行动，这就要有不同的机制予以保障或制约；在现实的社会中，人的发展形成了差异的结构，发挥着不同的功能；同时，差异理念形成了人们的差异诉求，引发人们满足诉求的不同实践活动，这就需要有各种规约予以有序的规范。由这六个范畴、三对矛盾所构成的三大方面都是相互制约、相互促进的矛盾范畴，它们既分别发挥着多样性价值，又共同促进着人的自由而全面发展。

关键词：马克思恩格斯；思想政治教育差异；人的自由而全面发展

Abstract

Based on the analysis perspective of diversity, this book aims at using ideological and political education to solve the problem of diversity and promote people's all-round development, then trying to establish a theory structure on the diversity of ideological and political education to promote people's all-round development.

First, this book expounds the historic origin and theoretical basis of the problem of diversity. From these two points of view, the origin of Marxist materialist dialectics—Graeco philosophy, and the direct origin of the problem of diversity—German Classical Philosophy, this passage sorts out the diversity theory of these philosophers in these two periods and explores Marx and Engels' thoughts on diversity form the following three aspects: content, essence and characteristics. According to Marx and Engels, diversity is the objective form and widespread state of existence of all things, and contradiction is the contradictory relationship between two different parts that can interact with each other to promote the advanced development of everything.

Second, the related content on the diversity category of ideological and political education is elucidated. First of all, it defines the connotation and essence of the diversity of ideological and political education. Its connotation refers to the limited and one-sided diversity situation in people's development, from the perspective of Marxist historical materialism, which guides people to correctly understand and grasp the existence of diversity problem in social practice, reveals the conditions, ways and laws of change that are diversified existence in the objective world, uses differentiated practical educational activities to promote to a higher level of common development, so as to promote the overall progress of society and realize people's all-round development. Secondly, the three fundamental dimensions, ways of thinking, implementation method, and practice orientation of the diversity of the ideological and political education are illuminated. Finally, it summarizes four characteristics of the diversity of ideological and political education, that is, adaptability of contradiction, objective dynamics, exploration and development, and value regulation.

Third, this book analyses many problems of diversity that ideological and political education is facing. First of all, many situations and problems of diversity of individuals in practical activities are analyzed, including individual diversity, the diversity between individuals and the diversity between individual and society. Secondly, it examines the causes of the diversity problem, among which social productivity is the fundamental cause, which is manifested as inadequate social development, incomplete human development and unbalanced interest demands. Finally, through probing into the dilemma of the current ideological and political education in solving the problem of diversity, and finds that ideological and political education shows some inherent disadvantages such as the lagging concept of the problem of diversity, the weak effectiveness of coordinating diversity and adjusting contradictions, the difficult task of activating people's development motivation, and the insufficient ability of regulating people's development.

Fourth, this book focuses on concept and mechanism, structure and function, appeal and regulation these three aspects to construct the theoretical frame of the diversity of ideological and political education. In people's development, the original concept of diversity is the starting point of people's development, which can be exteriorized as various actions of diversity, so it needs diversified mechanisms to guarantee or restrict; in the real world, the development of people forms diversified structures, which serve different functions; simultaneously, the concept of diversity forms people's diversified appeals, generating people's various practical activities for satisfying their demands, so it calls for all kinds of regulations to make sure orderly specification. The three aspects composed of these six categories and three pairs of contradictions are mutually restrictive and mutually promoting contradictory categories, which not only exert diversified value respectively, but also jointly promote the free and all-round development of human beings.

Key words: Marx and Engels; Diversity in ideological and political education; The free and comprehensive development of human beings

目　　录

导　论 …………………………………………………………（1）
　　一　问题提出 ………………………………………………（1）
　　二　研究意义 ………………………………………………（5）
　　三　文献综述 ………………………………………………（8）
　　四　研究路径 ………………………………………………（40）

第一章　差异问题的历史溯源和理论依据 ……………………（47）
　第一节　差异问题的历史溯源 ……………………………（47）
　　一　古希腊时期思想家关于差异问题的认识 ……………（47）
　　二　德国古典哲学思想家关于差异的论述 ………………（53）
　　三　差异的研究意义与本质 ………………………………（66）
　第二节　差异问题研究的理论依据 ………………………（69）
　　一　马克思恩格斯关于差异思想的内容 …………………（69）
　　二　马克思恩格斯关于差异思想的本质 …………………（80）
　　三　马克思恩格斯关于差异思想的特征 …………………（85）

第二章　思想政治教育差异范畴的界说 ………………………（92）
　第一节　思想政治教育差异的内涵与本质 ………………（93）
　　一　思想政治教育差异的内涵 ……………………………（93）
　　二　思想政治教育差异的本质 ……………………………（102）
　第二节　思想政治教育差异的基本维度 …………………（106）

一　思想政治教育差异是一种思维方式 …………………（107）
   二　思想政治教育差异是一种实施方法 …………………（109）
   三　思想政治教育差异是一种实践导向 …………………（111）
 第三节　思想政治教育差异的特性 ………………………（113）
   一　矛盾调适性 ……………………………………………（113）
   二　客观动态性 ……………………………………………（116）
   三　探索开发性 ……………………………………………（119）
   四　价值规约性 ……………………………………………（122）

第三章　思想政治教育的差异问题及原因分析 …………（125）
 第一节　思想政治教育面对的差异问题 …………………（125）
   一　人自身内在的理想与现实的差异 …………………（126）
   二　人与人之间的差异 …………………………………（129）
   三　个人与社会的差异 …………………………………（132）
 第二节　思想政治教育差异问题的原因 …………………（136）
   一　社会发展的不够充分 ………………………………（137）
   二　人的发展的不够全面 ………………………………（140）
   三　利益诉求的不够平衡 ………………………………（142）
 第三节　当前思想政治教育解决差异问题的困境 ………（145）
   一　思想政治教育看待差异问题的观念相对滞后 ……（146）
   二　思想政治教育协调差异、调适矛盾的有效性
      不强 …………………………………………………（149）
   三　思想政治教育激活人的发展动力任务艰巨 ………（153）
   四　思想政治教育规约人的发展能力有待提高 ………（155）

第四章　思想政治教育差异的理念与机制 ………………（159）
 第一节　思想政治教育差异理念 …………………………（160）
   一　思想政治教育差异理念的概念与意义 ……………（160）
   二　思想政治教育差异理念的基本特征 ………………（164）

第二节　思想政治教育差异机制 …………………………（166）
　一　思想政治教育差异机制的概念与内容 ………………（167）
　二　思想政治教育差异机制的基本特征 …………………（172）
第三节　思想政治教育差异理念及其机制的辩证
　　　　统一 …………………………………………………（175）
　一　思想政治教育差异理念及其引导机制的辩证
　　　统一 ……………………………………………………（176）
　二　思想政治教育差异理念及其调节机制的辩证
　　　统一 ……………………………………………………（181）
　三　思想政治教育差异理念及其动力机制的辩证
　　　统一 ……………………………………………………（188）

第五章　思想政治教育差异的结构与功能 ………………（195）
第一节　思想政治教育差异结构 …………………………（195）
　一　思想政治教育差异结构的概念与意义 ………………（196）
　二　思想政治教育差异结构的构成要素 …………………（197）
　三　思想政治教育差异结构的类型 ………………………（200）
第二节　思想政治教育差异功能 …………………………（209）
　一　思想政治教育差异功能的概念与内容 ………………（209）
　二　思想政治教育差异功能的特征 ………………………（216）
第三节　思想政治教育差异结构及其功能的辩证
　　　　统一 …………………………………………………（217）
　一　思想政治教育差异结构及其诉求功能的辩证
　　　统一 ……………………………………………………（218）
　二　思想政治教育差异结构及其调节功能的辩证
　　　统一 ……………………………………………………（222）
　三　思想政治教育差异结构及其激励功能的辩证
　　　统一 ……………………………………………………（227）

第六章 思想政治教育差异的诉求与规约 ……（232）

第一节 思想政治教育差异诉求 ……（233）
一 思想政治教育差异诉求的概念与意义 ……（233）
二 思想政治教育差异诉求的主要内容 ……（234）

第二节 思想政治教育差异规约 ……（241）
一 思想政治教育差异规约的概念与意义 ……（241）
二 思想政治教育差异规约的原则要求 ……（244）

第三节 思想政治教育差异诉求及其规约的辩证统一 ……（250）
一 思想政治教育差异诉求及其主导性规约的辩证统一 ……（251）
二 思想政治教育差异诉求及其整体性规约的辩证统一 ……（256）
三 思想政治教育差异诉求及其有序性规约的辩证统一 ……（262）
四 思想政治教育差异诉求及其目标性规约的辩证统一 ……（267）

结 论 ……（273）
一 探寻促进人的发展的有效路径 ……（274）
二 发掘思想政治教育差异理论架构的重要价值 ……（275）
三 探索差异分析视角的未来走向 ……（276）

主要参考文献 ……（278）

索 引 ……（301）

后 记 ……（309）

Contents

Introduction ··· (1)
    1   Propose problems ································· (1)
    2   Research significance ···························· (5)
    3   Literature review ································· (8)
    4   Research approach ································ (40)

Chapter 1 The historic origin and theoretical basis of the problem of diversity ··· (47)
  Section 1 The historic origin of the problem of the diversity ··· (47)
    1.1.1 Related diversity theories of Graeco philosophers ······································ (47)
    1.1.2 Related diversity theories of German classical philosophers ······················· (53)
    1.1.3 The research significance and essence of diversity ···································· (66)
  Section 2 The theoretical basis of the research of the problem of diversity ························· (69)
    1.2.1 The content of Marx and Engel's thought on diversity ···································· (69)

1.2.2　The essence of Marx and Engel's thought on diversity ………………………………………… (80)

1.2.3　The characteristics of Marx and Engel's thought on diversity ……………………………… (85)

Chapter 2　The definition of the diversity category of ideological and political education ……………… (92)

Section 1　The connotation and essence of the diversity of ideological and political education …………… (93)

2.1.1　The connotation of the diversity of ideological and political education ……………………… (93)

2.1.2　The essence of the diversity of ideological and political education …………………………… (102)

Section 2　The fundamental dimension of the diversity of ideological and political education ……………… (106)

2.2.1　The diversity of ideological and political education is a way of thinking ……………………… (107)

2.2.2　The diversity of ideological and political education is an implementation method ……………… (109)

2.2.3　The diversity of ideological and political education is a kind of practice orientation …………… (111)

Section 3　The feature of the diversity of ideological and political education ………………………………… (113)

2.3.1　Adaptability of contradiction ………………… (113)

2.3.2　Objective dynamics …………………………… (116)

2.3.3　Exploration and development ……………… (119)

2.3.4　Value and regulation ………………………… (122)

Chapter 3 The problem of diversity in ideological and political education and its cause (125)

Section 1 The diversity problem that ideological and political education is facing (125)

3.1.1 The diversity between Man's own inner ideal and reality (126)

3.1.2 The diversity between individuals (129)

3.1.3 The diversity between individual and society (132)

Section 2 The cause of the diversity problem of ideological and political education (136)

3.2.1 Inadequate social development (137)

3.2.2 Incomplete human development (140)

3.2.3 Unbalanced interest demands (142)

Section 3 The dilemma of ideological and political education to tackle diversity problems nowadays (145)

3.3.1 The lagging concept of the problem of diversity (146)

3.3.2 The weak effectiveness of coordinating diversity and adjusting contradictions (149)

3.3.3 The difficult task of activating people's development motivation (153)

3.3.4 The insufficient ability of regulating people's development (155)

Chapter 4 The concept and mechanism of the diversity of ideological and political education (159)

Section 1 The concept of the diversity of ideological and political education (160)

4.1.1 The definition and significance of the concept of the diversity of ideological and political education (160)

  4.1.2 The basic feature of the concept of the diversity of ideological and political education ……………… (164)

 Section 2 The mechanism of the diversity of ideological and political education ………………………………… (166)

  4.2.1 The definition and content of the diversity mechanism of ideological and political education ……………… (167)

  4.2.2 The basis feature of the diversity mechanism of ideological and political education ……………… (172)

 Section 3 The dialectical unity of the concept and its mechanism of the diversity of ideological and political education ……………………………………………………… (175)

  4.3.1 The dialectical unity of the concept and its guidance mechanism of the diversity of ideological and political education ………………………………… (176)

  4.3.2 The dialectical unity of the concept and its regulatory mechanism of the diversity of ideological and political education ………………………………… (181)

  4.3.3 The dialectical unity of the concept and its dynamic mechanism of the diversity of ideological and political education ………………………………… (188)

Chapter 5 The structure and foundation of the diversity of ideological and political education ……………… (195)

 Section 1 The structure of the diversity of ideological and political education ………………………………… (195)

  5.1.1 The definition and significance of the structure of the diversity of ideological and political education ……… (196)

  5.1.2 The constitution element of the structure of the diversity of ideological and political education ……………… (197)

5.1.3	The type of the structure of the diversity of ideological and political education ·················	(200)
Section 2	The function of the diversity of ideological and political education ································	(209)
5.2.1	The definition and content of the function of the diversity of ideological and political education ················	(209)
5.2.2	The feature of the function of the diversity of ideological and political education ·················	(216)
Section 3	The dialectical unity of the structure and its function of the diversity of ideological and political education ································	(217)
5.3.1	The dialectical unity of the structure and its appellative function of the diversity of ideological and political education ····························	(218)
5.3.2	The dialectical unity of the structure and its regulatory function of the diversity of ideological and political education ····························	(222)
5.3.3	The dialectical unity of the structure and its incentive function of the diversity of ideological and political education ····························	(227)

Chapter 6	**The appeal and regulation of the diversity of ideological and political education** ················	**(232)**
Section 1	The appeal of the diversity of ideological and political education ································	(233)
6.1.1	The definition and significance of the appeal of the diversity of ideological and political education ·········	(233)
6.1.2	The content of the appeal of the diversity of ideological and political education ·················	(234)

Section 2 The regulation of the diversity of ideological and political education ………………………………… (241)
  6.2.1 The definition and significance of the regulation of the diversity of ideological and political education …………………………………………… (241)
  6.2.2 The principle and demand of the regulation of the diversity of ideological and political education …………………………………………… (244)

Section 3 The dialectical unity of the appeal and its regulation of the diversity of ideological and political education ………………………………… (250)
  6.3.1 The dialectical unity of the appeal and its dominant regulation of the diversity of ideological and political education ………………………………… (251)
  6.3.2 The dialectical unity of the appeal and its integral regulation of the diversity of ideological and political education ………………………………… (256)
  6.3.3 The dialectical unity of the appeal and its order regulation of the diversity of ideological and political education ………………………………… (262)
  6.3.4 The dialectical unity of the appeal and its target regulation of the diversity of ideological and political education ………………………………… (267)

Inclusion …………………………………………………… (273)
  1 Explore effective ways to promote human development ……………………………………………… (274)
  2 Explore the important value of theoretical frame of the diversity of ideological and political education ………… (275)

3 Explore the future direction of the perspective of
   diversity analysis ·· (276)

References ·· (278)

Index ··· (301)

Postscript ·· (309)

导　　论

一　问题提出

　　差异是哲学辩证法中一个基础性范畴，它既呈现出事物的多样性存在，又为事物的发展提供前提，是人们认识世界和改造世界应当重视的一个分析视角。随着我国社会的不断发展，人们的需要呈现多样化、多方面、多层次的特点，但由于我国社会生产力的发展还不够充分与平衡，人们仍面对着诸多差异现象和差异问题，使得一些人产生消极、悲观、焦虑、不满的社会心理，滋生出一些错误的思想和越轨的行为，就会使一些差异问题上升为社会矛盾，乃至演变为社会冲突。这就决定了新时代思想政治教育需要通过科学运用差异的分析视角来面对差异现象、协调差异问题，并就此展开系统性、持续性的思考和探索。只有使人们对差异现象和差异问题秉持正确的认识和理解，才有可能在差异中寻求共性、求同存异，在协调差异中尽早化解社会矛盾和社会冲突，在提升社会成员的思想道德素质进而使社会成员更好地适应变化发展的社会中，实现人的全面发展和社会的全面进步。思想政治教育差异论的提出有其理论背景和现实背景。

　　1. 对马克思主义理论进一步认识和探索的需要

　　人的自由而全面发展是马克思恩格斯的崇高价值理想，也最能体现马克思恩格斯关于未来社会的基本构想。在他们看来，未来共产主义是"以每一个个人的全面而自由的发展为基本原则的社会形式"①，

---

① 《马克思恩格斯文集》第 5 卷，人民出版社 2009 年版，第 683 页。

其终极价值和根本指向就是人的自由而全面发展，而这也正是思想政治教育的根本目的和培养目标。在马克思恩格斯理论中，"人的自由而全面发展"中的"人"不是抽象的、孤立的人，而是现实的、具体的、在社会中实践着的人。因为"有生命的个人的存在"①是一切人类历史的第一个前提，对人的存在和发展的考察就要根植于现实的人及其在交往活动中所形成的社会关系，而人的社会实践活动的最终结果就是不断地超越必然性的束缚，走向"自由人联合体"②，从而使人获得真正的自由而全面的发展。"自由人联合体"是马克思恩格斯对人的发展的最终目的的揭示，他们明确指出："代替那存在着阶级和阶级对立的资产阶级旧社会的，将是这样一个联合体，在那里，每个人的自由发展是一切人的自由发展的条件。"③这里"联合体"意味着其中的每一个人都是自由的、有差异的、多样性的存在者，他们自由地组成一个"联合体"，即相互联系、相互依赖、相互尊重、共同发展、共享发展，是多样性与共同性的统一。那么，人在这种"联合体"中是如何存在和发展的呢？人的自由和人的发展又具有怎样的特性呢？一方面，从自由的本质来看，恩格斯认为："自由就在于根据对自然界的必然性的认识来支配我们自己和外部自然"，"必然性"既包括自然规律，也包括"支配人本身的肉体存在和精神存在的规律"④，即社会规律或社会关系。而能够使人们获得真正自由的社会关系必然是在认识社会规律和自然规律之上自由自主地支配我们的社会生活，是具有平等、和谐之社会关系。如马克思所说，在自由人联合体的社会关系中，"他们用公共的生产资料进行劳动，并且自觉地把他们许多个人劳动力当做一个社会劳动力来使用"⑤，此时，人的自由就不是任意、随性的，而是受到必

---

① 《马克思恩格斯文集》第一卷，人民出版社2009年版，第519页。
② 《马克思恩格斯文集》第5卷，人民出版社2009年版，第96页。
③ 《马克思恩格斯文集》第2卷，人民出版社2009年版，第53页。
④ 《马克思恩格斯文集》第9卷，人民出版社2009年版，第120页。
⑤ 《马克思恩格斯文集》第5卷，人民出版社2009年版，第96页。

然性的制约，使人能够在这种社会关系中合乎目的地实现平等的、和谐的、互相尊重的自由活动。当然，其中一个重要前提是不能被忽略的，那就是不同个体之间存在的差别性与共同性的统一。正如马克思所说："他自己的生活对他来说是对象……，他的活动才是自由的活动。"① 这表明，人的活动的自由在于个体能够将自己的活动作为自己的意志对象，按照自己的意志积极地改造着环境，控制自己的生存条件。也正是因为个体是差别性与共同性的统一，才使得人们在实践中要求实现平等、和谐、相互尊重的自由，试想如果个体都是完全等同的，也就不会有这种自由的价值诉求了。另一方面，人的发展也是社会关系中的发展，能够真正实现人的全面发展的社会关系必然是建立在未来社会生产力、生产关系高度发达的基础上的，"在这里，人不是在某一种规定性上再生产自己，而是生产出他的全面性"②。关于人的"全面性"，马克思指出："动物的生产是片面的，而人的生产是全面的；……动物只生产自身，而人再生产整个自然界。"③ 不仅如此，"宗教、家庭、国家、法、道德、科学、艺术等等，都不过是生产的一些特殊的方式，并且受生产的普遍规律的支配。……正像社会本身生产作为人的人一样，社会也是由人生产的"④。从中可以看出，人的"全面性"发展体现在四个方面：一是体现在"再生产整个自然界"上，即物质生产上的全面发展；二是体现在"家庭"上，即人自身生产的全面发展；三是体现在"宗教、法、道德、科学、艺术"上，即精神生产的全面发展；四是体现在"社会、国家"上，即社会关系生产的全面发展。由于个体间相区别的规定性，从内容上来说，个体的"全面性"不仅表现为人的主动性、创造性、自主性的全面发展，而且表现为消除人的模式化、单调化、同步化，丰富人的独特性、多样性，使个体的发展

---

① 《马克思恩格斯文集》第一卷，人民出版社2009年版，第162页。
② 《马克思恩格斯文集》第8卷，人民出版社2009年版，第137页。
③ 《马克思恩格斯文集》第一卷，人民出版社2009年版，第162页。
④ 《马克思恩格斯文集》第一卷，人民出版社2009年版，第186—187页。

成为促进社会发展的生机和活力。综上来看，人的自由而全面发展，强调实现人的多样性的自由以及实现人的全面性的发展。

2. 新时代我国社会主要矛盾解决的现实要求

中国特色社会主义进入新时代，我国社会主要矛盾发生转化，即"人民日益增长的美好生活需要和不平衡不充分的发展之间的矛盾"①。"不平衡不充分的发展"意味着，目前我国社会发展中还存在着诸多差异现象和差异问题。如我国东西部地区发展的不平衡、城乡之间的不平衡、贫富差距之间的不平衡，以及由此带来的个体发展的不充分等。因而，无论是处在"不平衡不充分"的社会发展阶段，还是在未来"自由人联合体的社会"中，我们都需要直面差异现象和差异问题，要始终将差异作为认识世界和改造世界的分析视角，用差异性思维和差异性的实践方法来调适和解决具体的差异性问题，促使人的发展走向和谐的、平衡的共同发展之中。

基于对理论背景和现实背景的分析，思想政治教育需要对蕴含在其中的两个问题进行反思和回答。一是理论上，思想政治教育作为一种指导人们如何生活、如何发展、如何实现价值的教育，只有协调好人和社会发展过程中的各种差异问题，解决好社会发展的诸多矛盾，才能真正为人的全面发展创造更多的发挥空间。对此，思想政治教育要回答和解释好马克思所说的"人的自由而全面发展"，也就是面对着社会实践活动中的差异性现状，如何从思想政治教育的角度来思考人应该怎样追求和实现自由而全面的发展。二是现实中，社会主要矛盾作为社会生活中存在的突出问题，为思想政治教育提供了强烈的社会问题意识，决定其发展方向和趋势。在中国共产党的领导下以马克思主义为指导的新时代思想政治教育，在面对新时代的历史方位和发展条件时，既要充分把握住个体差异性与社会多样性发展的时代机遇，又要清醒地认识到社会主要矛盾转化的

---

① 习近平：《决胜全面建成小康社会 夺取新时代中国特色社会主义伟大胜利——在中国共产党第十九次全国代表大会上的报告》，人民出版社2017年版，第11页。

时代背景下思想政治教育面对的新挑战、新课题，即解决好新时代思想政治教育如何引导人们理性看待差异、客观承认差异、主动应对差异、有效协调差异等问题，并在新的实践基础上运用思想政治教育规律，化解多年来思想政治教育差异问题研究中的盲区，做好新时代思想政治工作，提升思想政治教育实效性。

综上，思想政治教育差异论是在新时代社会主要矛盾转化的时代背景下应然出场的理论探索性问题。尽管学界一直以来都有对"差异性社会""社会差异""思维差异""文化差异""价值差异"等内容的广泛关注和深入研究，但目前学界尚无比较系统完整的思想政治教育差异论研究。将差异作为思想政治教育研究的重要范畴，是协调和解决差异与矛盾、做好新时代思想政治教育工作、促进人的全面发展和社会全面进步的关键，这有待我们进行系统阐述和理论探索。由此，本书将以差异的视角来重新审视新时代思想政治教育的新发展，力图对思想政治教育差异问题进行充分发掘和深度阐发。

二 研究意义

做好新时代思想政治教育工作，就要观照现实发展中所存在的差异现象和差异问题，引导和教育社会成员有勇气直面差异问题、有素质尊重差异问题、有宽度包容差异问题、有能力协调差异问题，以促进人们从有限片面的差异状态走向更高层次的和谐的、共同性的发展，从而促进社会全面进步以及实现人的全面发展。可见，思想政治教育差异论是做好新时代思想政治教育工作、把握思想政治教育发展规律、提升思想政治教育实效性的重要课题，符合时代要求与价值旨趣，具有重要的理论意义和现实意义。

1. 理论意义

一是有利于对马克思恩格斯关于差异的思想进行理论梳理。思想政治教育差异论，是在马克思主义立场、观点、方法的指导下展开的，研究的理论基础是马克思恩格斯关于差异的思想。迄今为止，学界对马克思恩格斯的这一思想关注度不高，少有对其内容、本质和特征的理论阐述，也并未对其进行科学的理论界定。马克思恩格斯关于差异的思想是指导人们正确认识差异、主动面对差异、有效协调差异，并为人的全面发展服务的科学理论，理应成为唯物史观的重要组成部分。由此，本书的基础性理论意义在于，对思想政治教育差异范畴进行理论阐发之前，梳理和概述马克思恩格斯关于差异的思想，力求为思想政治教育差异论的研究奠定坚实的理论基础。

二是有利于丰富新时代思想政治教育理论研究。不落脚、不扎根、不解决社会现实问题的理论研究是缺乏生命力和解释力的。思想政治教育差异论，是立足于新时代我国社会不平衡不充分的发展，以及人的差异性、全面性、多样性的发展需求的时代性理论课题。差异问题是我国全面建设社会主义现代化进程中亟待协调和解决的现实问题。在坚持问题导向的基础上，以差异的分析视角重新审视思想政治教育，既满足社会发展的时代要求，又契合思想政治教育创新性的价值追求，对于丰富和发展新时代思想政治教育理论研究具有重要价值。所以，本书的理论意义在于，能够基于对现实社会中差异问题的揭示，阐发和建构思想政治教育差异的理论框架与相关内容。

三是有利于为实现人的自由而全面发展提供探索思路。新时代思想政治教育坚持以马克思主义为指导，亦将促进人的自由而全面发展作为其最高的价值取向。这就意味着思想政治教育要引导和教育人们具有独立的意志，具备差异性的思维方式，践行差异化的实践活动，在实践中不断发掘自身优势和潜能，促进个体的多样性、全面性的发展。思想政治教育差异论的研究从差异的分析视阈审视和探讨自身的改革创新，能够在协调差异、化解矛盾、引领实践的同时，为实现人的自由而全面发展这一思想政治教育的深层次、根本性问题提供新的探索思路。

2. 现实意义

一是有利于推进新时代思想政治教育科学化发展。思想政治教育作为一门与时俱进的科学研究，是要在马克思主义的指导下，"研究不同时期思想政治教育面临的不同情况、不同问题"①，以确保其科学性和发展性。从教育目标的角度看，思想政治教育差异论的研究不是要打造受教育者单一化的发展模式，而是要引导受教育者正确认识和理性对待差异的存在和发展，发掘自身的潜能和优势，通过差异化的实践活动调适差异问题，实现协调、平衡的发展，从而为社会的全面进步带来更大动力。从教育内容的角度看，面对发展进程中的差异现象和差异问题，思想政治教育不仅要引导和教育人们认识客观差异的存在，还要帮助人们准确分析和把握差异的积极一面和消极一面，对正向差异予以激励和促进，对负向差异予以防范和规避，引导和帮助人们协调好发展中的差异问题。可见，差异作为新时代思想政治教育看待和解决问题的一种研究视角、研究方法和研究路向，是正确认识和有效调适差异现象和差异问题的关键，是当前思想政治教育不可回避的一项应用性的创新研究。本书的现实意义就在于，通过科学阐发思想政治教育差异的相关内容，以期推进新时代思想政治教育的科学化发展。

二是有利于协调差异、解决矛盾，保障和促进人们在和谐有序的社会环境中实现全面的发展。随着社会的不断发展，人们所要面对的差异现象和差异问题也更加复杂多样，在一定程度上会影响人和社会的有序发展，而要想调适和化解这些差异与矛盾，实现人的更高层次的、和谐的、共同的发展，就需要广大社会成员在价值取向上形成发展共识、谋求发展合力，营造良好的社会环境。思想政治教育差异论具有现实性、发展性、针对性，致力于面对和调适"不平衡不充分发展"条件下的差异现象和差异问题，是做好新时代思想政治教育工作深层次问题的实践探索。本书以面对差异、协调和解决差异为出发点和立足点，强调在协调"差异"的过程中引领

---

① 张耀灿、郑永廷、吴潜涛、骆郁廷等：《现代思想政治教育学》，人民出版社2006年版，第46页。

主流意识形态和社会价值取向的"统一",以帮助社会成员在复杂多变的社会矛盾中,认识、尊重、包容、协调好各种差异现象和差异问题,规范人的不协调、不理性的思想和行为,积极化解利益冲突和矛盾,保障人们在和谐有序的社会环境中实现发展。

三 文献综述

(一) 国内文献综述

就国内学者们现有的研究成果来看,学界直接将差异作为思想政治教育研究的分析视角,来探索思想政治教育协调差异问题、促进人的全面发展的成果并不多,但在探究与差异相关的诸多基本问题上,以及在思想政治教育的差异问题等相关研究上,还是取得了很大的成绩。因而,为了拓展研究思路、厘清理论脉络、探究实践出路,对现有成果进行整理归纳,主要集中于以下方面。

1. 关于差异的诸问题研究

差异思想是思想政治教育差异论研究的重要理论前提,从古至今人们对于差异问题的思考与探索从未停止。尽管差异问题辐射范围广泛、差异思想丰富多元,但该思想相对零散,梳理和发掘哲学社会科学中深厚的差异思想,是思想政治教育差异论重要的理论底板,具有重要的价值蕴涵。

(1) 差异内涵、特征、功能定位的研究

其一,关于差异基本内涵的研究。差异是哲学的一个基本概念,任平在分析当前我国社会发展状况时,对差异是什么的问题进行了追问,认为差异与同一和等同都不一样,差异是"打破同一的现存结构而造成的特性",是一种动态过程,"即整个利益格局的重新转换"[1]。易小明、刘庆海认为,差异是"一切事物之间或事物内部要素之间的所有差别性"[2]。乌杰对差异的理解形成于差异与矛盾的比

---

[1] 任平:《论差异性社会的正义逻辑》,《江海学刊》2011年第2期。
[2] 易小明、刘庆海:《差异论》,《吉首大学学报》(社会科学版) 1993年第2期。

较中，认为差异是不同于互相排斥、互相对立的矛盾的基本点。① 同样基于与"矛盾"的比较，崔永和认为，差异"是一种包容多样化因素的和谐理念"②。邱耕田则认为差异"是事物及其事物的运动过程的不同或差别"③。由于学者们从不同视角分析差异，使差异基本内涵的概述呈现多样化，学者们众说纷纭。

其二，关于差异特征的研究。一方面，差异性是事物存在和发展的基本特征；另一方面，差异本身也内含丰富性、多样性特征。多位学者在研究具体对象时，将差异作为研究对象的重要特征，以差异性视角揭示事物发展的规律性，如"差异性社会""差异性公正""差异性正义""差异化发展"等。其中，邱耕田将差异作为特征分析了"差异性原理"的基本内容，指出差异性原理是形成于观察与实践，经过总结、概括所得出的普遍存在的差异现象的规律性认识。④ 而"普遍存在"的表述无形中蕴含着差异本身的内在特征，即普遍性。同样对差异进行普遍性解读的还有乌杰等。乌杰从宇宙的开端——奇点出发，立足于宇宙的创生期进行研究，得出了这样的结论：差异是宇宙存在的根本，普遍存在于自然界、人类社会中。差异的普遍性是其本身区别于矛盾的重要特性。乌杰还系统分析了差异的特殊性，即一个系统区别自身与其他系统的本质特征。⑤ 易小明从八个角度、四个方面概括了差异的基本特征：实体相关性、系统层次性、自在永恒性、普遍活动性（运动、变化、发展）。⑥ 任平指出，在差异性社会中，人民是利益差异的共同体，差异表现为非对抗性。⑦ 当然，学者们对差异特征的认识也是颇有"差异"的，

---

① 乌杰：《关于差异的哲学概念》，《系统科学学报》2008年第2期。
② 崔永和：《思维差异与和谐社会》，湖南师范大学出版社2009年版，第323页。
③ 邱耕田：《哲学视阈中的科学发展》，新华出版社2014年版，第97页。
④ 邱耕田：《差异性原理与科学发展》，《中国社会科学》2013年第7期。
⑤ 乌杰：《关于差异的哲学概念》，《系统科学学报》2008年第2期。
⑥ 易小明：《社会差异研究》，湖南人民出版社1999年版，第4—11页。
⑦ 任平：《论差异性社会的正义逻辑》，《江海学刊》2011年第2期。

还有学者针对差异的复杂性、多样性、客观性、绝对性等展开研究和论述。

其三，关于差异的功能定位研究。学者们对差异的研究不仅有理论界定和分析，更延展到发挥实际效能的层面，充分体现出学界对差异问题给予的全方位关注和思考。差异不仅是事物存在的基本样态，也具有多样性的价值定位，例如差异是一种动力功能、认知手段、分析方法、思维方法、价值发现等。第一，"动力功能"说。乌杰认为，差异具有动力功能，差异是一切事物发展的动力之源，没有差异，自然界、人类社会就失去了多样性，就没有了发展的动力。① 邱耕田也指出，差异构成了社会发展的动力机制。② 第二，"认知手段"说。易小明立足于研究差异问题的实践意义，揭示出差异是一种新的认识手段，既要认识到事物的类的同一性，又要看到事物间的差异性。第三，"差异分析"说。俞吾金从对马克思主义创造性研究的视角揭示了差异分析法的重要意义，认为差异分析法将把马克思主义的研究推向纵深，③ 亦有利于区分马克思哲学研究的不同视角，做好正本清源的工作。④ 这一点在学者们的研究成果中可以充分地表现出来，如"论××与××的差异分析""××的差异比较研究""××的差异观（差异分析）"等标题形式，差异在人们从深层次上认识事物方面发挥着重要功能。第四，"思维方法"说。刘国新认为，面对世界发展的多元化和多样性，需要树立差异与协同的思维方法。⑤ 第五，"差异价值"说。潘自勉认为，差异本身是有价值的，差异的客观性中内在蕴藏着主体的价值诉求，当差异观念上升或被强化为一种思想原则时就具备了价值发现的功能。他认为，

---

① 乌杰：《关于差异的哲学概念》，《系统科学学报》2008 年第 2 期。
② 邱耕田：《差异性原理与科学发展》，《中国社会科学》2013 年第 7 期。
③ 俞吾金：《运用差异分析法研究马克思的学说》，《哲学动态》2004 年第 12 期。
④ 俞吾金：《差异分析与理论重构——马克思哲学研究中的方法论问题》，《中共浙江省委党校学报》2005 年第 1 期。
⑤ 刘国新：《协同视域下的差异与矛盾》，《南方论刊》2014 年第 10 期。

自由是来自个体的差异性存在方式,属于价值发现之一。①

(2) 对马克思恩格斯关于差异思想的研究

马克思的博士论文题为《德谟克利特斯的自然哲学和伊壁鸠鲁的自然哲学的差异》,通过文题不难看出,"差异"在马克思那里置于思想的重要位置。为在马克思主义理论的指导下研究差异问题,确保研究的科学性,本书有必要对马克思恩格斯关于差异思想的成果进行梳理和概述,以更好地呈现马克思主义理论中有关差异的基本观点。截至2021年3月,通过中国知网(http://www.cnki.net/)检索到的该专题研究成果数量较少,在读秀网(http://www.duxiu.com/)中以全部字段检索"马克思恩格斯关于差异的思想",检索到邱耕田的《哲学视阈中的科学发展》一书,该书第四章在论述"差异性原理"时对马克思恩格斯有关差异的思想进行了比较系统的探究。同时,在对上文"差异分析"研究成果梳理时发现,俞吾金对马克思恩格斯有关差异的思想也作了较多论述。尽管对"马克思恩格斯关于差异的思想"展开研究的成果数量较少,但是学者们仍基于不同的考察视角对这一思想提出了不同观点。

其一,"横向研究"说。横向研究特指学者对平行理论的不同内容进行梳理。邱耕田立足于文本,从多角度对该思想予以阐释。第一,马克思恩格斯从事物的运动发展过程中揭示了不平衡性是差异发展的表现,既表现于自然界中,也蕴藏在人类社会的发展中。第二,从实践差异的角度分析了人与动物的差异以及实践目的和实践结果的差异。第三,揭示出个体作为人类的组成部分,总是存在差异,必然造就了人类历史的差异化发展,其中,阶段性是人与社会差异化发展的重要特征。借此,他进一步认识了差异性原理的重要意义,即理论的阐发要落脚在事物与事物间的差别,在不同时空下对理论的理解是具有差异性的。可以看出,邱耕田对于马克思恩格斯关于差异思想的概述涉及自然界、社会、人三个方面,从整体性

---

① 潘自勉:《论差异与价值发现》,《黑龙江社会科学》2001年第1期。

视角诠释了马克思恩格斯的差异思想。①

其二,"纵向研究"说。纵向研究特指学者对理论历史发展的纵向剖析。俞吾金认为:"对'差异'的识别和分析构成了马克思一生思想发展的重要内容。"② 马克思主义差异学说,是来自对马克思恩格斯较之于以黑格尔为代表的以往思想家观点的超越和发展的研究。如马克思的博士论文正是马克思建立自身差异学说的试笔之作,马克思世界观的转变呈现出马克思与黑格尔及青年黑格尔派之间的思想差异,在《资本论》中又呈现出马克思与英国古典经济家的思想和研究方法的差异。俞吾金通过对马克思一生理论研究的梳理得出的结论是:差异学说在马克思文本中无处不在,通过差异的分析,展现自身思想的独创性。

(3) 以差异视角探讨社会发展问题的研究

改革开放四十余年间,我国经济社会取得了飞速发展,创造了令世人赞叹的经济奇迹,但在一定程度上也伴随着诸多发展问题,如社会的差异化发展、社会公平公正的实现问题等。学术界时刻坚守问题导向,以差异的视角对社会问题的现象进行剖析,分析问题原因、总结发展经验、探索解决路径。在梳理和总结当前以差异视角探讨社会发展问题的研究现状时,可以看到差异作为重要的社会问题研究视角已经取得了较为丰富的研究成果,主要研究视角有以下几种:

其一,差异性社会的研究视角。从概念的出场和界定来看,任平基于对社会主义和谐社会建设的长期性、复杂性,以人的物质利益关系为标尺,在中华人民共和国成立 60 周年之际对我国社会结构的性质进行了再认识,即概括总结了三种人类社会类型:同质性社会、对抗性社会、差异性社会。其中,第三种社会类型体现了一定时期利益上出现的差异和分层,社会主义初级阶段本质上就是这种

---

① 邱耕田:《哲学视阈中的科学发展》,新华出版社 2014 年版,第 94—97 页。
② 俞吾金:《差异分析:马克思文本中的后现代思想酵素之一》,《学术月刊》2008 年第 12 期。

类型。因此他认为，差异性社会应当成为中国特色社会主义建设的现实基础，以及社会主义和谐社会建设的重要研究对象，① 更是中国道路的社会根基。② 从治理角度来看，任平、王建明提出"差异的正义"原则是治理差异性社会的基本原则。从民主政治形式的选择来看，满足差异性社会的政治形式应当是通过协商民主和选举民主实现的多元利益间的"和谐政治"③。基于任平提出的"差异性社会"概念，学者们也从不同视角对这一概念进行了探索。刘琳认为，差异性社会有助于我们理解包容性增长，在价值观念、效率伦理、公民伦理等方面为包容性增长界定了规范维度。④ 王建明认为，差异性社会是当代中国政治哲学的现实基础和基本向度。⑤ 曹典顺从社会结构、社会控制、社会运行三方面阐述了差异性社会的社会逻辑，即公共共同体是差异性社会的社会结构，权利划界是差异性社会的社会控制，限度差异是差异性社会的社会运行。⑥ 吕鸣章认为，差异性社会下，共享不是少数人的共享，也不是平均主义，而是一种社会差异共享。⑦

其二，差异与平等的研究视角。从社会差异性发展角度看，易小明认为社会差异是绝对的，平等是相对的，两者相互补充、渗透和依存。研究"社会差异—平等"结构对于促进社会稳步高度发展

---

① 任平：《论建设一个良序治理的差异性社会》，《马克思主义与现实》2009年第4期。
② 任平：《中国道路的历史坐标、社会根基与世界价值》，《江苏行政学院学报》2015年第3期。
③ 任平、王建明：《论差异性社会与中国特色社会主义民主政治的未来》，《马克思主义研究》2010年第5期。
④ 刘琳：《差异性社会的伦理逻辑与包容性增长的实现》，《苏州大学学报》（哲学社会科学版）2011年第2期。
⑤ 王建明：《差异性社会与和谐政治——当代中国政治哲学的基本向度》，《马克思主义与现实》2009年第4期。
⑥ 曹典顺：《论差异性社会的社会逻辑》，《江海学刊》2011年第2期。
⑦ 吕鸣章：《共享发展：从包容性发展到差异共享》，《苏州大学学报》（哲学社会科学版）2017年第6期。

具有重要意义。他认为，尽管"社会差异—平等"互补形式是一种理想，但是，人是这一结构展现的物质载体，社会差异和平等的纵向替代运行是由人推进的，人要充分发挥主动性处理好两者之间的动态辩证关系。① 他还认为，要从差异与统一的角度看平等和效率的统一，这是实现人的全面发展和社会的正义发展的统一。② 从政治平等角度看，唐士其认为，人与人的差异是自然状态，平等是人们相互对待的原则和方式，任何政治秩序都要在人的平等和差异之间寻找一种平衡，以保障社会发展的生机和活力，也进一步维护了政治秩序的持久发展。③ 从法律平等角度看，严存生认为，"法律的公平原则中包含着差别原则"。现代法律要从制度上追求平等、保障人权，尽管法律不可能消除一切差别，但法律在追求平等时还保障着合理的差别。④ 马俊驹、童列春认为，身份差异和人格平等构成了人身法制的基础，借助和超越身份差异才使追求人格的实质和形式平等。⑤ 从教育平等的角度看，魏贤超认为，差异的平等是教育公平发展的新阶段。⑥

其三，差异与社会公平、公正、正义的研究视角。差异与同一的辩证关系在社会发展中表现为差异与社会公平、公正、正义的关系。从差异与社会公平的角度看，任平认为，差异和公平共同构成差异性社会的基本原则，以实现公平正义与充满活力的平衡关系。⑦

---

① 易小明：《社会差异研究》，湖南人民出版社1999年版，第101—111页。
② 易小明：《从差异与同一角度看平等与效率》，《湘潭大学学报》（哲学社会科学版）2009年第6期。
③ 唐士其：《政治中的差异与平等》，《政治学研究》2018年第2期。
④ 严存生：《差异和平等——兼论法律上的平等》，《北方法学》2011年第3期。
⑤ 马俊驹、童列春：《论私法上人格平等与身份差异》，《河北法学》2009年第11期。
⑥ 魏贤超：《有差异的平等：教育公平发展的新阶段——简评〈向有差异的平等迈进〉》，《浙江社会科学》2017年第3期。
⑦ 任平：《论建设一个良序治理的差异性社会》，《马克思主义与现实》2009年第4期。

吕鸣章认为，差异共享是要处理好差异与公平的关系，需要作出合理的公平设计。① 杨小明、张涛认为，有差异的公平是现实的，是社会主义和谐社会的价值取向，要兼顾起点公平、过程公平、结果公平来解决差异性公平问题。② 许斗斗认为，差异是和谐社会的前提，公平是和谐社会的保证，和谐社会正是存在种种差别，又体现社会公平的价值实践过程。③ 教育公平上，褚宏启认为，教育公平在教育资源配置方面呈现出平等性公平、补偿性公平和差异性公平。对于差异性公平的理解还存在不同认知，差异并不是不公平，而是立足于关注差别性个体的需要，重视多样性的具体需要，切勿因为担心违背公平，就放弃教育的多样性发展。④ 也有学者从社会学的研究视角关注着差异与社会公平的问题，如麻宝斌、贾茹通过"我国社会公平正义状况测评与改善对策研究"的全国调研的数据得出：当代中国社会公平感存在代际差异。⑤ 同样是基于代际差异视角，张苑松等对农民工的社会公平感进行了探索。根据对上海地区的调研发现，子女教育问题是造成农民工感到不公平的重要因素。较之于老一代农民工，新生代农民工公平感受环境因素影响较大。⑥ 从差异与公正的角度看，吴忠民认为，社会公正是普惠性公正和差异性公正的统一体，两者相辅相成、缺一不可，其中，普惠性公正强调保障基本的平等对待，差异性公正强调保护"每个社会成员差异化的生存和发展样式"，以激发社会成员的发展潜力。平衡两者之间的关系，吴忠民提出要"适度优先"促进基础层面的普惠性公正

---

① 吕鸣章：《共享发展：从包容性发展到差异共享》，《苏州大学学报》（哲学社会科学版）2017年第6期。
② 杨小明、张涛：《论有差异的公平》，《学术论坛》2007年第3期。
③ 许斗斗：《差异、公平与和谐社会的价值建构》，《探求》2006年第6期。
④ 褚宏启：《关注差异性公平》，《光明日报》2012年12月8日第6版。
⑤ 麻宝斌、贾茹：《当代中国社会公平感代际差异及影响因素》，《公共行政评论》2017年第4期。
⑥ 张苑松、彭映龙、周浩卿：《代际差异视角下的农民工社会公平感研究——以上海为例》，《改革与开放》2017年第14期。

和差异性公正。① 从差异与正义的角度看，任平认为，"差异的正义"是治理差异性社会的基本原则和善治逻辑，要正确认识社会发展中的差异性质、类型、程度等，也要反思各种差异的根源，并坚守差异的合理合法性。② 基于以上结论，扶荣元、夏东民认为，坚持以差异正义为指导，才能找到效率和公平的平衡点；要强化正义意识，注重社会公平；要健全国家法制，保障机会公平；要完善社会分配制度，建立利益协调机制。③ 张祖华认为，差异的正义内在包含着三方面原则："公平差异"原则、"限度差异"原则、"权利边界"原则。④ 张天勇提出，在践行差异性正义时，要重视制度公正、坚持基本公平与比例公平相统一、警惕新平均主义的抬头。⑤ 易小明认为，基于人的差异性与同一性的现实统一，要从两个角度理解正义，即基于同一性的正义（"相同的人得到相同的对待"）和基于差异性的正义（"不同的人通过符合比例原则而得到不同的对待"），两者的生成与运动是推进社会和谐发展的内在动力⑥，表现为"从相互竞替到协同并存、从浑然综合到相对分工、从自在运动到意识参与"⑦。在制度上，充分重视并合理安排差异性正义与同一性正义是建立正义制度的关键。⑧ 在与效率的关系上，差异性正义能够激活强势群体的积极性，但也需要同一性正义对此进行规约，实现两者的协同发展。易小明认为，这就需要使"差等"与"平等"都在规定

---

① 吴忠民：《普惠性公正与差异性公正的平衡发展逻辑》，《中国社会科学》2017年第9期。
② 任平：《论差异性社会的正义逻辑》，《江海学刊》2011年第2期。
③ 扶荣元、夏东民：《差异正义与社会主义和谐社会构建》，《江苏技术师范学院学报》2012年第6期。
④ 张祖华：《论社会主义初级阶段差异性社会的生成》，《求实》2012年第4期。
⑤ 张天勇：《差异性社会与差异的正义：和谐社会的现实基础与价值维度》，《江海学刊》2009年第6期。
⑥ 易小明：《论差异性正义与同一性正义》，《哲学研究》2006年第8期。
⑦ 易小明：《分配正义的两个基本原则》，《中国社会科学》2015年第3期。
⑧ 易小明：《论"以人为本"的时代神韵》，《马克思主义研究》2007年第1期。

的合理限度内，双方的扩张要以对方的合理存在为界线。换言之，当经济差异拉大时，就要重视平等，即通过二次分配缩小差异；当平等越位造成财富平均，就要释放"差等"的发展活力。① 这种协同正义正是中国特色社会主义正义的本质。②

（4）以差异视角揭示人的发展问题的研究

人的发展是哲学社会科学关注的重要问题之一。改革开放以来，学界对人的发展的研究不断深入，相关研究成果多集中在马克思主义人的发展理论以及社会主义市场经济与人的发展等问题。以差异为视角研究人的发展是一个备受学者重视，但是研究成果相对不多的问题。对目前所收集到的研究成果进行分类，可以归纳为以下几种思考：

其一，关于差异与人的本质的思考。易小明从人的类、群体、个体三种形态剖析了人的本质是在差异中生成的。其中，人们对于这种类本质的认同是在人的生产过程中完成的；人的群体本质是在同类的差异分化中形成的，内含群体自然差异（如性别、种族、血缘等）和群体社会差异（如民族、阶级等），由此对群体本质的认同就集中表现在性别认同、民族认同、阶级认同上；人的个体本质是通过个体间的差异产生的，同样内含着自然差异（如遗传、对自然环境的适应程度等）、社会差异（如人的多种生存需要、复杂的社会分工、教育、社会传承等）、自身差异（个体自身努力的程度不同等）。易小明还认为，任何社会制度的形成和建立与人的本质的展现紧密相关。正如，社会主义公有制是立足于人的类本质和群体本质，资本主义则高扬个体本质。在半殖民地半封建社会的基础上建立起来的我国社会主义，就面临着如何促进个体本质差异，实现经济发展的改革任务；资本主义社会也面临着如何建立和谐的人文精神，

---

① 易小明、曹晓鲜：《正义的效率之维及其限度》，《哲学研究》2011年第12期。
② 易小明、王波：《协同正义：中国特色社会主义正义的本质》，《道德与文明》2014年第3期。

彰显共同利益的历史难题。①

其二，关于差异与人的思维、意识的思考。从差异与思维角度看，崔永和认为，思维差异是人本身重要的思维原则和宝贵的思想资源，在相互尊重、包容、交流、互鉴的条件下，思维的差异将成为巨大的精神财富和物质力量。是否承认人的思维差异、多样性行为方式是人的解放和社会发展的动力，这就需要正确处理好"统一"与"差异"两者之间的关系。崔永和从马克思关于集体和个人关系的论述中揭示其内在暗含的统一思维和差异思维的相互关系，即差异思维要参考、适合且不可超越统一思维，统一思维指导、吸纳差异思维，以实现自我更新。② 从差异与意识角度看，易小明阐述了意识个体化的基本内涵，即指"社会意识形态由外在群体中心向内在个体的转移"，他认为个体化在一定程度上是有利于保持社会稳定的，是社会发展必经的过程。③ 潘自勉阐明了主体意识的差异性对价值发现的作用：第一，主体对外在实践价值的判断是离不开主体意识的差异性的；第二，自由选择和选择自由的过程正是价值发现的过程；第三，个体生活方式的差异性确保着价值发现的可能和公共性。④

其三，关于差异与个体发展的思考。差异是事物的存在状态，亦是事物发展的归宿。崔永和从个体利益对差异思维的驱动角度提出，只有人的能力得到多样化发展、多重需要得到全面满足，社会才能具有无限发展活力，走向马克思所言的"真正的共同体"⑤。曾继耘从对马克思三大社会形态理论的分析中得出结论："自由个性"是马克思语境下人之发展的理想状态。尽管基于当前我国经济文化发展实际，还不具备实现"自由个性"的社会发展条件，但促进个

---

① 易小明：《社会差异研究》，湖南人民出版社1999年版，第25—70、158页。
② 崔永和：《思维差异与和谐社会》，湖南师范大学出版社2009年版，第19、82页。
③ 易小明：《社会差异研究》，湖南人民出版社1999年版，第182页。
④ 潘自勉：《论差异与价值发现》，《黑龙江社会科学》2001年第1期。
⑤ 崔永和：《思维差异与和谐社会》，湖南师范大学出版社2009年版，第191页。

体差异性多样化发展是社会发展的呼唤和人的现实追求。① 吕国忱、郭亭认为,"尊重差异、包容多样"是一种理性的包容原则、他者意识,是引领社会生活发展的价值理念,在此基础上实现个体的发展才是真正人学意义上的自由。同时,他们还认为,这一理念对于我国市场经济下人的生存和发展的价值建构具有价值。② 潘自勉认为,整体的活力在于其内在包含着的个体的差异性,即不是相互排斥,而是相互包容与肯定。此时,差异既是整体发展的需要,又是发现整体价值所必要的。③

(5) 以差异视角审视文化多样性问题的研究

习近平总书记指出:"人类文明因多样才有交流互鉴的价值"④,"只要秉持包容精神,就不存在什么'文明冲突',就可以实现文明和谐"⑤。可见,科学地对待文化间的差异以及文明的多样性,有助于推进世界各国和平发展。学术界长期致力于以差异、多样的视角审视文化多样性和文化建设问题,产生了一些具有代表性的专著和学术论文。

其一,从文化差异内涵来看,易小明在剖析文化差异的起源性生成、时代性生成以及文化的遗传与变异的基础上,阐明"文化差异是一种客观存在的文化现实,它是自然差异、社会差异、思维差异综合作用的结果"⑥。要正确处理好文化差异与文化同一、文化多元与文化主导之间的关系,以探寻如何实现和谐文化、建设和谐社会。

其二,从人与自然的文化差异及其多种文明角度来看,易小明从农业文明、工业文明、生态文明三个时期,对人与自然的文化差

---

① 曾继耘:《促进个体差异发展:合理性辩护》,《教育科学研究》2006年第4期。
② 吕国忱、郭亭:《差异多样:人的生存和发展之维》,《边疆经济与文化》2012年第8期。
③ 潘自勉:《论差异与价值发现》,《黑龙江社会科学》2001年第1期。
④ 《习近平著作选读》第一卷,人民出版社2023年版,第228页。
⑤ 《习近平著作选读》第一卷,人民出版社2023年版,第230页。
⑥ 易小明:《文化差异与社会和谐》,湖南师范大学出版社2008年版,第128页。

异与社会和谐进行了分析：一是生态文明时期的人与自然的文化差异是人向自然的主动融合，本质上是人的能动性向自然性生成的理性选择。二是生态文明是人与自然协同的文明，这种协同是建立在人与自然差异的基础之上的。三是人的内在价值和自然的内在价值之间的通融是生态文明的生成基础。方世南在对马克思关于文明多样性思想的探析中，阐述出文明的多样性是通过历史环境、社会制度以及民族文化的差异性呈现出来的，只有把握好多元文明共性与个性的辩证关系，才能预见人类文明的发展规律。既要承认共性，又要重视各民族文明呈现的差异性和多样性。① 他还从探究马克思文明多样性思想的研究方法出发，阐明若否定民族、文明的多样性、差别性，也就无从考察人类文明的普遍性和共同性。② 方世南认为，"文化差异主要表现为价值观的差异"，受各种因素的影响，文化价值观具有明显的民族性和地区差异性，体现在个体价值和群体价值、功利价值和伦理价值、人生价值和道德价值、情理价值和法理价值等方面。③ 他还认为，全球化凸显了人类文明的多样化，多元文化价值观并存是这一背景下的最佳和声。④

其三，从人与人的文化差异、文化认同来看，易小明从剖析和谐社会的文化基础出发，阐发了全球化时代下文化认同和文化整合的相关内容。一方面，认同是对差异的包容和超越，文化认同有助于人类社会的和谐发展，但是这并不是一定要求社会的和谐建立在认同之上，而是作为一种实现协同的动力和方式。另一方面，较之于文化认同不同的是，文化整合的主体是"有组织的整体"⑤，是针

---

① 方世南：《马克思关于人类文明多样性思想初探》，《马克思主义研究》2003年第4期。
② 方世南：《马克思文明多样性思想的研究方法》，《哲学研究》2004年第7期。
③ 方世南：《全球化与文化本土化的多元并存与双向建构》，《马克思主义研究》2001年第4期。
④ 方世南：《全球化与人类文明的多样性、独特性与交融性》，《南京工业大学学报》（社会科学版）2002年第3期。
⑤ 易小明：《文化差异与社会和谐》，湖南师范大学出版社2008年版，第324页。

对不同文化系统相互接触的积极互动,文化整合的最高目标是促进社会进步和实现人的自由而全面发展,其现实目标是促进我国现代化的发展。刘国章认为,差异是文明多样性的前提,只有在这种特殊性、差别性的基础上,不同的文明才能相互作用,既表现为矛盾对立之状态,也表现为和谐之状态,但是只有在和谐的文明交流状态下,文明交流才能永续发展。① 曾继耘也认为,尊重差异是当代多元文化发展的基本要求。②

其四,从中西传统文化差异来看,中西文化差异是客观存在的,这种差异既不可过分扩大,亦不可无视消除,而需要理性正视、合理对待差异。中西文化结构尽管存在差异,但在文化交流时能够实现各自结构的补充和完善,表现为差异与同一的互相渗透和融合。姜智红论证了多样文明在冲突和融合中得以不断发展和提高,进而促进人类文明不断向前发展。一方面,表现在生产力的发展水平上,物质、精神、政治文明促进了人的文明发展;另一方面,在不同民族间的交往中,人的思维方式逐渐得到提高,使人的文明程度得以提高。然而,面对文明之间的差异和多样,关键在于如何正确对待文明的多样性。他从两方面回答了这一问题:一是广泛开展文明对话和文化交流,积极开展政治制度方面、文化方面、价值观方面、世界宗教之间的对话,树立全球意识,对话要坚持以文明多元性为前提。二是致力于共同解决人类文明发展面临的挑战。他通过列举人口、粮食、能源、环境、贫困、恐怖主义等问题,阐述了只有世界各国、各民族的人们进行有效的文明对话和沟通,才能实现世界的和平和持续性发展。③

其五,从文化差异与文化建设来看,承认文化的差异,旨在相互尊重文化差异的基础上实现文化建设。温波立足于差异性社会,

---

① 刘国章:《全球化与文明多样性》,《湖北社会科学》2008 年第 6 期。
② 曾继耘:《论个体差异发展的当代意义》,《当代教育科学》2006 年第 13 期。
③ 姜智红:《文明多样性的当代解读》,国家行政学院出版社 2012 年版,第 117—173 页。

探究了解决文化矛盾的基本路径。第一,坚持建设社会主义核心价值体系;第二,必须推动当代中国马克思主义大众化;第三,必须建立文化统一战线。他认为,和谐文化是文化建设的主要目标,减少社会发展中的文化阻力,形成思想共识,为社会和谐发展助力。①周正刚、陈曙光认为,文化矛盾是"社会思想文化领域和人们的精神世界的矛盾和冲突",要主动调适、化解文化矛盾,系统把握文化矛盾与经济、政治之间的内在规律,倡导社会普遍认同的文化精神,加快文化自我完善、自我发展,实现文明共存。②

2. 与思想政治教育差异相关的问题研究

从上述对差异问题研究的梳理中可知,差异不仅与人、自然、社会的发展有着紧密联系,而且还与中国特色社会主义经济、政治、文化、社会、生态文明等各方面建设休戚相关。但与其他领域的差异问题研究相比,国内关于思想政治教育领域的差异问题研究相对迟滞和薄弱,现侧重于以下视角进行分析:

(1) 有关思想政治教育差异论的时代背景研究

明确思想政治教育差异论研究的时代背景和研究的必要性、紧迫性,是科学把握思想政治教育差异内涵、特征及其存在的问题困境的重要前提。党的十九大报告中,对新时代我国社会主要矛盾进行了新定位、新阐释,学界对社会主要矛盾的变化展开了比较系统而深入的研究,以期为全面深化改革、经济社会发展和现代化国家建设产生影响和启发。其中,部分学者开始关注"新时代我国社会主要矛盾转化与思想政治教育发展"的理论内容,从已发表的学术成果来看,学者们普遍认为,新时代我国社会主要矛盾的转化,为思想政治教育的理论和实践研究带来了新课题、新任务、新启发。

从学理上看,王永益基于社会主要矛盾的社会系统论意义的分

---

① 温波:《论差异性社会的文化矛盾及其解决》,《马克思主义与现实》2009年第4期。

② 周正刚、陈曙光:《化解文化矛盾与构建和谐社会》,《湖北行政学院学报》2006年第3期。

析，阐述了社会主要矛盾是社会系统中的重要动力，在社会系统的影响下，思想政治教育也推动社会系统的发展。思想政治教育符合时代和社会的发展要求是其自身发展的基本规律。① 从两者关系来看，基于单向视角，任晓霞认为，社会主要矛盾转化使得思想政治教育的主要矛盾、侧重点、方式方法都发生了变化。② 基于双向视角，王朝庆、王刚认为，社会主要矛盾规约着思想政治教育的内容、方法、任务等，反之，思想政治教育也为解决社会主要矛盾提供理论支撑。③ 从功能、作用的视角上看，陈华洲、赵耀认为，人们对美好生活的需要呈现"个体化差异和多样化特征"，为思想政治教育方法转型提出要求，即及时化解、调适人们的思想冲突和价值对立，增强彼此的相互理解，以积极化解社会矛盾。④ 吴宏政、辛欣认为，随着社会主要矛盾的转化，思想政治教育不仅要发挥"价值观传播"功能，而且要重视"价值观先导"功能，也就是通过确立美好生活所要具备的精神理想，以及解决"为什么要平衡""什么是充分""为谁平衡"等价值观问题，使思想政治教育成为推动解决社会主要矛盾的精神力量。⑤ 谢晓娟、柳杨认为，社会主要矛盾变化背景下思想政治教育要承担新的社会责任和历史使命，即要把以人民为中心的价值理念贯穿教育全过程、要加强"四个自信"教育、加强社会主义初级阶段基本国情教育等。⑥ 从发展条件和现状上看，平章起、

---

① 王永益：《问题与思路：新时代社会主要矛盾变化下的思想政治教育》，《湖湘论坛》2018年第2期。
② 任晓霞：《新时代社会主要矛盾转化背景下思想政治教育思维方式的创新研究》，《改革与开放》2018年第20期。
③ 王朝庆、王刚：《问题与思路：社会主要矛盾变化下思想政治教育的新路向》，《学校党建与思想教育》2018年第13期。
④ 陈华洲、赵耀：《社会主要矛盾转化视域下思想政治教育的现代转型》，《思想理论教育》2019年第2期。
⑤ 吴宏政、辛欣：《"价值观先导"在解决社会主要矛盾中的基本功能》，《马克思主义理论学科研究》2019年第3期。
⑥ 谢晓娟、柳杨：《新时代我国社会主要矛盾变化背景下的思想政治教育新使命》，《辽宁师范大学学报》（社会科学版）2020年第5期。

王方认为，社会主要矛盾的转化，其中"不平衡的发展"表现在社会发展所指向的内容、地区、对象具有差异性、不等性，人民对美好生活的需要具有多样性、层次性，"不充分的发展"表现在社会的发展质量不能满足人与社会的发展追求。思想政治教育要为实现人民对美好生活的需要提供精神动力和思想保证，作出符合时代发展的调整和转型。①

不仅如此，2019 年 3 月理论界围绕着"新时代我国社会主要矛盾与思想政治教育创新"主题，在华中师范大学召开了第三届全国思想政治教育学科青年学者论坛，围绕新时代我国社会主要矛盾转化、新时代思想政治教育的创新、任务与使命，以及思想政治理论课改革与创新等话题展开讨论。面对新时代的新变化，我国思想政治教育理论工作者和从事思想政治理论课教学一线的教师们，都开始重视对新时代思想政治教育创新工作的阐发。

（2）有关思想政治教育差异论的相关内容研究

目前与思想政治教育差异论相关的或具有启发价值的成果主要集中在以下几方面：

一是立足于新时代思想政治教育创新与发展问题的思考。其一，从聚焦人的差异化需求上看，宇文利认为，社会主要矛盾的转化实际上是"物质和精神生产的应然状态与需求差异化的实然状态的矛盾"，这就要求思想政治教育要与社会发展步调一致，致力于如有效化解人民在非物质领域的需求矛盾、解决人们对美好生活需要中的思想观念、道德文化和利益冲突等问题，思想政治教育存在的意义也正是能够解决矛盾，没有了矛盾，思想政治教育也就丧失了存在的价值。② 张毅翔认为，新时代思想政治教育要关注人的多方面、多层次的新需要，要加强"新的需要观教育"，树立正确合理的需要

---

① 平章起、王方：《社会主要矛盾转化与思想政治教育转型》，《理论与现代化》2017 年第 6 期。

② 宇文利：《新时代思想政治教育创新之魂》，《思想理论教育》2019 年第 1 期。

观，将满足需要与充分劳动、社会责任、实现中华民族伟大复兴等相结合，确保人们的需要是合理、科学、长远、持久的。① 其二，从聚焦个体思想政治教育主动性上看，佘双好认为，新时代思想政治教育理论创新有助于拓展思想政治教育的作用领域，他揭示出在党的十八大以前，思想政治教育理论界多关注教育层面活动，对实务工作关注不多；对传授主流意识形态较多，对个体思想政治教育主动性关注较少；等等。党的十九大报告不断深化思想政治教育的作用领域，有助于探讨新时代思想政治教育的内容和方法。② 骆郁廷、项敬尧认为，思想政治教育要在激发社会活力，调动人的主动性、创造性上充分发挥作用，发挥服务社会发展的作用，激发人的创新创造活力。这就需要思想政治教育确立坚持以人民为中心的原则方法，加强人文关怀，既解决思想问题，又关注实际问题，实现人的物质和精神世界的全面、和谐的发展。③ 其三，从聚焦新时代思想政治教育矛盾的解读上看，王学俭、顾超认为，新时代思想政治教育的基本矛盾是"新时代社会发展所提出的思想政治品德的客观要求与当前人们思想政治品德水平之间的矛盾"④。王永友、宁友金认为，党的十八大以来，"大学生思想政治教育的主要矛盾表现为强国建设与民族复兴的要求同大学生思想政治状况不充分的现实之间的矛盾"，并呈现"不充分"的特点，如与信仰信念的坚定性存在差距、与使命担当的自觉性存在差距、与目标追求的理想性存在差距。⑤ 孙梦婵认为，新时

---

① 张毅翔：《新时代思想政治教育的新使命和新要求》，《思想教育研究》2017年第11期。
② 佘双好：《论新时代思想政治教育发展的新使命》，《思想理论教育》2018年第5期。
③ 骆郁廷、项敬尧：《论新时代思想政治教育创新发展的基本遵循》，《思想理论教育》2018年第1期。
④ 王学俭、顾超：《新时代思想政治教育矛盾的新特点与解决思路》，《思想理论教育》2019年第2期。
⑤ 王永友、宁友金：《改革开放以来大学生思想政治教育主要矛盾的演化历程》，《当代青年研究》2020年第5期。

代思想政治教育主要矛盾转化为"人们对满足多样性、多层次性的道德精神需求和思想政治教育对人的德行涵养不凸显之间的矛盾"①。其四，从聚焦分析和化解多元复杂、不平衡不充分的矛盾上看，张毅翔认为，新时代、新的社会主要矛盾下，人民内部矛盾多出现在民生领域，呈现复杂、多变、多元化等特征，思想政治教育要科学预见人民内部矛盾，防止矛盾激化。这就要求思想政治教育做好对国情、政策的宣传教育工作，让人们在认识不平衡不充分发展问题上达成共识，肯定我国发展的优异成绩，看到党努力奋进的决心和毅力。② 蒲清平、何丽玲认为，新时代大学生需要与思想政治教育有效供给间存在不平衡和不充分的矛盾，不平衡的矛盾体现在"给与要""虚与实""情与理"之间的不平衡，不充分的矛盾体现在主渠道的时代话语供给、主阵地有效思想渗透、主战场的文化场域建设的不充分。他们认为，破解这些内部矛盾要坚持以习近平新时代中国特色社会主义思想为指导、以新目标为引领、以新理念为指向、以新方略为路径。③ 朱宗友、余露认为，思想政治理论课存在教学主体、教学资源、区域和高效差异等多方面不平衡不充分的问题，有效解决这些问题，要加强教师队伍建设、共建共享教育资源、有效创新方式、及时更新内容等。④

二是立足于对新时代思想政治教育面临各种问题的分析和解读，学者们在解决问题对策上的思考。其一，"双路向"说。宇文利认为，新时代思想政治教育的创新根本上要解决好一系列二元对立的矛盾问题，诸如是与非、义与利、善与恶、理与欲等。他认为，创

---

① 孙梦婵：《论新时代思想政治教育主要矛盾》，《思想政治教育研究》2019年第1期。

② 张毅翔：《新时代思想政治教育的新使命和新要求》，《思想教育研究》2017年第11期。

③ 蒲清平、何丽玲：《新时代大学生思想政治教育内部矛盾的新变化与新应对》，《思想教育研究》2018年第7期。

④ 朱宗友、余露：《新时代高校思想政治理论课教学中的不平衡不充分问题探析》，《思想政治课研究》2019年第1期。

新的重点在于"返本开新",一方面,要返回到马克思主义,开创理论新境遇;另一方面,要回归国情和实践,开辟实践新思路。① 孙梦婵认为,新时代思想政治教育解决主要矛盾,既要在引导人们树立正确的需求观上发挥作用,又要尊重和满足人的多样性、多层次性、多方面的精神需求。② 其二,"三方面"说。冯刚认为,新时代思想政治教育要将人的全面发展、社会的和谐发展、文化的传承发展三方面作为其重要的价值导向。他认为,要立足于观照学生成长发展需求不断改进思想政治教育的制度设计、机制运行、质量评价。③ 张毅翔从分析思想政治教育主要矛盾核心、重点和关键出发探究了新时代思想政治教育应对社会主要矛盾转化的对策:第一,塑造新型交往关系"共同体";第二,供给"充分"的思想政治教育产品和服务;第三,保障"平衡"分配思想政治教育产品和服务。④ 王海亮、李庆华从出发点、关键点、切入点三方面阐述了新时代思想政治教育内涵式发展路径,出发点——坚定"四个自信",保持大学生思想政治定力;关键点——实现中华传统文化与思想政治教育深度融合;切入点——深化"实践引领",拓展大学生思想政治教育养成。⑤ 周举坤、周峰认为,新时代思想政治教育工作科学化发展要落脚于实现个性与共性的融合、情感与体验的融合、现实与未来的融合。⑥ 其三,"四维度"说。王学俭、顾超从教学目标、内容、方法、教育队伍四个维度指出,新时代思想政治教

---

① 宇文利:《新时代思想政治教育创新之魂》,《思想理论教育》2019 年第 1 期。
② 孙梦婵:《论新时代思想政治教育主要矛盾》,《思想政治教育研究》2019 年第 1 期。
③ 冯刚:《新时代中国特色社会主义思想政治教育的创新发展》,《中国高等教育》2018 年第 Z1 期。
④ 张毅翔:《社会主要矛盾转化影响新时代思想政治教育的机理、根源与应对》,《思想理论教育》2019 年第 4 期。
⑤ 王海亮、李庆华:《推动新时代思想政治教育内涵发展的三个逻辑点》,《马克思主义与现实》2018 年第 3 期。
⑥ 周举坤、周峰:《新时代思想政治教育工作科学化推进的思考》,《思想教育研究》2018 年第 2 期。

育矛盾具体表现在五个方面：在教学目标上，存在个体多元化发展需要和社会发展要求之间的矛盾；在教育内容上，存在人们求知范围多样多变与思想政治教育相对固定性之间的矛盾；在教学方法上，存在人的自主接受与主导性教育之间的矛盾；在教育队伍上，存在对高素质教师队伍的需要与不充分不协同之间的矛盾；在教学评估上，呈现人的思想动态发展与评估标准稳定之间的矛盾。他认为，化解思想政治教育的矛盾要坚持党的全面领导、坚持立德树人、坚持不断推陈出新以及加强队伍建设。① 张毅翔从国内、国际、网络和时空四个维度阐述了新时代思想政治教育图景建构的挑战，他认为，思想领域呈现复杂性为新时代思想政治教育带来难度，国际关系多变为思想政治教育国际阐释带来难度，网络信息化时代下意识形态安全面临挑战，新时代时空转场导致思想政治教育暂时滞后。面对诸多挑战，张毅翔从整体性出发，提出系统、协同、辩证、创新的重要方略。② 冯刚认为，激发新时代思想政治教育持续发展的动力，要创新思想政治教育体制机制，要优化思想政治教育供给结构，要增强思想政治教育工作的文化蕴涵，要借助多学科理论和方法。③ 其四，"多面具化"说。王建敏认为，在教育主体方面，新时代思想政治教育主体间关系结构存在失衡问题，受教育者的各种差异性情况和经历造成思想政治教育效果不佳，对非主流思潮缺乏抵抗力，教育者方面也存在素质水平参差不齐等问题；在教育内容上，部分文本范式刻板、空泛、老化，由于教育时间分配不等、受教育者接受能力水平差异，造成思想政治教育内容无法深入充分；在教育方法上，欠缺个性化教育方式，难以适用于多元包容性的时代发展。他

---

① 王学俭、顾超：《新时代思想政治教育矛盾的新特点与解决思路》，《思想理论教育》2019 年第 2 期。
② 张毅翔：《新时代思想政治教育图景：构设、挑战与方略》，《思想教育研究》2018 年第 10 期。
③ 冯刚：《增强高校思想政治教育持续发展的内生动力》，《中国高等教育》2017 年第 Z2 期。

从八个方面予以路径探究,即指导思想——习近平新时代中国特色社会主义思想;根本原则——坚持党的领导;根本目标——促进人的自由全面发展;加强社会主义核心价值观教育;丰富和拓展教育内容;创新教育的方式方法;强化专业化的教师队伍建设;增强总体国家安全观教育。①

三是立足于分众理念与思想政治教育的思考。李爽认为,分众化思想政治教育坚持以人为本、提高科学水平、扩大覆盖范围的内在需要,思想政治教育者要具有分众化的理念,敢于直面不同群体的多样化诉求,加强对分众化的理论和实践的研究,能够在实践工作中巧用分众化理念。② 李凯灿认为,以分众化理念推进马克思主义大众化是十分重要的,中国共产党历来重视分众教育,要将马克思主义大众化的教育对象分为多层面,依据各自差别性特点采取多样性的教学内容和方法。③ 贾付强认为,由于大学生思想政治素质水平不齐,对社会主义核心价值体系的认知也各不相同,是故要坚持分众理念,他依据大学生政治面貌,将大学生分为党员、团员、群众大学生三个部分,采取差异化的教学策略,从而增强培育的针对性。④ 蒋元春认为,高校少数民族学生思想政治教育工作缺乏层次性,要将分众理念融入其中,深入研究不同民族、地区大学生的思想特点,以更好地把握热点和切入点。⑤ 与分众化理念相关的还有"差异化视角"研究,胡琴认为,要在差异化的视角下进行大学生思想政治教育工作,教育者要具备因材施教的教育理念,制定差异化

---

① 王建敏:《新时代思想政治教育的特征及实现路径》,《马克思主义与现实》2018年第5期。
② 李爽:《思想政治工作的分众化理念》,《思想政治工作研究》2009年第12期。
③ 李凯灿:《以分众化理念推进马克思主义大众化》,《思想政治工作研究》2010年第9期。
④ 贾付强:《"分众"理念与大学生社会主义核心价值体系教育》,《理论界》2012年第6期。
⑤ 蒋元春:《"分众"理念下高校少数民族学生思想政治教育探究》,《江苏科技信息》2013年第4期。

的教育目标、内容、方法、评价体系等，以增强大学生思想政治教育工作的有效性。① 其实，依笔者所见，"分众化理念"本质上也就是"差异化"的分析视角，可见，思想政治教育的实践离不开差异化的分析视角。

四是立足于个体差异与思想政治教育的思考。通过对文献的检索和梳理发现，学者们立足于个体在思维、价值、需求等方面的差异对思想政治教育工作进行了探索。从思维差异看，黄桂钦、郑英杰认为，由于大学生在遗传基因、身体健康状况、文化、经历、地域等方面的差异，个体思维的能力、内容、方式都存在差异，思想政治教育需要采取个性化的教育，多样化的教育方式和管理手段，促进学生的和谐发展。② 许蕴文立足于对来华留学生的个体思维、教育思维、人文思维方面的差异分析，构建了来华留学生思想政治教育过渡机制，包含通用语言、地球村建设、互帮互助等基本要素，并建立了思维差异化的教学模式，他认为，要基于差异化教学模式开展思维引导工作，确保来华留学生健康发展。③ 从价值观差异看，刘於清认为，个体的价值观差异产生于两方面，一是主体差异性（包括主体需要、主体社会阶层与地位、主体思维方式和受教育程度），二是基于人的三重属性（类、群体、个体）导致的三重价值的融合与对立。他认为，个体的价值观差异并非永恒，基于利益共同性等，存在价值差异协同的可能，这就要尊重差异、寻找共识。④ 季轩民认为，社会主义核心价值观大众化必须要正视个体的价值观差异，关注个体的利

---

① 胡琴：《差异化视角下大学生思想政治教育对策研究》，硕士学位论文，重庆师范大学，2017年，第32页。
② 黄桂钦、郑英杰：《思维差异视域下的当代大学生思想政治教育和谐发展问题探讨》，《贵州社会科学》2010年第5期。
③ 许蕴文：《基于思维差异的来华留学生思想教育工作思路与措施》，《学校党建与思想教育》2019年第4期。
④ 刘於清：《论价值差异协同的现实意义及其路径选择》，《太原大学学报》2015年第2期。

益差异。① 从需求差异看，雷骥认为，思想动机来自人的需要，思想政治工作要根据人的差异的需求，从物质生活需要方面关心人、从精神需要方面理解人、从人格需要方面尊重人。② 除此之外，也有学者集中多方面的具体差异对思想政治教育相关内容展开分析，如洪跃雄从五个方面论证了中国梦实现过程中呈现的差异性，即国家、民族、政党、人民与个体间的主体性差异，利益与需求在主体内部以及不同主体间的差异性，个体与共同体之间的价值观差异，现实与未来的时空差异，社会发展实然与应然的差异。他认为，中国梦的认同问题不能否认和消除"多元"，要使各主体在求同存异的基础上达成一致的理想追求和价值信念。③

综上所述，当前国内学界从多视角对差异问题展开探索，取得了相当丰富的理论成果，研究视角多样、研究内容丰硕、研究方法各异，为本书提供了非常有益的帮助。可以看到，基于新时代社会主要矛盾的转化，思想政治教育如何解释好差异的合理性、规范好差异拓展的限度、释放好差异的发展活力等时代性、现实性课题，也是学者们关注的重要问题。但仍存在进一步拓展的研究空间。其一，以思想政治教育差异为研究对象进行系统、整体性探究。目前，尚鲜见到将思想政治教育差异作为专门的研究对象进行整体性探究的博士论文、专著或学术论文，这对于增强新时代思想政治教育有效性、针对性、创新性而言无疑是一种理论解释和实践探索的不足，造成新时代思想政治教育在面对差异现象和问题时缺少理论上的阐述力和实践上的行动力，也使得目前的理论研究在某种程度上只能限于对思想政治教育过程中个体差异某一方面的单独阐释，或者只

---

① 季轩民：《价值差异视角下的核心价值观大众化研究》，《中共南昌市委党校学报》2017年第1期。
② 雷骥：《论马克思主义需要理论在实际工作中的应用》，《河南师范大学学报》（哲学社会科学版）2004年第2期。
③ 洪跃雄：《差异性和同一性：中国梦认同问题探析的二维视角》，《东南学术》2016年第5期。

能就社会主要矛盾转化来聚焦个体差异问题，或者单独论述差异化、分众化的教学方法、目标、载体等内容。因此，有待构建起思想政治教育差异论相关研究的理论构架，对其进行整体性思考、把握与探索，进而为促进人的自由而全面发展提供系统性阐释。其二，马克思恩格斯关于差异的思想是本书的理论依据，目前学界对马克思恩格斯关于差异的思想相关研究已经破题，但仍处在起步阶段，具有较大的研究空间和价值。本书将立足于马克思恩格斯关于差异的思想，尝试性地将差异作为思想政治教育研究的重要范式，对思想政治教育差异进行系统阐述、理论探索和体系建构，为做好新时代思想政治教育工作、协调和解决差异与矛盾、促进人的全面发展和社会全面进步呈现新视角。

（二）国外文献综述

国外已有的研究从不同方面涉及了关于差异概念本身以及与差异相关的诸多研究问题，这些对于运用差异的分析视角来探究思想政治教育中的差异问题具有一定的理论价值，具体研究状况如下：

1. 关于差异内涵及其哲学地位的研究

外国学者对差异的探讨古已有之，柏拉图、亚里士多德等古希腊哲人对差异就有许多相关论述，差异始终是构成辩证法的一个重要的哲学范畴。受篇幅所限，笔者着重从近现代哲学家中选择辩证法之集大成者黑格尔和后现代思想家们对差异问题的相关论述，展示他们之间的不同观点，表明差异内涵的多样性及其当代变迁。黑格尔（G. W. F. Hegel）认为，差异本质上不是差异本身，而是从否定转向同一，差异与同一是紧密相关的。他认为："同一本身分裂为差异，因为它作为自身的绝对区别，把自己建立为它自身的否定物，……同一本身直接扬弃其否定，并且在其规定中是自身反思的。"① 可见，没有差异就没有同一，没有同一也就没有差异。后现

---

① ［德］黑格尔：《逻辑学》下卷，杨一之译，商务印书馆1976年版，第38页。

代主义的思想家们对"差异"内涵的理解是"反辩证法的"①,差异与同一之间并非简单的同化和异化关系,他们反对将差异归于同一当中。福柯(Michel Foucault)的"差异"思想呈现于对传统西方理性、对人类学主体主义的批判,改变西方人关于"同"(le Meme)与"异"(l'Autre)的做法和思想,使西方人适应和熟知物之相异的价值体系。② 他对理性的批判,并非否认理性,而是为非理性"叫屈",为非理性争夺与理性同等的地位。雅克·德里达(Jacques Derrida)认为:"自前苏格拉底到海德格尔,始终认定一般的真理源于逻各斯。"③ 他的"差异"思想正是建构在对"逻各斯中心主义"的解构之上的。他创设了由差异演变产生的"延异"(difference)这一新术语,"延异"就是差异及各要素相互结合的间隔性系统活动,是时空的原初构成。他认为,一切都是差异,都是踪迹的踪迹。④ 意义并不是在场的,也不是恒久不变的,以此对"在场"的形而上学展开批判。德勒兹(Gilles Deleuze)的"差异"思想体现在他对"表象主义"的批判之中,他反对传统哲学所倡导的运用超验性、否定性等方法来同化"差异"。他认为,现代哲学的任务是"克服有限/无限、历史/永恒以及特殊/普遍的二元选择"⑤,但克服这种"二元选择"并不是超验的"统一",而是一种如尼采所说的"不合时宜性",即致力于超越一切的时间和历史。德勒兹反对辩证法立场的主客二分或认知客体,这与其所说的存在是"单义的"密切相关,这种单义是指事物内在的差异性,差异成为事物背后的

---

① 任平、王建明、王俊华:《差异政治——后现代政治哲学探析之一》,《天津社会科学》2001年第3期。

② Michel Foucault, *Les Mots et les choses*, Paris: Editions Gallimard, 1966, p.7.

③ [法]雅克·德里达:《论文字学》,汪堂家译,上海译文出版社1999年版,第3—4页。

④ [法]雅克·德里达:《书写与差异》,张宁译,生活·读书·新知三联书店2001年版,第68页。

⑤ Gilles Deleuze, *Nietzsche and Philosophy*, trans. by Tomlinson O. H., London: Athlone, 1981, p.8.

"一",如他所说:"具体的存在是多样不同的,……他们彼此互补相关、没有交集。"① 德勒兹用差异的多样克服辩证法的二元,反对辩证法中预先设定的"统一体"。这一思想引发了齐泽克(Slavoj Zizek)的质疑。他认为,德勒兹所说的"单义"存在与多样性之间的矛盾本身也是一种辩证方式,这样的二元逻辑也是对传统的唯心主义和唯物主义哲学对立的不稳定性的重复。② 部分国外学者对德勒兹的反辩证法立场进行了辩护,认为齐泽克是在统一范畴、二因素逻辑内考察德勒兹的差异的概念。在齐泽克看来,差异不是多样,而是从属于统一之间的区别要素。除福柯、德里达、德勒兹以外,20世纪的法国哲学家们,如利奥塔、列维纳斯、利科等也都聚焦于"差异"研究。利奥塔(Lyotard)立足于对"宏大叙事"的拆分,反对整齐划一和规定共识。列维纳斯(Levinas)则是针对胡塞尔的主客体认识关系进行批判,建构了"他者"伦理学,强调"他者"优先原则。利科(Lico)的"自身解释学"立足于沟通欧陆哲学和英美哲学。他们的研究突出了差异在哲学中的地位,试图恢复"差异""他者"的地位,倡导多元的哲学话语格局。

2. 与差异相关的研究场域

在后现代主义的浪潮中,出现了诸多以差异为出发点展开探索的研究场域,如文化差异、差异政治等。对与差异相关的研究场域进行梳理,有助于我们更加全面、深刻地把握国外学者关于"差异"研究的精髓,为本书提供丰富多样的思想资源。

其一,文化差异视角。文化是不同群体、民族、国家的象征行为的空间,对文化的研究要关涉不同社会群体之间的差异关系。第一,基于对文化差异与共识的思考,哈贝马斯(Juergrn Habermas)认为,没有孤立的文化,文化之间既相互排斥,又相互吸引,存在

---

① Gilles Deleuze, *Difference and Repetition*, New York: Columbia University Press, 1994, p. 4.

② Slavoj Zizek, "Organs Without Bodies: Deleuze and Consequences", *Gilles Deleuze*, No. 52, 2004, p. 52.

某种张力。生活世界为人的交往行为提供资源,同时它也是人的交往的产物。哈贝马斯提出,生活世界内在包含着三部分,即文化、社会和个性。文化是一种知识储备,"交往行为者通过就世界中的事物达成沟通,并用这些知识储备来做出富有共识的解释"①。他认为,文化之间的差异通过交往行为达成"共识",面对文明的差异、不同文化背景,要坚持"相互理解、宽容、和解的立场",交往行为理论和话语伦理学适用于处理文化类型间的矛盾。② 威廉·康纳利(William E. Connolly)从差异与认同的关系谈此问题,他认为:"差异需要认同,认同需要差异……解决对自我认同怀疑的办法,在于通过构建与自我对立的他者,由此来建构自我认同。"③ 文化共识并非消灭文化差异,而是在文化差异中寻找共同。英国学者迈克·费瑟斯通(Mike Featherstone)说:"全球文化的同一性与正在产生的统一形象的途径,是一种泛全球性威胁。要寻找这样的文化可能性,只能求助于科幻小说。"④ 他强调,多元的民族文化的差异会对价值认同产生影响,即使人们知道价值认同的重要性,但是多元文化使人们在价值选择上呈现多样性。美国学者塞缪尔·P. 亨廷顿(Samuel P. Huntington)提出的"文明冲突"模式唤起人们对文明冲突危险性的重视。他认为,全世界的人们正根据文化来界定自己的认同,未来世界不存在一种单一的普世文化,而是不同的文化、文明并存,世界能否和平取决于国家间是否能够协调好各方利益,致力于避免激烈的冲突,促进整个世界"文明的对话"。⑤ 第二,基于对商品审

---

① [德]尤尔根·哈贝马斯:《交往行为理论》第一卷,曹卫东译,世纪出版集团、上海人民出版社 2004 年版,第 387 页。
② 章国锋:《哈贝马斯访谈录》,《外国文学评论》2000 年第 1 期。
③ William E. Connolly, *Identity/ Difference*: Democratic Negotiations of Political Paradox, Ithaca, N. Y. : Cornell University Press, 1991, p. 1.
④ [英]迈克·费瑟斯通:《消费文化与后现代主义》,刘精明译,刘东、黄平主编,译林出版社 2000 年版,第 212 页。
⑤ [美]塞缪尔·亨廷顿:《文明的冲突》,周琪等译,新华出版社 2013 年版,第 1—2 页。

美的反思，沃尔夫冈·弗里茨·豪格（Wolfgang Fritz Haug）说："抽象的差异，是不可能在内容上形成差异的。"① 文化若像万花筒一样，那么文化就是随意的，是没有内容、没有意义的，就变成了一种不断变化、更新的"商品审美"。他认为，文化的东西所展示的不只是"剧院"本身，而是"差别很大的所有领域的日常生活的一个方面"②。文化的差异性表现在对其进行评价的不同，这种差异是由人产生的，表现在评价价值的多与少。他认为，在资本主义商品世界中，商品审美的文化影响成为重要的因素。这种文化影响的基础环节是人的主动性，但是在现实的消费关系中人的能动性环节却遭到压制。因此，豪格指出当意识形态的力量开始引导大众文化时，就要更加注意那些处于异在状态的朴素的能动形式。第三，基于对权力问题的思考，艾利斯·马瑞恩·杨（Iris Marion Yong）在《正义与差异政治》一书中将"压迫"分为五类：剥削、边缘化、能力褫夺、文化帝国主义以及暴力。文化帝国主义是"对占宰制地位的群体的经验和文化予以普遍化、标准化"③。文化差异产生于一个群体被主流文化、宰制群体定义为异常的、刻板的"他者"。杨认为，群体间的差异来自某些文化规范的霸权，单一的标准是一种压抑性的认同，纠正文化帝国主义就要关注和承认社会群体之间的差异。美国的多元文化主义者致力于建立拥有众多文明的国家，但亨廷顿认为这样的国家是缺少文化核心的，是没有内在聚力的国家。④ 帕依（Atal Behari Vajpayee）认为，由于时空的差异，人对权利问题的思考也截然不同，从一般性理念出发思考权力问题是狭隘的，实际上，

---

① ［德］沃尔夫冈·弗里茨·豪格：《文化差异》，杨俊杰译，河南大学出版社2017年版，第95页。

② ［德］沃尔夫冈·弗里茨·豪格：《文化差异》，杨俊杰译，河南大学出版社2017年版，第96页。

③ ［美］艾丽斯·M. 杨：《正义与差异政治》，李诚予、刘靖子译，中国政法大学出版社2017年版，第70页。

④ ［美］塞缪尔·亨廷顿：《文明的冲突》，周琪等译，新华出版社2013年版，第282页。

"权利是一种对文化细微差异都最为敏感的因素"①。帕依针对东西方文化的差异对各自的政治权力内容展开了考察。

其二,差异政治视角。一是从文化差异与差异政治的相关性出发,塞缪尔·P.亨廷顿认为文化在塑造全球政治中起到重要作用。但与传统的"西方中心论"不同,他的"文明冲突论"是建于多元主体差异政治之上的。他认为,文明间的差异和冲突是差异政治的基点,文明的断裂主要发生于西方文明与伊斯兰文明、儒教文明之间。他阐述道,要想避免文明冲突要遵守三个原则,即"避免原则"(首要条件)、"共同调解原则"、"共同性原则"。② 差异政治观是亨廷顿建立全球政治学的基本范式,以试图为冷战后全球政治的演变作出解释,提出看待全球政治的新框架和新范式。同样认为文化差异决定政治差异的学者还有帕依,他认为"各种社会总是将权力的使用按令人可接受的方式加以界定,这一界定是由文化差异模式使然"③。他阐述西方和亚洲的文化观念的差异,导致两者关于政治权力等理念的差异。西方个体主导价值下的政治模式是民主,亚洲群体价值主导下的政治模式是权威主义。对于帕依的观点,部分国内学者认为是有待科学思量的。二是从多元文化主义的应对策略出发,文化差异是多元文化主义的逻辑起点,基于文化差异的客观事实,以及对文化平等的追求,差异政治成为多元文化主义提出的应对策略。艾利斯·马瑞恩·杨对同化主义理想,即将自由定义为消灭群体差异的正义理想进行了批判。他认为,忽视差异、追求实现形式上的平等会在三方面导致压迫。第一,导致部分群体在经验、文化、社会化能力等方面有别于特权群体,使劣势逐渐固化;第二,造成

---

① 转引自任平、王建明、王俊华《差异政治——后现代政治哲学探析之一》,《天津社会科学》2001年第3期。
② [美]塞缪尔·亨廷顿:《文明的冲突》,周琪等译,新华出版社2013年版,第292—297页。
③ 转引自任平、王建明、王俊华《差异政治——后现代政治哲学探析之一》,《天津社会科学》2001年第3期。

特权群体忽视了群体的特殊性，文化帝国主义变成永久化；第三，偏离中立标准的群体遭到诋毁，造成部分群体的内在化贬值（internationalized devaluation）。杨认为，同化主义理想可区分为"顺服论"和"变革论"。"顺服论"中弱势群体要顺服固定不变的现存规范和制度，"变革论"中既有制度是对主流群体利益的表达。① 他认为，消除群体差异的正义理想是不可取、不现实的，"差异政治"，即积极理解和界定群体差异是进步的、解放的。杨还阐述了"异质性公共空间"和"群体代表"的内容。"异质性公共空间"承认内在群体的差异，能够有效抵制特权群体利益始终占据主导地位的情况；"群体代表"能够保证所有需要与利益在民主审议下得到承认，能够鼓励个体在正义范围内表达诉求，能够产生一种实践的智慧。② 在差异政治的社会下，社会正义要求各群体之间能够彼此肯定、包容、承认，关注群体发展的特殊需要，为群体提供必要的代表权，以促进社会平等，瓦解文化帝国主义。三是从正义理论的应用和扩展出发，美国学者约翰·罗尔斯（John Rawls）在其著作《正义论》中提出构建一个"良序社会"，即由一个公共的正义观念有效地调节着的社会。他认为，在正义的环境下人类的合作是可能的和必需的，但会同时存在利益冲突和利益一致，这就需要有一些原则来指导人们在不同情况的利益划分中进行不同的安排和选择。罗尔斯赞同科亨的观点，民主社会是一个合理多元的社会。他的正义理念也是立足于民族的不同价值、不同文化的应用和拓展。罗尔斯提出正义的两个原则，即平等原则和差别原则，两者之间相互关联、相互促进，后者强调的是为"最不利群体"提供"最利"的利益保障。差别原则并不是强调平均主义，而是允许差别的存在，但是这种差别是保障"最不利群体"，以实现社会合作与和谐。四是从边缘空间、差异

---

① ［美］艾丽斯·M.杨：《正义与差异政治》，李诚予、刘靖子译，中国政法大学出版社2017年版，第200—201页。

② ［美］艾丽斯·M.杨：《正义与差异政治》，李诚予、刘靖子译，中国政法大学出版社2017年版，第223—226页。

地理学出发，边缘空间是"远离社会生活中心的区域"①，与其相对应的是中心地带。中心地带不仅是一种空间形式，还是一种权力象征。福柯认为，在边缘空间日益被规训的情况下，要开辟以差异政治为方式的新的政治地形，即"异托邦"（Heterotopias），它"与所有它们反映和论及的那些场所都截然不同"②。这是一种实施差异政治的空间规划，是对现存空间秩序的改变，更是反霸权的社会实践路向，展现出人类解放的一种可能路径。福柯的"边缘革命"遭到一定的质疑，戴维·哈维（David Harvey）认为，福柯的这一思想是"激进政治学浪漫地转向'来自边缘的声音'"③。哈维本人并非完全否定"边缘空间"的变革价值，而认为"变革方向的行动点"——"到处都是"④。他认为，由于劳动分工在不同环节间不平衡地分配，社会过程中每一个环节都充满着变革的"潜力"。并且，戴维·哈维在这本书中立足于地理学中的差异，阐明了差异地理学是如何为政治、经济、生态提供解决方案的。基于政治视角的分析，他认为："解放应该意味着开放差异的生产"，社会主义事业需要包容并寻求从商品化同质性中解放出来的路径。他认为："一般的地带也并非完全没有可能性。"⑤ 既可以发生在"边缘"，也发生在资本主义结构之内。他阐述道，这就需要"认真对待时空、地方和环境的生产，认真对待不平衡地理发展的条件"⑥，这些"条件"蕴含着反抗资本主义运动的多种可能和要素。

---

① 陶东风、周宪：《文化研究》第 10 辑，社会科学文献出版社 2010 年版，第 93 页。
② [法] M. 福柯：《另类空间》，王喆法译，《世界哲学》2006 年第 6 期。
③ [美] 戴维·哈维：《正义、自然与差异地理学》，胡大平译，上海人民出版社 2015 年版，第 115 页。
④ [美] 戴维·哈维：《正义、自然与差异地理学》，胡大平译，上海人民出版社 2015 年版，第 121 页。
⑤ [美] 戴维·哈维：《正义、自然与差异地理学》，胡大平译，上海人民出版社 2015 年版，第 495 页。
⑥ [美] 戴维·哈维：《正义、自然与差异地理学》，胡大平译，上海人民出版社 2015 年版，第 497 页。

综上所述，国外对差异问题的探讨历史悠久、视阈广泛、思想丰厚、影响深远。西方学者立足于文化、性别、种族、肤色、身份、地位、价值观念、个体选择等方面的多样化，以及资本主义社会下出现的压迫、歧视、宰制等不公平、不正义的社会问题，对差异进行了多视角、多领域、多层次的研究和探索。他们认识到差异作为人与社会发展的基本特征和客观存在，必然对文化、政治、社会等多领域产生重要影响。尽管在西方语境下的差异问题研究的立场、观点呈现复杂性和对立性，一定程度上对国内学者的相关研究带来挑战，但思想政治教育作为一项研究人和社会发展的重要活动方式，不能忽视也无法回避差异这一重要的研究范畴和社会问题。梳理国外学者有关差异内涵、哲学地位，以及文化差异、差异政治等研究成果，有助于为本书提供丰富的思想资源、知识基础和反思启发。只有进一步通过对差异问题的历史溯源和理论依据进行梳理和研究、对国外差异问题研究的部分观点进行反思和批判，并在马克思恩格斯关于差异的思想的指导下，立足于新时代我国社会主要矛盾转化的现实背景，系统整体地研究思想政治教育差异的相关内容，才能为促进新时代思想政治教育改革创新提供有效性、针对性的理论参考。

四 研究路径

（一）研究的基本思路

国内外学者对差异及其相关内容的研究取得了较为丰硕的学术成果，为思想政治教育差异论的研究提供了丰富的思想资源。思想政治教育差异论是以差异为分析视角对新时代思想政治教育展开的理论和实践探索，是在马克思主义理论的指导下，以现代思想政治教育学原理为基础，坚持从抽象上升到具体的研究方法，深入思考思想政治教育面对差异现象、协调差异问题的整体性系统建构，具而言之：

首先，梳理和探析差异问题的历史溯源和理论依据。本书从马克思主义唯物辩证法的源头——古希腊哲学,及其直接来源——德国古典哲学出发,对这两个时期哲学家们的差异思想进行梳理;并在此基础上,深入探析差异问题的理论依据,即对马克思恩格斯关于差异思想的内容、本质和特征进行论述。其次,对思想政治教育差异范畴进行界说。思想政治教育差异是针对引导和教育社会成员面对差异现象,协调差异问题,以促进个体实现全面发展而产生的一个后生概念。基于对马克思恩格斯关于差异思想的揭示和思想政治教育的基本内容,本书将对思想政治教育差异的内涵、本质、基本维度及特性进行阐释。再次,分析思想政治教育所面对的差异问题。一方面,对人在发展中所面对的差异问题及其产生的原因进行分析;另一方面,对当前思想政治教育解决差异问题的困境展开探究。最后,构建思想政治教育差异的理论架构。思想政治教育要想引导和教育人们协调差异问题,促进个体的全面发展,就要明确思想政治教育差异的理念、结构与诉求,并探究与之相互制约、相互促进的思想政治教育差异的机制、功能与规约,因而,本书从理念与机制、结构与功能、诉求与规约三对矛盾范畴去建构思想政治教育差异的理论架构,以协调差异中的各种问题,从而共同促进人的全面发展。本书的研究思路的示图如下。

(二) 研究的基本方法

1. 文献研究法

文献研究法是通过收集、整理、分析大量文献资料,以考察历史、了解研究现状、把握问题前沿的重要方法。本书通过大量收集、归纳梳理、整体分析古希腊哲学、德国古典哲学这两个时期哲学家们的差异思想以及马克思恩格斯关于差异思想的相关文献资料,力求夯实差异问题的理论基础,为后期研究思想政治教育差异范畴奠定理论根基,同时通过认真阅读和深入分析学者们的相关文献,充分了解学界研究思想政治教育差异问题的现状和发展趋势,厘清思想政治教育差异的相关概念,把握思想政治教育差异问题研究的相关内容。

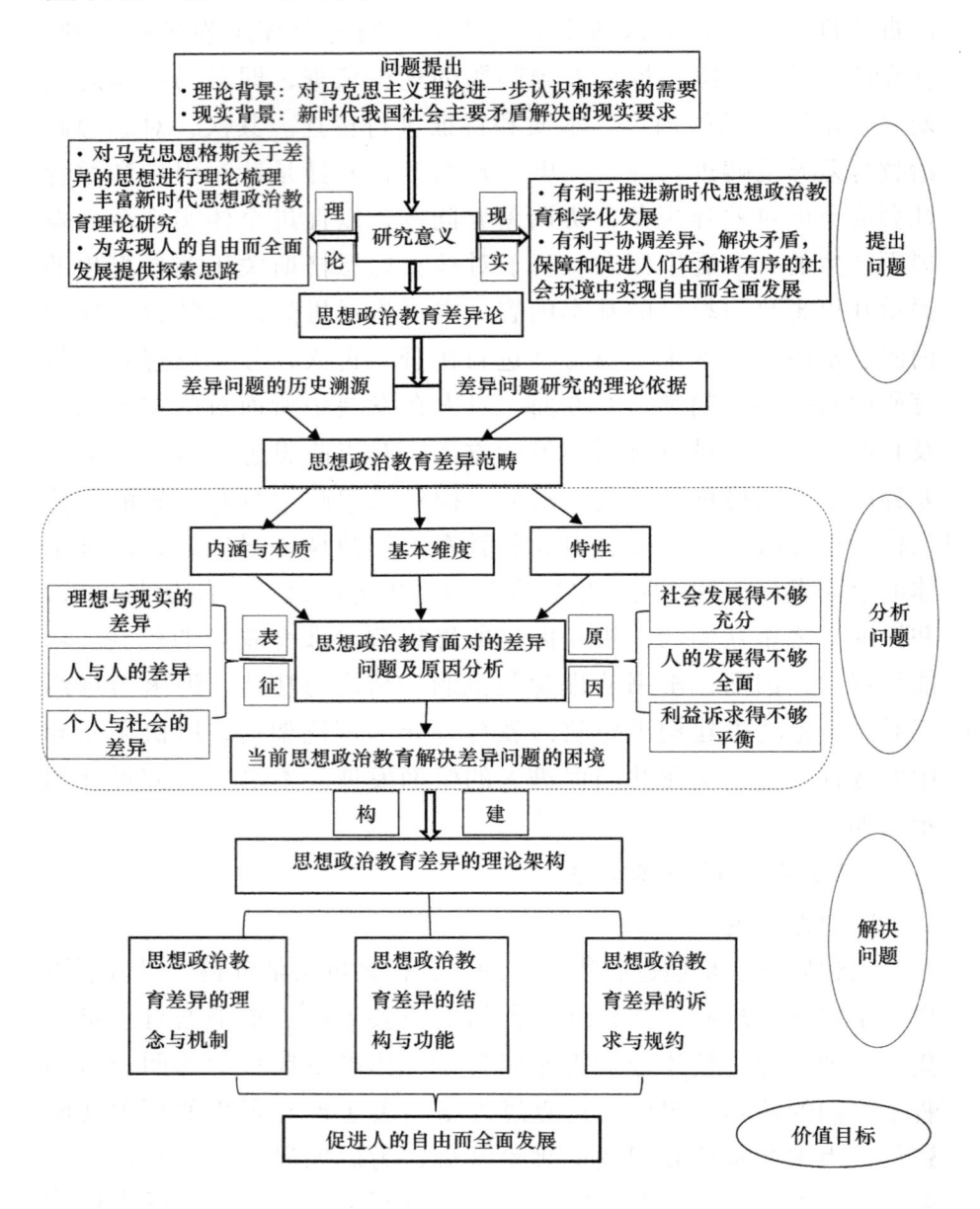

```
                    ┌─────────────────────────────────────┐
                    │ 问题提出                             │
                    │ ·理论背景：对马克思主义理论进一步认识和探索的需要 │
                    │ ·现实背景：新时代我国社会主要矛盾解决的现实要求    │
                    └─────────────────────────────────────┘
                                    │
┌──────────────────┐                ▼                ┌──────────────────────┐
│·对马克思恩格斯关于差 │          ┌────────┐           │·有利于推进新时代思想政治教│
│ 异的思想进行理论梳理 │   理论 ⇒ │研究意义│ ⇐ 现实   │ 育科学化发展              │     ╭──────╮
│·丰富新时代思想政治教 │          └────────┘           │·有利于协调差异、解决矛盾， │    │ 提出 │
│ 育理论研究          │              │                 │ 保障和促进人们在和谐有序的社│    │ 问题 │
│·为实现人的自由而全面 │              ▼                 │ 会环境中实现自由而全面发展 │     ╰──────╯
│ 发展提供探索思路    │        ┌──────────────┐        └──────────────────────┘
└──────────────────┘        │思想政治教育差异论│
                            └──────────────────┘
                               │              │
                               ▼              ▼
                  ┌──────────────────┐  ┌──────────────────┐
                  │差异问题的历史溯源│  │差异问题研究的理论依据│
                  └──────────────────┘  └──────────────────┘
                               │              │
                               ▼              ▼
                         ┌────────────────────┐
                         │思想政治教育差异范畴│
                         └────────────────────┘
          ┌──────────────────┼──────────────────┐
          ▼                  ▼                  ▼
    ┌──────────┐        ┌──────────┐        ┌──────┐
    │内涵与本质│        │基本维度  │        │特性  │
    └──────────┘        └──────────┘        └──────┘
┌────────────┐    │           │           │    ┌──────────────┐
│理想与现实的│    │           ▼           │    │社会发展得不够│
│   差异     │ 表 │   ┌──────────────┐  原│    │    充分      │
└────────────┘ 征 │   │思想政治教育面对的差异│  │    │              │       ╭──────╮
┌────────────┐    │   │ 问题及原因分析      │  因│    ┌──────────────┐  │ 分析 │
│人与人的差异│────┤   └──────────────┘    ├────│人的发展得不够│  │ 问题 │
└────────────┘    │           │           │    │    全面      │  ╰──────╯
┌────────────┐    │           ▼           │    └──────────────┘
│个人与社会的│    │   ┌──────────────────┐ │    ┌──────────────┐
│   差异     │    │   │当前思想政治教育解决差│ │    │利益诉求得不够│
└────────────┘    │   │ 异问题的困境         │ │    │    平衡      │
                  │   └──────────────────┘ │    └──────────────┘
                  └────────────┬────────────┘
                       构       │       建
                               ▼
                  ┌────────────────────┐
                  │思想政治教育差异的理论架构│
                  └────────────────────┘                ╭──────╮
          ┌──────────────┼──────────────┐              │ 解决 │
          ▼              ▼              ▼              │ 问题 │
    ┌──────────┐   ┌──────────┐   ┌──────────┐         ╰──────╯
    │思想政治教│   │思想政治教│   │思想政治教│
    │育差异的理│   │育差异的结│   │育差异的诉│
    │念与机制  │   │构与功能  │   │求与规约  │
    └──────────┘   └──────────┘   └──────────┘
          └──────────────┼──────────────┘
                         ▼
                  ┌────────────────────┐                ╭──────╮
                  │促进人的自由而全面发展│              │价值目标│
                  └────────────────────┘                ╰──────╯
```

图表来源：作者自绘。

2. 从抽象上升到具体的方法

从抽象上升到具体是辩证逻辑重要的方法之一，是人对事物本质形成完整认识必经的思维过程。在《资本论》中，马克思为揭示商品价值产生的本质与商品交换之间的内在关系，从资本主义经济细胞商品出发抽象出交换价值，并进一步将"价值"上升为具体，如价值量、价值形式、价值本质、价值规律等，完成了从抽象到具体、从简单到复杂的理论创新过程。对此，本书将沿着"从抽象到具体—从具体到抽象—再从抽象到具体"的逻辑理路展开，力图在马克思主义理论，特别是在马克思恩格斯关于差异思想的指导下认识、把握、分析现实中的差异现象和差异问题，以深入认识和探索思想政治教育差异范畴，从而为构建思想政治教育差异的理论框架，帮助社会成员认识和协调差异现象与差异问题提供思想启发。

3. 多学科交叉融合研究法

思想政治教育差异论既坚持马克思主义理论为指导，又充分借鉴吸收哲学、政治学、社会学、教育学、心理学等相关学科的知识内容和思维方法。如从哲学的角度探究差异问题的理论溯源，对差异的研究意义与本质进行归纳与概括，进而更好地梳理和把握马克思恩格斯关于差异的思想；从政治学的角度探究思想政治教育差异问题的诉求与规约，即思想政治教育在保障和满足人的差异性诉求时，如何使人的行为符合一定政治思想、政治行为准则的要求；从社会学的角度分析复杂的差异现象和差异问题，总结差异问题的社会原因以及当前思想政治教育解决差异问题的现实困境；从教育学的角度探索面对差异现象和调适差异问题的教育原则、方法及其规律；从心理学的角度分析个体面对差异现象和差异问题时的心理活动，调适人们由于差异产生的负面社会心态，积极主动地从事社会实践活动。

（三）研究的重难点、创新点

1. 本书力图提出思想政治教育差异论这一问题域，以望更多从事思想政治教育研究的学者对这一学术问题予以关注和探究。正如文献综述中所指出的，目前聚焦思想政治教育协调差异现象和差异问题、促进人的全面发展等相关研究还相对较少，思想政治教育差异论的研究处于亟待开发和挖掘的阶段。思想政治教育差异论的研究旨在探讨人们从有限片面的差异状态走向更高层次的共同性发展，这对于回应现实的差异问题以及实现人的自由而全面发展都具有重要价值。所以，本书力图对马克思恩格斯关于差异的思想进行探究，在此指导下探析思想政治教育差异的内涵、本质、基本维度、特性等内容，并从理念与机制、结构与功能、诉求与规约等方面建构和诠释思想政治教育差异的理论框架。然而，笔者的这本著作将思想政治教育差异论这一研究问题提出并试图构建一个理论的分析框架，其本意并非想与众不同、另辟蹊径，或者意图给这一研究以最完美的解释方案和解决路径，而是在自身的思考和研究中愈发感到，这一研究选题需要更多的学者发挥其所长来共同关注和探究。

2. 研究的难点是科学认识和准确把握思想政治教育差异的内涵与本质。本书所提出的思想政治教育差异概念是建立在马克思恩格斯关于差异的思想以及思想政治教育科学理论的基础之上的。一方面，本书探析了差异问题的历史溯源和理论依据，即从马克思主义唯物辩证法的源头——古希腊哲学，及其直接来源——德国古典哲学出发，对这两个时期哲学家们的差异思想进行梳理，以此提炼出差异的研究意义与本质；在此基础上，从内容、本质和特征三个方面对马克思恩格斯关于差异的思想进行论述。通过梳理和探析差异问题的历史溯源和理论依据可知，差异作为重要的哲学范畴，同时也是辩证法中十分重要和基础的哲学范畴，既呈现出事物的多样性存在，又为事物的进阶性发展提供了前提。在马克思恩格斯关于差异思想的视阈下审视思想政治教育，不仅有助于我们识别思想政治教育活动中所要面对的人在发展中的差异性存在，亦有助于找寻、引导和发挥其促进社会全面进步、人的全面发展的正向要素，使得每一个人走向更加高层次的和谐、共同性发展。另一方面，本书将差异作为重要的分析视角，阐释了思想政治教育差异范畴的相关内容。其一,从内涵上来看,思想政治教育差异是指面对人在发展中有限片面的差异现状,以马克思主义唯物史观为视阈,有针对性地引导人们正确认识和把握社会实践中存在的差异问题,揭示客观世界差异存在的条件、方式及其变化发展规律,以差异化的实践教育活动推进人们走向更高层次的共同性发展,从而促进社会全面进步、实现人的全面发展。其二,从本质上来看,思想政治教育差异的本质在于引导人们准确把握现实中的差异现象和差异问题,使个体的差异性现状得到协调与平衡,并通过自我完善、自我发展实现人沿着有限片面的差异性现状—和谐共同性发展—最高层次的自由而全面发展这一过程而发展。其三,从作用发挥上来看,基于微观层面,思想政治教育差异旨在培养人的差异性思维、创造性精神,提高人的主体性、自主性、能动性,使每个人都成为社会发展的积极参与者和有力推动者,在差异化的社会实践活动中不断完善自身,实现自身的全面发展。基于宏观层面,思想政治教育差异的价值在于,使人们从现有的那种有限、片面的差异状态走向人的自由而全面发展,从而激发人的发展活力,增强社会发展合力,促进人的全面发展和社会的全面进步。

3. 研究的重点是尝试探索思想政治教育差异的理论架构及其所发挥作用的实践路径。基于对思想政治教育所面对的差异问题的分析,并遵循新时代思想政治教育发展的规律和方向,本书尝试性地从理念与机制、结构与功能、诉求与规约等方面建构了思想政治教育差异的理论架构,并在阐明这三对矛盾范畴相互制约、相互促进的互动关系的基础上,探索思想政治教育差异理念与机制的运行路径、思想政治教育差异结构与功能的发挥路径以及思想政治教育差异诉求与规约的实现路径,力图通过多方面的路径探索共同促进人的全面发展。就这三方面所发挥的作用而言,其一,思想政治教育差异理念及其差异机制之间的辩证统一关系为促进人的全面发展明确了总的精神规定和运行方式。保障人的全面发展需要将其凝练成为一种理念和精神规定,并在此指导下运行思想政治教育差异的引导机制、协调机制、动力机制，促使思想政治教育引导人们在发展中理性平和地面对差异现象、调适差异问题，使个体对自身偏离正确方向的思想和行为进行及时纠正，并充分激发出自身发展的内在驱动力。其二，思想政治教育差异结构及其差异功能之间的辩证统一关系为促进人的全面发展探寻了要素之间的良好联系及所发挥的正向作用。思想政治教育要想引导人们协调好差异问题、促进人与社会的全面发展，就要把握好思想政治教育差异系统中教育主体、教育客体、教育介体和教育环境四要素之间的相互联系、相互作用，从而增进思想政治教育促进个体发展所发挥的正向作用，在反映和满足个体理想与价值诉求、理性调节差异与矛盾、激励个体实现合理的发展目标等方面发挥重要作用。其三，思想政治教育差异诉求及其差异规约之间的辩证统一关系，促使个体在满足和追求自身差异化诉求的同时，能够遵守一定的规约原则和要求，即坚持主导性、整体性、有序性、目标性的规约原则，从而保障个体实现合目的、合规律的发展，最终实现人的自由而全面发展。当然，尽管本书从理念与机制、结构与功能、诉求与规约等方面着力建构了思想政治教育差异的理论框架，但没有对三个方面之间如何协调发展进行系统的深入研究，需要进一步加强理论架构的立体化、关联度的探讨。同时，除了这三方面的内容，还可以从其他矛盾范畴入手进行深入探索。这些问题虽未得以解决，但也为今后的深入研究指明了努力的方向。

第 一 章

差异问题的历史溯源和理论依据

思想政治教育差异问题不仅是思想政治教育的具体实践的产物，而且是关于思想政治教育面对和解决相关的差异现象和差异问题的一种富有历史性、规律性的理论概括。要准确把握思想政治教育差异的要义和实质，并运用这种差异的分析视角启发做好新时代思想政治教育工作，就不能不首先探析蕴含在辩证法思想中的差异问题。差异作为哲学探讨中的一个基本范畴，备受哲学家们的关注，特别是作为马克思主义唯物辩证法的源头——古希腊哲学，及其直接来源——德国古典哲学。因此，我们有必要对这两个时期哲学家们的差异思想进行梳理，并以此为鉴，深入探究差异问题的科学理论依据，即马克思恩格斯关于差异的思想。这有助于我们从学理层面把握差异问题，并对进一步界说思想政治教育差异具有重要的理论意义。

第一节 差异问题的历史溯源

一 古希腊时期思想家关于差异问题的认识

古希腊哲学是马克思主义辩证法的历史源头。无论是"苏格拉底式的讨论"、柏拉图的理念辩证法，还是亚里士多德的"辩证"推理，都离不开对一般和个别关系问题的探讨。这其中蕴含着哲学家们对差异内涵以及对差异"处理"方式的不同理解。由于篇幅所限，这里仅对以上三位先哲的差异思想进行梳理，以更加清晰地看到古希腊思想家们对差异认识的继承性、发展性和异同点。

（一）苏格拉底有关差异的认识

苏格拉底对西方文化的发展影响深远，他的思想和人格为后世的哲学家们树立了不朽的标杆，从他的思想（特别是辩证法）中去探寻与差异相关的认识是十分必要的。人们常言道，苏格拉底将哲学从天上拉回人间，他号召人们从关注自然转向有益处的人事问题上，其中，美德是他关注的主要对象。苏格拉底认为："尽管美德多种多样，但它们至少全都具有某种共同的性质而使它们成为美德。"① 对此，他举例分析了，无论是男人、女人、孩子、老人等各自的美德，还是作为一种统治人的能力的美德，抑或是正义、勇敢、节制，等等，这些都是多样性的美德行为。尽管不同的美德行为是有差异和区别的，但是它们都具有"美德"这一共同属性。可见，在苏格拉底看来，差异是在"共同的性质"下的具体的差别和不同。于是，认识美德这种一般的定义就不能用这些具有差异性的具体行为来代替，而是要将美德作为一个整体加以解释，因为这些多样性的行为仅仅是"与美德的一部分相结合"②，"结合"以外的内容正是每一个具体行为的不同表现和差别。邓晓芒、赵林在谈论苏格拉底"美德即知识"时也指出，同种行为对于不同的人来说可能具有不同的道德含义。③ 这其中呈现出在不同的条件下每一种具体善行的相对性、多样性和差异性。由此，我们可以清晰地看到，尽管这些各自不同的行为相较于客观的规定性是一种任意的活动，但是它们之间的差异与多样是在同一属性中存在的。

从"苏格拉底式的讨论"中可以看到，苏格拉底在探讨美德等

---

① 《柏拉图全集》第一卷，王晓朝译，人民出版社2002年版，第493页。
② 《柏拉图全集》第一卷，王晓朝译，人民出版社2002年版，第504页。
③ 邓晓芒、赵林：《西方哲学史》（修订版），高等教育出版社2014年版，第43页。

问题时，是以一种使对方陷入矛盾，从而达到真理的方式而展开的。正像赵敦华所述，在苏格拉底的辩证法中，"对自己既有成见的否定""是每一个获得真理的人必经的途径"①。可知，苏格拉底所追问的普遍性的东西，是经历一次又一次的矛盾和否定得出的。其中，多样性的事物、特殊性的现象，即差异就成为主观辨析在逐步探索普遍规定性和真理时不可逾越的步骤、环节、方面。关于美德的一般性定义，美诺认为不同人群具有不同的美德行为，很难对美德进行真正的把握。对此，苏格拉底认为，尽管这些美德的形式是多样的，但是"每个人成为好人的方式是一样的"，因为这些多样性的美德行为背后具有"相同的性质"。苏格拉底进一步指出，"如果他们不分有相同的美德，那么他们就不会以同样的方式成为好人"②。在他看来，"分有"是实现"同样的方式"的重要环节，在探寻事物一般性质的过程中，这种"分有"的过程是不能缺少的，只有"分有"美德，才能将具体的美德形式上升为普遍的规定性和对美德的本质认识，才能透过多样性的事物去达成美德一般定义的完整与健全。

（二）柏拉图有关差异的认识

苏格拉底对柏拉图影响最为深远的莫过于，从具体事物的自相矛盾中去探索共相和一般定义的做法。柏拉图将这种"一般定义"称为"理念"。柏拉图在个别事物之外设定了具有普遍性的理念，将理念看作客观事物的源头，即世界的一切方面皆来自理念。其中，在柏拉图的"理念论"中蕴含着其对差异（事物多样性）的认识，他认为，具体事物的差异以及各自不同的实在是通过"分化"理念产生的，表现为共相中事物的多样性。从一般本质和个别事物的关系上看，具体事物体现了一般（理念）的本质，事物之所以存在是"分有了某个具体的实体"③。这里，"具体实体"是指具有普遍规定

---

① 赵敦华：《西方哲学简史》（修订版），北京大学出版社2012年版，第42页。
② 《柏拉图全集》第一卷，王晓朝译，人民出版社2002年版，第495页。
③ 《柏拉图全集》第一卷，王晓朝译，人民出版社2002年版，第111页。

性的一般本质（理念），于是，个别事物成为了"理念"这个"实体""有"的具体展开。正如，柏拉图在理念论中辨析了"美"和"美的事物"关系：事物之所以美，不是在于各自的形式、色彩等，其根本是由于一般理念的"美"是事先存在的规定性，先有了"美"的一般本质，然后才有了"美的事物"的多样性，并且这种"美"的理念是外在于具体"美的事物"之外的。由此，事物之差异（多样性）成为了一般理念的派生，它产生于这种具体事物和一般本质的分离。从派生出的差异的类型来看，由于各个事物从一般本质（共相）中展开的方式是多样化的、分有的程度是有差别的，也就产生了差别、多样的不同事物。柏拉图还列举了高与不高、美与不美、公正与不公正等差异，以此来说明对立是差异的一种表现。这里，亚里士多德与柏拉图对差异从哪里"分有"出来的问题有着不同的看法，后文将展开论述。

就此，"按照相的形象把事物制造出来"，即对理念、"相"之分有的肯定，成为了柏拉图在《巴门尼德篇》中反驳"一"的论证。他认为，"一存在"意味着"一拥有存在"，"一"作为一个整体，"一"和"存在"都属于其中的部分，所以"一"既可以看成一个整体，又可以看作部分。① 从每一部分所包含的内容看，"一存在"并不是单一的、孤立的存在，而是"无限的多"②。如我们所知，柏拉图"辩证法"是对纯粹理念的逻辑联系和相互转化加以研究的学说，其根本任务要在多样性中找寻统一，在统一中找寻多样性的存在③。那么，作为辩证法的研究对象，差异（多样性、相异、非存在）到底起着怎样的作用呢？在柏拉图看来，差异是促使事物相互贯通并向更高概念实现统一的环节。在对"一"与"多"的认识上，柏拉图强调，"一"本身和它的存在一定是不同之物、互不相

---

① 《柏拉图全集》第二卷，王晓朝译，人民出版社2002年版，第777页。
② 《柏拉图全集》第二卷，王晓朝译，人民出版社2002年版，第778页。
③ K. Dorter, Form and Good in Plato's Eleatic Dialogues: *The Parmenides*, *Theatetus*, *Sophist*, *and Statesman*, Berkeley: University of California Press, 1994, p. 105.

同，而这其中存在的差别和不同是"因为它们的本性是'不同'或'其他'"①。换言之，相异是事物的本性，是事物存在的必备要素。没有相异或不同，事物就不会存在。在《智者篇》中，柏拉图明确指出："相异的性质具有存在，并且分布在所有存在的事物的相互关系上。"② 于是，孤立的"一"（理念）就成为了无意义之物，将一切事物分割开只是伤害了事物的和谐。由此，"分有"产生的相异、差别也不是单独的，而是相互联系、相互贯通的，即相异方能保持事物间的相互联系，使得对立面在一个更加普遍的规定性的概念之下实现统一，从而"引导前进之路"③，解决事物发展中的矛盾与冲突。这也正是柏拉图超越爱利亚派、智者派，使辩证法向着积极的结果发展的关键，尤其对后世辩证法（黑格尔辩证法）产生了重要影响。

（三）亚里士多德有关差异的认识

亚里士多德是古希腊哲学的集大成者。尽管他师从柏拉图，并对老师有着深厚的敬仰之情，但却不妨碍他对其老师的理念论展开批判，并在此基础上形成自身的形而上学的理论体系，这比较集中地体现在其《形而上学》的著作中。由上文可知，在柏拉图那里，理念是存在于实体之外的东西，差异是从理念中"分化"出来的。就这一点而言，亚里士多德与柏拉图的分歧在于，"分有"是对理念的分有，还是对实体的分有，如果"分有"不是对理念的，那么差异又是如何存在的？就此，亚里士多德认为："如果形式④能被分有，那就只能有实体的理念。"⑤ 可见，"分有"是对"实体"的分有，而不是对理念的，正如他进一步所说，"形式必须是实体"⑥，

---

① 《柏拉图全集》第二卷，王晓朝译，人民出版社2002年版，第778页。
② 《柏拉图全集》第三卷，王晓朝译，人民出版社2002年版，第67页。
③ 《柏拉图全集》第三卷，王晓朝译，人民出版社2002年版，第68页。
④ 指理念，不是亚里士多德的"形式"。
⑤ 北京大学哲学系外国哲学史教研室编译：《西方哲学原著选读》上卷，商务印书馆1981年版，第133页。
⑥ 北京大学哲学系外国哲学史教研室编译：《西方哲学原著选读》上卷，商务印书馆1981年版，第133页。

只有实体才能具有理念。于是，在亚里士多德看来，"分有"理念也就成为了诗意的比方。"任何东西都能够存在和生成，和别的东西一样，不必是从理念摹下来"①。是故，差异也并不是从理念中分化而来的，而是存在于实体中的。

那么，亚里士多德是如何认识差异在实体中的分类呢？这主要集中在其著作《形而上学》卷（Δ）章九以及卷Ζ章三之中。亚里士多德认为，"异"应用于两方面。一方面，差异是事物之间在同一方面上的不同，表现为"品种有异"。他认为："凡相异者必须在其所公认的相同方面求其所以为异。"② 也就是，相异必须是事物之间在特定方面上有分别。正如，科属比品种更为普遍，品种具有科属的性质③，所以差异表现在同一科属中品种的差异。同理，差异也就表现在品种之内的个别事物之间的差别。由此，尽管差异表现为不同，但是在某些方面仍是相同的。另一方面，差异是事物本体上的差别和不同，表现为"科属有别"。"异"在没有共同范围内的情况下，就表现为事物本体上的"别"。"别"是指事物超过了"一"，是每一各自为一的事物成为互别。这时"异"是对实体属性多样性的表达。一言以蔽之，在亚里士多德这里，差异是实体、个别事物在同一范围（科属、品种）内表现的外在差别以及实体属性的多样性。于是，差异就成为逐级的差别和不同，面对这种逐级进求的差异，亚里士多德认为，最后的差异就是"事物的本体与其定义"④。而本体与本体之间最根本的差异则是"质"。亚里士多德分析了"质"的两类含义，从中我们可以发现差异的两种存在形态和功能。

---

① 北京大学哲学系外国哲学史教研室编译：《西方哲学原著选读》上卷，商务印书馆1981年版，第134—135页。
② ［古希腊］亚里士多德：《形而上学》，吴寿彭译，商务印书馆1959年版，第219页。
③ ［古希腊］亚里士多德：《形而上学》，吴寿彭译，商务印书馆1959年版，第99页。
④ ［古希腊］亚里士多德：《形而上学》，吴寿彭译，商务印书馆1959年版，第169页。

他认为，"'质'的第一义就是本体的差异"①，这种差异是不变动的，表现为一种静止状态下事物之间纯粹性的比较与不同，呈现出事物之间的多样性。"质"的"第二义是事物在动变中所起的质变与动变差异"②。这种"动变差异"表现为组成整体的各个不同的部分，它们是"潜存"的，本体也就是一种"潜在本体"③。于是，在动变的状态下，差异促进了事物的发展、质变。从差异的这一功能看，在黑格尔那里，差异的"动"表现为否定性，这种否定性进一步解释了产生"质变"的原因。由此，我们可以看出，黑格尔对亚里士多德差异思想的超越。

二 德国古典哲学思想家关于差异的论述

德国古典哲学的思想之光灿烂耀眼，要想对马克思恩格斯关于差异思想进行深刻把握，就要深入德国古典哲学中。其中，对德国古典哲学产生影响的因素之一是自然科学领域取得的重要成果。从18世纪静止的自然观，到19世纪对自然事物的发展进行研究的自然科学，都证明着自然事物的多样性、丰富性、辩证发展性，为德国古典哲学提出了认识事物及其发展，以及实现"综合"的重要任务和要求。以康德、费希特、谢林，特别是以黑格尔为代表的德国古典哲学家都针对"主体如何认识多样性的客体"这一重要的认识论问题进行了阐发，并在各自的辩证法思想中呈现出对差异的不同认识。然而，由于德国古典哲学家费尔巴哈缺乏辩证法思想，他的思想特点是形而上学的唯物主义，所以这里关于差异思想的梳理中也就未涉及费尔巴哈的思想观点。

---

① ［古希腊］亚里士多德：《形而上学》，吴寿彭译，商务印书馆1959年版，第117页。
② ［古希腊］亚里士多德：《形而上学》，吴寿彭译，商务印书馆1959年版，第117页。
③ ［古希腊］亚里士多德：《形而上学》，吴寿彭译，商务印书馆1959年版，第182页。

（一）康德先验哲学中的差异观

康德哲学被誉为"现代哲学的源泉"[①]，使认识论和形而上学方面发生重要转折。对此，李继宗、谢遐龄认为，康德的认识论为现代认识论奠定了基础，这在于"康德认识论宣称，只有经验知识可靠，不可能有关于上帝等本体的知识"，而使这一观点成立的重要原因在于，康德认为，经验知识来源于"感性杂多和知性范畴"[②]。也就是说，感性和知性是不可分开、同时存在的，经验知识成为可能需要两者共同发挥作用。在此基础上，康德否定了上帝作为认识对象的可能。于是，这凸显了"感性材料在认识中不可缺少的重要地位"[③]。那么，为何感性材料十分重要呢？康德在批判普遍逻辑时强调："它抽掉了知性知识的一切内容及其对象的差异性，并且只与思维的单纯形式打交道。"[④] 从中可见，康德对差异重要性的肯定，强调不能只看到普遍性和抽象形式，而忽视了感性材料及其差异。当然，康德对差异的认识和阐述不仅停留于感性直观层面，也蕴含在知性和理性的认识当中。由此，我们有必要从人的认识能力三阶段，即感性、知性、理性入手，对康德的差异观进行探究，以期更好地呈现德国古典哲学中有关差异的认识。

其一，在感性认识阶段，差异是被给予的诸多现象的多样性和不同。在康德那里，感性是"以某种方式受到刺激时感受表象的这种接受性"[⑤]，也就是一种基于对现象的表象，即"直观"[⑥] 的接受

[①] 贺麟：《现代西方哲学讲演集》，上海人民出版社1984年版，第3页。

[②] 李继宗、谢遐龄：《从康德和黑格尔看认识论和辩证法的区别》，《学术月刊》1985年第9期。

[③] 李泽厚：《康德认识论问题的提出》，《文史哲》1978年第1期。

[④] ［德］康德：《纯粹理性批判》，邓晓芒译，杨祖陶校，人民出版社2017年版，第43页。

[⑤] ［德］康德：《纯粹理性批判》，邓晓芒译，杨祖陶校，人民出版社2017年版，第41页。

[⑥] ［德］康德：《纯粹理性批判》，邓晓芒译，杨祖陶校，人民出版社2017年版，第33页。

性。他认为，直观包括"纯直观"和"经验性的直观"①。前者既包括空间、时间这种纯形式，也包括一般感觉的这种质料，并且它们可以先天被我们所认识，因此是不受感觉影响的。而后者则是一种受感觉影响的"后天知识"，"可以是极为多种多样的"②。此时，对象是被我们的感觉所给予的，是具有经验性的，并且表现为诸多现象的多样性和不同。正如康德所说，"表象的杂多可以在单纯感性的、亦即只是接受性的直观中被给予"③。这是康德对感性认识阶段差异的基本认识，即差异是被给予的现象的杂多和不同。尽管感性是被给予的，但是感性不完全是消极的接受力，其积极作用在于这是一种直观的"认识形式"④，使得感觉能够被认识，成为具有多样性、差异性的感性材料。诚如康德所言，"为了达到一切对象的先天知识，必须首先给予我们的是纯粹直观的杂多"⑤。这说明差异性的感性材料对于人的认识是必要的步骤。然而，康德认为，无论多种多样的感性材料多么清晰可见，也无法对对象的性状进行界定和认识。于是，还需要在（广义的）理性的过程中对对象进行认识。为此，需要从更深层次的认识阶段出发对差异进行探究，即探究康德在知性和理性过程中是如何看待和"处理"差异的。

其二，在知性认识阶段，差异是不同直观下的杂多表象，是在统一中被判断和把握的。知性并非如感性那样，它不是一种直观能

---

① ［德］康德：《纯粹理性批判》，邓晓芒译，杨祖陶校，人民出版社 2017 年版，第 34 页。

② ［德］康德：《纯粹理性批判》，邓晓芒译，杨祖陶校，人民出版社 2017 年版，第 34 页。

③ ［德］康德：《纯粹理性批判》，邓晓芒译，杨祖陶校，人民出版社 2017 年版，第 68 页。

④ 邓晓芒、赵林：《西方哲学史》（修订版），高等教育出版社 2014 年版，第 208 页。

⑤ ［德］康德：《纯粹理性批判》，邓晓芒译，杨祖陶校，人民出版社 2017 年版，第 55 页。

力，而是一种借助概念的认识方式，具有推论性，即实现"各种不同的表象在一个共同表象之下加以整理的行动的统一性"①。感性是对多样性现象的一种接受，而概念是强调将差异、不同的表象实现统一。从形式与质料相结合的角度看，两者缺一不可。于是，知性认识就成为实现杂多表象统一的过程，其中"杂多表象"表现为差异性的感性材料和知识，没有杂多的感性材料也就没有对对象的知性认识。概念并非只针对那个直接对象，而是和很多另外的对象发生着关系，康德称这种"关系"为"联结"，是一种"杂多的综合统一的表象"②。于是，康德强调："杂多只能在与之不同的直观中才被给予并通过联结在一个意识中被思维。"③ 可见，杂多是在直观中被看到和给予的，从而在综合统一过程中被思维和把握着。在康德看来，这种"思维"体现着一种判断的机能，即对诸多差异实现统一的机能。由此，在知性认识阶段，差异不仅是杂多的感性材料，更是在统一过程中被判断和把握的。这是康德基于感性和知性，即人的认识的两个方面，对差异的认识和揭示。

其三，在理性认识阶段，差异是杂多的知性材料被纳入更高级的统一性中加以推理。人的认识能力经历着从感性到知性，再到理性的过程。其中，知性与理性都属于逻辑思维能力，尽管两者所采取的逻辑形式有所不同，但是两者都是基于不同的差异内容从而实现统一的过程。其不同之处体现在，知性是通过概念进行判断的过程，如上可知，知性的综合判断是基于杂多的感性材料和多种多样的经验对象，从而形成具有"单一性"（也可称之为"统一性"）的概念知识；而理性则不同，它并不与任何直观材料相接触，而是基

---

① ［德］康德：《纯粹理性批判》，邓晓芒译，杨祖陶校，人民出版社2017年版，第49页。
② ［德］康德：《纯粹理性批判》，邓晓芒译，杨祖陶校，人民出版社2017年版，第68页。
③ ［德］康德：《纯粹理性批判》，邓晓芒译，杨祖陶校，人民出版社2017年版，第70—71页。

于在知性阶段所形成的概念，即利用范畴进行一种推理，产生理性的最高概念，是最高的逻辑思维能力。正如康德认为，理性是"通过概念赋予杂多的知性知识以先天的统一性"①。这表明，在理性认识阶段，杂多（差异）是指经过知性过程所形成的多种多样的知性材料，理性在推理中力图将具有差异性的杂多知性材料归于"普遍"，由此实现更高层次乃至最高的统一。康德进一步认为，这种"统一"是通过"比较"完成的，即"通过比较而揭示出那隐藏着的同一性"②，从而试图使这些差异的知性材料逼向一种唯一和绝对。于是，差异在理性阶段仍然经历着综合的过程，尽管知性与理性都是实现综合"统一"，但是理性阶段的"统一"不仅作为一种必要的认识方法，还是一种客观上的必然。在康德看来，这种客观必然性表现在所有的多样性之间都具有"亲缘关系"，即"同类性原则""特殊化原则""连续性原则"，使得诸多差异都源自一个"唯一的至上的类"③，在这一认知下，差异则被纳入更高的同质性中。

从康德的先验哲学对差异的解读，我们可以看到，差异作为直观的材料，表现为多种多样的存在。在判断和推理的逻辑思维过程中，认识这种差异是通过自我意识，并借助概念和范畴的形式完成的。尽管康德通过突出人的主观意志来调和怀疑论和经验论，但并没有掩盖住其不可知理论中唯心主义因素和唯物主义因素的对立。在康德看来，对象若不以人的意志为转移就是不可知的，只有通过主体认识的客体才是可知的。故此，在对差异的认识上，先验的自我意识使得杂多经验材料能够被统摄和判断，从而实现更高层次的统一。由此也就开启了德国古典哲学唯心主义形而上学的"序幕"，

---

① ［德］康德：《纯粹理性批判》，邓晓芒译，杨祖陶校，人民出版社2017年版，第201页。
② ［德］康德：《纯粹理性批判》，邓晓芒译，杨祖陶校，人民出版社2017年版，第389页。
③ ［德］康德：《纯粹理性批判》，邓晓芒译，杨祖陶校，人民出版社2017年版，第393页。

而其中首当其冲的便是费希特的主观唯心论。

(二) 费希特主观唯心论中有关差异的观点

如上所述，在康德看来，"先验自我意识"具有统摄杂多材料的综合技能，然而这种主观能动性的发挥只存在于现象界，即仅针对于可知的感性经验，不涉及自在之物，由此，人的知识就无法说明超验的东西。与康德不同的是，费希特将"自我意识"及其主观能动性的发挥延伸到自在之物的本体领域。他认为，"自我意识"可以产生一切"非我"的存在，因为只有抛弃了自在之物，将一切的经验事物都归于"自我意识"和能动活动，才能从"自我意识"出发思考一切知识。正如费希特所说，"一切都应当依赖于我的自我规定"，否则，这些意识之外的客体就是"一种纯粹的虚构"[①]。可见，外在于自我的经验和客体是依赖于自我的。于是，在费希特那里，杂多的经验材料并非像在康德那里，是另外提供用以综合的，而是由自我意识通过活动产生的。由此，可以从费希特知识学关于"自我"的三个原则中对差异进行把握。第一个原则，即"自我设定自身"原则，揭示出差异是自我意识的表象。费希特认为，在自我中存在绝对同一的东西，纯粹的自我设定着自身，一切产生于这种自我意识。于是，差异也只能是自我意识的表象和产物。这一内容同样延伸到第二个原则，即"自我设定非我"，差异作为一种"非我"的存在，表现为与自我的不同。差异，即"非我"的存在是以"意识的同一性为前提"[②]的，差异在意识活动过程中被呈现出来。但是"非我"不仅是与自我的对立，还是对自我的展开，即实现"自我与非我的统一"。如果自我没有受到与自身不同的对象的限制，那么自我也很难意识到自身及其能动的统一机能。由此，在费希特这

[①] 北京大学哲学系外国哲学史教研室编译：《西方哲学原著选读》下卷，商务印书馆1982年版，第324页。

[②] 北京大学哲学系外国哲学史教研室编译：《西方哲学原著选读》下卷，商务印书馆1982年版，第339页。

里，差异不仅是自我意识的产物，还是设定自我、实现统一的要素。

（三）谢林客观唯心论中有关差异的观点

与费希特的主观唯心主义不同，谢林认为，"自我"和"非我"之上还有"绝对同一"的东西。"绝对同一"是排斥一切差别的同一性，是主体和客体的绝对无差别性。但是在这种"绝对同一性"中还包含着"内在的要发展自己、认识自己的冲动"①。他认为，这就产生了自然界、人的精神等的各种差别和矛盾，但是这种差别还是会在世界历史发展的进程中最终走向统一。他还认为，在自然哲学中，整个自然界是从"绝对同一"中分化出来的，形成差别和不同的规定性，从而实现从低级向高级的不断发展。谢林进一步指出，人类历史也同样是从"绝对同一"中分化和发展出来的，由于每一阶段中主客观所占有的比例不同，就产生了具有差异性的历史阶段。于是，差异就表现为从绝对同一中分化出来的有限事物之间的差别。但是这种分化出的差异并不是一种"质"的不同，而是"量"上的差别。在谢林看来，这些被分化出来的差别要想回复到绝对的统一，就要回到艺术中，依靠"艺术直观"回到无差别的状态。由此可以看出，谢林对差异的产生及其发展的认识是非理性的，最后只能在非理性的直观中对差异的发展进行解读。对此，黑格尔认为，要在辩证逻辑中对能动性的差异进行合理的理解。

（四）黑格尔的唯心主义差异观

黑格尔（Georg Wilhelm Friedrich Hegel）的辩证法思想对西方现代哲学、马克思主义哲学等都产生了重要影响。马克思曾肯定地指出，尽管辩证法在黑格尔那里是"倒立"的②，但"这决没有

---

① 邓晓芒、赵林：《西方哲学史》（修订版），高等教育出版社2014年版，第239页。

② 马克思在《资本论》第二版跋中揭示了黑格尔思想的"倒立"内容，即"在黑格尔看来，思维过程，即甚至被他在观念这一名称下转化为独立主体的思维过程，是现实事物的创造主，而现实事物只是思维过程的外部表现。我的看法则相反，观念的东西不外是移入人的头脑并在人的头脑中改造过的物质的东西而已"。

妨碍他第一个全面地有意识地叙述了辩证法的一般运动形式"①。列宁也曾高度评价黑格尔辩证法的"基本的思想是天才的"②。那么，探究马克思恩格斯关于差异的思想之前，我们有必要先借黑格尔的辩证法以提供理解差异的理论工具。在黑格尔的《小逻辑》中，差异占有特殊的重要地位：它贯穿于"存在论""本质论""概念论"之始终。从总体上看，黑格尔的差异观主要体现在以下三个层次上：

1. 对"差异"三个层次的说明

黑格尔的逻辑哲学是其辩证法思想的集中体现，思维是黑格尔逻辑学的研究对象。他认为，思维本身是能动的，即人的思维对对象的认识起初仅是一种表象，人的"能思的心灵"③通过这些表象达成对事物的思维的认识，从而形成概念的东西。由此，思维不是仅仅停留在直接性上的，而是能够通过中介不断认识客观事物。其中，对"差异"的认识是黑格尔逻辑思维展开的重要研究内容，蕴含在逻辑学的存在论、本质论、概念论的三种形式之中。

其一，从存在论来说，差异是事物彼此之间的差别和不同，是一种通过外在联系呈现出的多样性。存在论是思维最初的形式，是作为一种自然的直接性的存在。在知性的直接性阶段下，黑格尔认为，"差别是直接的差别或差异"④。这种"直接性"表现在各个范畴是彼此外在的，即表现为一种"单纯"的、外在性的联系。黑格尔进一步谈道："差异［或多样性］即不同的事物，按照它们的原样，各自独立，与他物发生关系后互不受影响，因而这关系对于双方都是外在的。"⑤ 可见，存在论的差异（多样性）是各自独立的事

---

① 《马克思恩格斯文集》第5卷，人民出版社2009年版，第22页。
② 《列宁专题文集：论辩证唯物主义和历史唯物主义》，人民出版社2009年版，第134页。
③ ［德］黑格尔：《小逻辑》，贺麟译，商务印书馆1980年版，第36页。
④ ［德］黑格尔：《小逻辑》，贺麟译，商务印书馆1980年版，第252页。
⑤ ［德］黑格尔：《小逻辑》，贺麟译，商务印书馆1980年版，第252页。

物之间的不同，它不是专属于某一事物，或作为事物的本质而存在的，仅仅是一种外在的"单纯差异"或"多样性形式下的差别"①。那么，这种外在的、多样性的差异是否会消失在事物的变易统一中呢？黑格尔认为当然不会。他在探讨"统一体"时强调，"统一"这一说法的偏颇在于太过强调"统一"，而没有同时加以承认两者间的差异。在思辨的原则下，"统一必须同时在当前的和设定起来的差异中得到理解"②，失去这种区别和特殊，事物就又返回到"抽象的'有'"。所以黑格尔认为，"变易是第一个具体思想"，它表达了一种有差别的统一。此时，差异不仅是一种独立于事物之外的"比较者"的存在，更是在"同一"范围内的不同。然而，存在论的差异"还没有建立在事情本身之内"③，无法进一步界说事物的本质，也无法促进事物自身的发展。由此，对于事物间的差异还需要加以深层次的比较。

其二，从本质论来说，差异是事物自身内部的差别，是实现自我否定和映现的必备要素。较之于存在论来说，本质论不仅限停留于事物的外在表面，而是深入到事物的本质中。与本质不同，存在是一种直接的东西，是一种"假象"（Schein）。哲学的主要任务是要去探寻"存在"背后所蕴藏的本质。但这种本质是无法直接把握的，"它是以别的事物为中介或根据的"④，而本质之所以为本质，就在于它是以自己为自身的"中介"的联系。由此，本质是反思、映现自身的存在，是对自身的否定和矛盾演进。在思维层次上，本质论属于否定的理性阶段。按照黑格尔的观点，本质论的同一与存在论的"相同之物"是不同的，存在论中的"相同"即是一种非此即彼的抽象东西，而本质论的同一是通过扬弃"存在"而形成的，

---

① ［德］黑格尔：《小逻辑》，贺麟译，商务印书馆1980年版，第253页。
② ［德］黑格尔：《小逻辑》，贺麟译，商务印书馆1980年版，第198页。
③ ［德］黑格尔：《精神现象学》上卷，贺麟、王玖兴译，上海人民出版社2013年版，第159页。
④ ［德］黑格尔：《小逻辑》，贺麟译，商务印书馆1980年版，第243页。

是有差别的、具体的同一。此时的"差别"也不再是"质"的外在之物，而是内隐于个体自身之中的差别要素。在这一点上，黑格尔赞同莱布尼茨"相异律"中对差异的认识，即差异不再是单纯的、外在的、不相干的差别，而是一种存在于事物本身中的差别。同时，黑格尔又敏锐地看到，事物的比较之所以是有意义的，就在于我们能够看到异中之同和同中之异。进言之，也就是在事物之间的内在统一性中对差异加以把握。就此，在黑格尔那里，内在统一于事物之中的差别要素"自在地就是本质的差别，即肯定与否定两方面的差别"①。这即是说，事物内部客观存在着肯定方面和否定方面的差别，由于这种内在差别的存在，事物内部才具有着对立面，并构成事物的内在矛盾。然而，事物不可能一直停留在矛盾之中，通过对矛盾的解决和扬弃，事物实现了自身的发展，从而"映现在他物内"②，以完成本质论范围内的差异性转化的辩证过程。

其三，从概念论来说，差异是存在论"差异"和本质论"差异"的统一。在黑格尔看来，概念不是无差别的表象、僵硬的形式，抑或思想的容器，而是"自由的原则""独立存在着的实体性的力量"③，这种"实体性的力量"体现在，它是抽象形式和具体内容的统一，是一种新的发展形态。从形式上说，概念是无法用手触摸到的，是抽象的；从内容上看，概念内在蕴含着之前"存在论"和"本质论"的全部丰富的内容，它不只是一种"过渡"或"映现"，而是对存在本身的更为深入的探索，是能够通过发展将本身所潜伏着的东西发挥出来的"力量"。就概念的整体统一性看，意涵在于它达成了内在与外在、存在与本质的统一，亦表明，存在的能动的发展在"概念"的范围内才找到了自身的真正的本质。那么，差异在"概念"的范围内究竟呈现着怎样的面目呢？按照黑格尔的观点，在

---

① ［德］黑格尔：《小逻辑》，贺麟译，商务印书馆1980年版，第255页。
② ［德］黑格尔：《小逻辑》，贺麟译，商务印书馆1980年版，第331页。
③ ［德］黑格尔：《小逻辑》，贺麟译，商务印书馆1980年版，第329页。

辩证逻辑下，个体性将普遍性和特殊性统一于自身，上升为一种整体性的存在，但这一存在仍是作为特殊性而建立的。他认为，"特殊的东西即是相异的东西或规定性"①，一方面，"这些区别开的东西只表示概念各环节彼此间的规定性"，另一方面，"各环节间的同一性（即这个就是那个），也同样建立起来了"②。这里，黑格尔实际上揭示了差异是一个整体性的"相异"的存在，它既包含着事物彼此间区别开的外在规定性，亦包含着个体内部特殊性因素间的不同和差别。于是，在概念论的范畴下，内在差异和外在差异在事物存在中构成矛盾体，在事物发展中共同发挥着作用。黑格尔从概念的实现视角对差异所发挥的功能给予了揭示，指出"概念以它的自在存在为中介，它的差异，和对它的差异的扬弃而达到它自己与它自己本身的结合"③。按照他所言，概念是对包含着"它的差异"否定性的"自我存在"的统一。此时"否定"不是一个范畴过渡到另一个范畴，也不是对立方的映现，而是"对最初的起点［开始］的否定"④，是对自身的否定和扬弃。其中，事物自身的差异是走向被扬弃和被统一的一个要素。尽管事物实现了向更高层次的统一和发展，呈现出了多样性个体间的差别，但是这种外在的特殊性和差别仍然保持了普遍性的特征。由此，差异无论是呈现事物之间的区别，还是作为事物自身发展的动力，都是在同一性范围内的相互联系、相互作用的差别。

2. 黑格尔差异的基本功能

黑格尔哲学是一个具有规律性、层层推进的逻辑体系，其规律性展现在事物自我否定和发展自己的进程中。对差异的认识，黑格尔完成了从存在论到本质论，再到概念论的逻辑推演，最终走向了实现存在论"差异"和本质论"差异"的统一。从统一的发展进程

---

① ［德］黑格尔：《小逻辑》，贺麟译，商务印书馆1980年版，第337页。
② ［德］黑格尔：《小逻辑》，贺麟译，商务印书馆1980年版，第338页。
③ ［德］黑格尔：《小逻辑》，贺麟译，商务印书馆1980年版，第429页。
④ ［德］黑格尔：《小逻辑》，贺麟译，商务印书馆1980年版，第428页。

上看，事物间的不同以及事物内在的差别在事物的存在和发展过程中皆发挥着重要作用，即呈现在肯定性和否定性两方面。

一方面，差异的肯定性功能是，差异使事物呈现出现在的样子，使现存事物表现为多样性、特殊性等特征。黑格尔在《小逻辑》中指出："所谓区别，必包含有二物，其中每一物各具有一种为他物所没有的规定性。"① 可见，事物间的差别就是它们不同的"规定性"。至于"规定性"，黑格尔指出，"在规定性中已包含有'其一'与'其他'"②，表明事物间并不是毫不相干的，具有一定的联系（和区别）。具体而言，他认为，"有"和"无"开始是空虚的抽象之物，若在两者中寻求"一个固定的意义"，就要对"有"和"无"进行"更确切的规定和更真实的界说"③，并通过两者间的"比较联系"④，呈现出事物间不同的"规定性"。正如，"无"通过与"有"的区别将其内在的原则，即"自由"呈现了出来。就此，邓晓芒解释道："某物与他物处在这样一种互相规定中"呈现出了"一个事物的性质"⑤。可知，事物间的差别和不同为其现有的样子提供了一种"他物所没有的规定性"，即是一种必然界说，使事物作为一种具体的东西而存在。在事物与无数他物的相互区别下，我们发现，事物成为了具有多样性形式的被规定者。然而，某物与无限他物之间的相互区别和差异，将事物的性质掩蔽在这种无穷的"比较"进展中，这也被黑格尔称作"无限是坏的"。黑格尔进一步指出，事物外

---

① ［德］黑格尔：《小逻辑》，贺麟译，商务印书馆1980年版，第194页。
② ［德］黑格尔：《小逻辑》，贺麟译，商务印书馆1980年版，第190页。
③ ［德］黑格尔：《小逻辑》，贺麟译，商务印书馆1980年版，第193页。
④ 这里使用"比较联系"一词，是指比较和联系是同一过程。因为黑格尔在《精神现象学》中论述"事物的矛盾概念"时指出，知觉在认识多样性时，"他的态度就是把他所认识的多样性的环节加以相互联系"，"但是在这种比较过程中，如果出现了不相等同的情况，这并不是由于对象的不真实，而是由于知觉的不真实"。（出自《精神现象学》132页）显然，这里"相互联系"与"比较的过程"可以被看作同一个过程。
⑤ 邓晓芒：《邓晓芒讲黑格尔》，北京大学出版社2006年版，第22页。

在的无限差别也只不过"表示有限事物应该扬弃罢了"①。正如黑格尔在《精神现象学》中所揭示的，"图表式的知性"仅满足于"内容目录式的知识"，是一种外在的不同和多样，而没有提供内容本身，他认为规定就成为了"僵死的东西"，而不是事物的"内在生命"②。在黑格尔这里，差异不能仅仅停留于事物的外在不同和表面的矛盾，这样只会带来无穷尽的重复和事物彼此间的交互往复，还是没有实现对事物的扬弃和发展，没有呈现出事物的"内在生命"。故此，还要从事物的本质及其内在的否定性出发，进一步阐释差异的功能。

另一方面，差异的否定性功能，即差异使事物"自我存在"中包含着否定性因素，是促使事物否定自己而趋向统一的环节。较之于事物间的外在差异，内在差异才是黑格尔辩证法所要表达的本真内容。他认为，事物的规定性实际上不是从与另外事物的比较中来，而是事物"给自己建立起规定性来"③，其中既包含着普遍性的存在，也包含着诸多差别的、不同的规定性的存在。从事物内在所包含的差别上看，每一个特质都成为了另一特质的否定，但是它们并未因其不同而分离于矛盾统一体之外，且仅仅表现为纯粹的变化、自身之内的对立或矛盾。换言之，这是一种等同的东西内的差异。同时，黑格尔又指出"诸多的差别属于那无差别的媒介"④，因为这种"媒介"作用的发挥，使得差异成为事物"自我存在"中的一种否定性因素，内在的差异互相激励并扬弃自身于统一体中。因为黑格尔认为，"否定性是直接地和存在的直接性同一的规定性"⑤。可

---

① ［德］黑格尔：《小逻辑》，贺麟译，商务印书馆1980年版，第207页。
② ［德］黑格尔：《精神现象学》上卷，贺麟、王玖兴译，上海人民出版社2013年版，第87页。
③ ［德］黑格尔：《精神现象学》上卷，贺麟、王玖兴译，上海人民出版社2013年版，第86页。
④ ［德］黑格尔：《精神现象学》上卷，贺麟、王玖兴译，上海人民出版社2013年版，第131页。
⑤ ［德］黑格尔：《精神现象学》上卷，贺麟、王玖兴译，上海人民出版社2013年版，第131页。

见，黑格尔所指的否定性与直接性一样，都是存在的一种内在规定性。黑格尔曾以"花朵开放"过程举例论证，正是由于花蕾内存在着促进其自身发展的差异要素，花蕾才能实现对自身的否定，并"映现"为绽放的花朵，而花朵中仍然存在着内在差异和对立，为"映现"果实提供发展的可能。① 他在这里实际上是说，不仅要在事物的前进中看见矛盾，而且要将内在不同的规定性（即差异）理解为事物存在的否定性、发展性的必然要素，并从中认识不同规定性间相辅相成的必然环节。万事万物的发展和映现他物都是在其自身内部差异与矛盾的作用下才得以完成的。基于此，黑格尔将差异与矛盾促使事物否定自己而趋向统一的过程称为"内在的不安息"②，这种"不安息"的丰富和充实在生命、自然、精神等方面都有所体现。

三 差异的研究意义与本质

差异是我们较为熟知的哲学范畴，它充斥着整个存在空间，从宏观到微观，从静态到动态，从自然到社会都无处不在地彰显着它的身影。对差异思想进行梳理具有重要的研究意义，它在哲学史和辩证法思想史中都占据重要地位。其一，对差异思想展开研究，有助于我们更好地认识矛盾，更好地把握辩证法思想。一般来说，"矛盾在其展开的初期，双方已存在着差异，但它们之间的对立还处在萌芽的状态；随着差异的深化，原来包含的对立明朗化起来，并得到充分的展开，最后达到矛盾的解决"③。认识差异、协调差异，有助于我们认识和把握事物的内在规定性和发展性，为理解和把握事物的本质提供重要的前提性要素。其二，对差异的认识，有助于我们认识事物的矛盾统一体。任何事物的存在都是一个统一体（或同

---

① ［德］黑格尔：《精神现象学》上卷，贺麟、王玖兴译，上海人民出版社2013年版，第52页。
② ［德］黑格尔：《小逻辑》，贺麟译，商务印书馆1980年版，第198页。
③ 肖前主编，黄楠森、陈晏清副主编：《马克思主义哲学原理》上册，中国人民大学出版社1998年版，第240页。

一体），但这个统一体是包含着内在差异的矛盾统一体。没有差异的统一是不存在的。现实事物的矛盾统一体中是包含着差异的。其三，对差异问题的关注，有助于我们进一步理解事物的发展。无论是人的发展，还是社会的发展，矛盾始终是发展的根本动力，当然矛盾也是由其内在双方的差异构成的。正确认识和把握矛盾中的差异问题，也为发展减少阻力、增加活力。

通过对古希腊和德国古典哲学家们的差异思想进行研究，我们可以看出：不同时期哲学家们对差异认识的出场语境是不同的，其中，黑格尔差异观实现了对之前哲学家的超越。差异出场的语境是广泛的。在古希腊哲学家那里，从苏格拉底追问普遍性定义的过程中呈现出差异是事物在"共同的性质"下的具体的差别和不同，到柏拉图在分化理念中揭示出差异是共相中事物的多样性，再到亚里士多德在对理念论的批判中表明差异是实体、个别事物在同一范围内表现的外在差别以及实体属性的多样性。可见，在古希腊时期，要想说明差异，就要思考和解决个别事物与普遍本质之间的关系问题。但是在他们看来，普遍性的原则和本质是高于并先于多样性的个别事物的，作为真实的存在和本原来说，是在人的头脑中潜在的一般概念和理念，而不是具有差异性的事物。如果说他们对差异的呈现还仅仅是由于要对与一般性原则关系展开探索，那么作为德国古典哲学创始人的康德则一开始就以对人类理性反思的方式展开对差异的探索，并将对差异的考察引向对杂多感性材料或知性材料的描述。但是康德也仅仅是在现象界中揭示了差异功能，即将杂多的感性材料或是知性材料纳入更高的统一性中。而费希特则将这种实现"统一"的主观能动性推进到"非我"的本体领域中。在这一出场语境下，差异不仅是自我意识的产物，还是设定自我、实现统一的要素。于是，为了"避免唯我论无法面对外部世界的这一致命缺陷"[①]，在谢林那里，差异就成为从"绝

---

① 邓晓芒、赵林：《西方哲学史》（修订版），高等教育出版社2014年版，第200页。

对同一"中表现出来并由此分化为有限事物之间的差别，但"绝对同一"的实现却只能通过非理性的直观来完成。

对此，黑格尔并不赞同，他认为，主体和客体的同一是依靠能动的辩证逻辑，即通过自我的否定性完成的。主体和客体是一个东西，主体在合理的范围发挥着主观能动性的作用，客体内部也是不断发展的。在黑格尔那里，这种从绝对同一中发展出来的差异性，不是依靠什么神秘的力量，而"只是由于'同一'这一概念的自我否定的本性"[①]。换言之，"同一"本身就是一种具有差异性的东西，其自身包含着差异和多样性的要素。于是，只有包含着差异的"同一"才能在自我否定的过程中实现能动的发展，成为自身实现发展、运动的内在根据。可见，黑格尔对差异的认识是在主客体交融的辩证逻辑下展开的，既强调了差异存在的必要性和必然性，又揭示了由差异所构成的矛盾统一体（同一）在事物联系和发展过程中所起的动力性作用，体现着黑格尔对之前哲学家的超越。

然而，由于黑格尔有关差异的观点和结论是强加于自然界和社会历史，而并非从它们中概括出来的，因而对差异的理解就难免存在以唯心主义为出发点以及不顾历史发展事实的缺陷。对此，恩格斯指出："不能构想出种种联系塞到事实中去，而要从事实中发现这些联系，而且这些联系一经发现，就要尽可能从经验上加以证明。"[②] 这说明，对于广泛存在于"种种联系"中的差异的理解要从客观事实出发，从事物的各种实在形式与发展形式出发。如果说黑格尔的差异观来自抽象的理论层面，那么，马克思恩格斯则是真正回归具体现实，基于辩证法的语境探索差异范畴，通过举例和分析多种多样、客观存在的自然现象和历史事件，对差异及其矛盾展开富有真理性和辩证唯物论的解读。可见，要科学认识矛盾及其作用

[①] 邓晓芒、赵林：《西方哲学史》（修订版），高等教育出版社2014年版，第201页。

[②] 《马克思恩格斯文集》第9卷，人民出版社2009年版，第440页。

和功能，并用辩证的矛盾观把握和指导人和社会发展过程中的差异现象和问题，就要对马克思恩格斯有关差异的思想予以探析。

第二节 差异问题研究的理论依据

差异及其问题渗透在自然界、人、社会及其发展过程的每个方面，正因其司空见惯就容易被人不假思索。长期以来，马克思恩格斯有关差异的思想在很大程度上被淡化、遮蔽和误解，人们忽视了其内在价值，忽略了其揭示事物联系、分析社会问题之矛盾分析法的本真要义，使其未发挥出应有的指导人和社会发展的重要作用。诚然，"差异一般指矛盾的潜在状态或萌芽状态，在这种状态下，矛盾关系尚未充分成熟起来"①，那么对于新时代思想政治教育而言，特别是在面对和解决人的发展进程中的诸多差异现象和差异问题时，需要以马克思恩格斯有关差异的思想作为研究的理论依据和矛盾分析原则。以此为宗旨，本节从马克思恩格斯文本出发，对马克思恩格斯关于差异思想的内容、本质和特征进行阐发，以期为研究思想政治教育差异论提供科学、具体、全面的理论依据。

一 马克思恩格斯关于差异思想的内容

对马克思恩格斯关于差异思想主要内容的揭示，有学者从差异的"不平衡性"表现、"实践差异"、"人类历史差异化发展"② 等方面予以展开。这种阐述视角和论述观点对本书具有重要的启发意义，但就对马克思恩格斯关于差异思想的整体性把握和系统性分析而言，还可以更加完整。恩格斯指出："世界的存在是它的统一性的

---

① 肖前主编，黄楠森、陈晏清副主编：《马克思主义哲学原理》上册，中国人民大学出版社1998年版，第250页。

② 邱耕田：《差异性原理与科学发展》，《中国社会科学》2013年第7期。

前提",同时,世界的存在表现为差异性的存在。因为在他看来,"只要我们离开存在是所有这些事物的共同点这一简单的基本事实,哪怕离开一毫米,这些事物的差别就开始出现在我们眼前"①。换言之,只要摆脱对世界存在的抽象性理解,就会发现世界的存在是具有差异性的,呈现变化的、发展的存在状态。由此,本节从世界的存在和发展视角切入,对马克思恩格斯关于差异思想的内容予以探究。

(一) 差异与具体存在

从相对静态性存在视角上看,我们所面对的千姿百态的整个世界,既是具有多样性、差异性的,又是具有同一性、一致性的。无论是等同还是不等同,都是以真实的、具体的事物、要素、方面等为依托而存在的,因此差异的呈现必然是在实有之物间进行的。任何具体事物都是质与量的统一,差异的具体实在性正是通过质与量而标识出来的。一方面,差异表现为不同质的事物之间的外在差别。恩格斯在《自然辩证法》中论述道:化学中取得的进步在于"从原子体积和原子量的关系去说明元素的一系列化学属性和物理属性"②,即从认识量的差异(位置的移动)上升为认识质的差异(化学与物理学两类的不同属性)。相反,若用量的差异来说明一切质的差异,那么质的变化也就全部归结于量的变化,抑或位置上的移动,就会得出物质都是由同一质构成的错误结论。这样一来,人和动物、植物之间也就没有任何质的区别,只是细胞量的多少之差异。另一方面,差异也表现为同一质的事物内部所具有的量的内在差别。在恩格斯看来,之所以机械自然观只看到量的差异,是因为他们忽视了质和量的关系是相互的,忽视了事物的质在一定条件下也可以转变为量。正如恩格斯所言:"每一

---

① 《马克思恩格斯文集》第9卷,人民出版社2009年版,第47页。
② 《马克思恩格斯文集》第9卷,人民出版社2009年版,第508页。

种质都有无限多的量的等级,……它们都是可以量度和可以认识的。"① 量的差异存在于同一质中,表现为事物内部的差别,无法认识这一内在差别就会忽视多种多样的、具体存在的、现实的质及其变化。由此,要想准确判断事物的具体存在,就必须整体性把握不同历史阶段,抑或同一历史阶段下事物内在差异和外在差异的共同作用,即对具体存在中的差异加以科学分析。这集中体现在以下三个方面:

1. 事物、自然界在历史阶段中的差异性存在

恩格斯指出:"同一性自身中包含着差异"②,差异性存在是在同一性中表现出来的。具体而言,他立足于19世纪自然科学取得的丰硕成果分析了自然界中"同一性"内部呈现的差异要素。从纵向上看,即是在不同的历史阶段和发展时期下,有机体呈现出差异性的生命阶段,例如,从胚胎生命、少年、性成熟、繁殖、老年、死亡等。不同的生命阶段之间的差别是自然界中不同历史阶段下的外在差别,并表现为有机体不同成长阶段下少数简单形态与多样复杂形态之间的不同。而造成有机体不同发展时期下外在差异的原因,正是有机体内部存在的差异要素,也就是说,有机体内部大量的多样性的细胞之间的差异引发着生存的矛盾斗争,促使机体产生多样性、阶段性的特质。这里,西方学者阿兰·诺里与恩格斯的观点是一致的,他指出:"物质性差异辩证法的价值之一是,它在强调连续性的同时,能够理解现代生活中的分裂和间断,某些事物、结构、传统、制度继续存在。"③ 这就说明,差异体现着事物的一定"分裂和间断",即呈现出事物在不同发展阶段的不同。从横向上看,亦即是在同一历史阶段和时期下,事物呈现出多种多样的种类,各个事物具有自身特定的内在规定性。正如,自然界中的山川树木、湖泊

---

① 《马克思恩格斯文集》第9卷,人民出版社2009年版,第497页。
② 《马克思恩格斯文集》第9卷,人民出版社2009年版,第476页。
③ Alan W. Norrie, "Dialectic and Difference: Dialectical Critical Realism and the Grounds of Justice", *Journal of Law & Society*, Vol. 37, No. 3, 2010, pp. 531–537.

森林、飞禽走兽、花鸟虫鱼等，尽管存在于同一时期和阶段内，但是仍具有各自的特殊性、差别性。对此，马克思恩格斯强调，这种差别是"对象的最偶然的和最个性化的规定"，而不是思辨哲学家"臆造成绝对必然的和普遍的规定"①。在马克思恩格斯看来，事物与事物之间必然存在的差别是由各自内部的偶然性因素造成的。以豌豆荚为例，每一个豌豆荚都因为自身内在成长因素的差异性特征，具有不同的豌豆数、豆粒大小、色彩浓淡等，但是这些具有差别的豌豆荚都被包含在同一豌豆种里，表现着同一种中受成长中的差异性要素的影响所产生的偶然性差别。这些偶然性差别即是事物在同一发展阶段下表现的外在差别，并由偶然性的内部差异而引起。但在机械决定论者看来，一个事物只能以必然性的方式发生，而不能以其中差异的偶然性方式出现，体现了事物发展中的命定论色彩。恩格斯认为，不能认识必然性中的差异以及偶然性因素，也就无法认识事物的丰富多样性，似乎豌豆荚中必然生长三粒豆子，似乎同一棵树上的叶子必然是一样的。

2. 人在历史阶段中的差异性存在

马克思恩格斯关于人的学说之所以是科学的，就在于他们将人理解为现实的、具体的、活生生的人，而不是在抽象的思维下将人性看作一种非现实的、非具体的，甚至永恒不变的人性。尽管人首先是作为自然机体而存在，但就其现实性本质而言，人的社会属性才是其真正的内在本质。人与人、群体与群体等之间的差异性存在，都是由不同的社会关系引起的，而探寻人的存在及其本质问题必然离不开对差异性联系的关注。在同一时代下，造成人与人、群体与群体之间不同的根本性差异在于不同的人或群体在社会关系中处于差别性的地位，有着自身内在的利益、思想、价值和感情，使得个人或群体具有与他人或其他群体相区别的特殊性本质。对于个人而言，尽管受遗传、自然环境的影响，在种族、地域文化、性格、思

---

① 《马克思恩格斯文集》第一卷，人民出版社 2009 年版，第 281 页。

维方式、健康、血液等方面存在差异，但从人的思想、个性的最终形成来看，根本上还是受社会关系的制约。对此，马克思认为："搬运夫和哲学家之间的差别要比家犬和猎犬之间的差别小得多，他们之间的鸿沟是分工掘成的。"① 这即是说，主体间的主要差异是在社会分工中，也就是人与人之间分工与合作的社会关系中产生的。同样，不同的群体，如民族、阶级，也是由不同的社会关系所组成的，并与各个历史时代的生产状况相联系。在阶级社会下，不同阶级及其相互差异表现得尤其明显。正像历史上最初的相互差别和对立的阶级，即奴隶主和奴隶，一部分人通过担任公职，或通过分工和交换占有较多的生产资料和生活资料，吸收一定数量的劳动力以供剥削，形成了奴隶主阶级；而氏族中的穷人就不得不为富人劳动，成为了奴隶阶级。可见，不同群体在社会关系，特别是经济关系的不同地位，产生了阶级之间的差别和对立。

人的本质是社会性的，也就必然是一种历史性的存在。基于历史性的考察，人的本质不是僵化不变的，而是在不同的历史阶段下不断创造和发展的。以个人的成长阶段来看，随着人在社会关系中地位的变化，人的生存需要、所受教育程度也发生着变化。人的差异性存在就表现为不同历史时期和历史条件下所形成的阶段性生存状态的差别，而这种不同时期下生存状态的差别将会随着人的存在而永远持续和发展下去。那么，促成不同时期的人的差异性存在的主要动因是什么呢？马克思认为，人"作为有生命的自然存在物"②，其存在是一种生命、自然的存在，首先是生存、活着，但是又不止于自然肉体的存活，还有更重要的方面，即实现生命的意义、人生的价值，试图并努力着去探寻能够不断超越和否定当前的状态，而达到更高的人生追求和人生状态，使自己的生命达成更加完满的状态。人的这种不断发展的生命状态，即"人从不满足周围的现实，

---

① 《马克思恩格斯文集》第一卷，人民出版社2009年版，第619页。
② 《马克思恩格斯文集》第一卷，人民出版社2009年版，第209页。

始终渴望打破他的此时—此地—如此存在的境界"①。于是，人在现阶段的存在中，必然蕴藏着实现超越和突破的否定性要素，也就产生了人的现实性的肯定要素与未来发展的超越性的否定要素之间的差异与矛盾，正是这种内在的差异与矛盾激发着人实现对自身现阶段的否定和进阶性的发展，也就形成了人在不同成长阶段的差异性存在。

3. 人类社会在历史阶段中的差异性存在

如果说人在历史阶段中是一种差异性的存在，那么，人类社会的存在同样是差异性的，亦表现为阶段性、复杂性等特征。阶段性是人类社会在不同历史时期下差异性存在的重要特征。从描述人的发展状况来看，马克思将社会历史的发展划分为人的依赖性社会、物的依赖性社会、个人全面发展的社会②。针对社会经济形态的划分，马克思说："大体说来，亚细亚的、古希腊罗马的、封建的和现代资产阶级的生产方式可以看做是经济的社会形态演进的几个时代。"③ 这些划分皆从纵向的角度表达了人类社会的时代差异性存在的观点。也就是说，人类社会发展的不同形态之间的差别即是人类社会的差异性存在。同时，唯物史观为我们清晰地揭示了形成人类社会差异性存在的根本性动力是社会基本矛盾。在特定的生产力水平下，只能建立特定的社会形态，而当生产力的发展超越了现存的、具有一种固定化趋势的生产关系，就产生了生产力与生产关系之间的不平衡性，这种不平衡性表现为社会基本阶级的矛盾。例如，在封建社会，表现为农民与地主阶级的矛盾；在资本主义社会，表现为无产阶级与资产阶级的矛盾。由此，阶级的矛盾与对立也就成为引发人类社会差异性存在的重要因素。

人类社会的差异性存在还突出地表现在同一时代下并存着的不

---

① ［德］马克斯·舍勒：《人在宇宙中的地位》，李伯杰译，刘小枫校，贵州人民出版社 1989 年版，第 43 页。
② 《马克思恩格斯文集》第 8 卷，人民出版社 2009 年版，第 52 页。
③ 《马克思恩格斯文集》第 2 卷，人民出版社 2009 年版，第 592 页。

同社会之间的差别，它们各自内部包含着不同的差异与矛盾及其内在性质，呈现出复杂面貌。以社会主义社会与资本主义社会为例，两个社会内在基本矛盾的不同决定着双方具有根本性区别的性质。社会主义社会的生产关系与以往的一切私有制都是对立的，是以生产资料公有制为基础的，也就不会出现资本主义社会下资产阶级与无产阶级之间的阶级对立，而其基本矛盾是人民内部根本利益一致的基础上的非对抗性的矛盾，即通过自身的改革与调节就能够解决的矛盾。当然，即便同样是社会主义社会，也有各自的差别性存在特征和复杂性的发展状况。各个国家、民族受自身生产力发展水平、地理环境、人口分布、气候、人的生活方式、社会习俗等因素的影响，所建立的社会主义制度以及进行的社会主义改革也是具有差异性的。正如习近平总书记指出："各国的发展道路应由各国人民选择。"① 这正是新时代中国马克思主义者对人类社会差异性存在的科学认识和经典表述，即在同一时代下各国的发展道路是存在差异的，不同社会发展道路的差异性存在由各个国家、民族的具体矛盾而决定，没有固定不变的发展之路和适应所有国家状况的单一发展模式。这也是社会演进过程的差异性或多样性的表现。

（二）差异与具体发展

恩格斯在《反杜林论》哲学篇中探讨了"道德和法""自由和必然"等内容，其中谈到了杜林的差异规律。恩格斯对杜林差异思想作了这样的剖析：杜林先生虽然提到了"差异规律"，但他从对"同一神经的持续的刺激或者同一刺激的持续，会使任何一根神经和任何一个神经系统疲劳"等"任何庸人根据自己的经验都知道的"来说明事物的发展。恩格斯明确指出："这种陈词滥调就已经转变为'我们的差异规律'了。"② 在恩格斯看来，杜林借用这种庸俗的例子突然"转变为""差异规律"，显然是对"差异规律"的曲解，是

---

① 《十八大以来重要文献选编》（上），中央文献出版社2014年版，第111页。
② 《马克思恩格斯文集》第9卷，人民出版社2009年版，第123页。

对"差异"在事物发展中之重要作用的无知。实际上，差异作为哲学的一个基本范畴，从其普遍性来讲，是指事物及其内部要素的区别，而在杜林看来，这种区别"无非是变换的愉快性的具体说明和例子"①。从恩格斯对杜林的批判中可以清晰地看出，尽管从普遍性的层面去理解和把握"差异"无可厚非，但若仅仅限于此语境，必然无法论证差异性原理及其规律在事物发展中的应有作用。可见，对于差异的认识不能仅仅停留于识别层级，更要从辩证、发展的视角看待差异及其重要价值。如果说杜林的"差异规律"是在庸俗例子中的简单推理，那么，马克思恩格斯则是基于辩证法的语境探索差异范畴，即差异是认识现实存在和发展的前提性步骤。

其一，自然界发展中的差异——不相称性是促进事物、自然界发展的基本条件。恩格斯在《自然辩证法》中指出，在形而上学者看来，对研究对象的考察是逐个的、固定的、僵硬的，这种思维方法并不适用于分析自然观的发展阶段。而对于辩证法来说，"它使固定的形而上学的差异互相转移"，使差异的双方彼此相互联系、相互承认，因此"辩证思维方法是唯一在最高程度上适合于自然观的这一发展阶段的思维方法"②。这无疑说明了要以发展的视角看待自然界中存在的差异要素的复杂联系，而不是将自然界中不同的事物仅仅看作一成不变的研究对象。那么，之所以物种的多样性是变化的、发展的，是因为"自然界所产生的胚胎的惊人数量和真正达到成熟的有机体的微小数量之间的不相称"，于是"有利于生存斗争的个别特质的个体"③ 才有可能达成繁殖，物种也正是由于这种自然选择和适者生存而不断变异和发展。这就表明，事物内部的差异要素是具有不相称性的，表现为肯定要素和否定要素的不相称，在矛盾双方的较量作用下促成了事物的内生性变化和多样性发展，这种不相

---

① 《马克思恩格斯文集》第9卷，人民出版社2009年版，第123页。
② 《马克思恩格斯文集》第9卷，人民出版社2009年版，第471页。
③ 《马克思恩格斯文集》第9卷，人民出版社2009年版，第73页。

称性正是自然界发展的基本条件。这一基本条件也验证了生命体的发展，按照恩格斯的分析，生命体是通过体内蛋白体摄取有用物质和排泄较老的无用部分而实现自身的新陈代谢，这是物质自我完成的过程。没有物质内在有用成分与无用成分的区别，就无法促成蛋白质的吸取和同化，物质的内在运动也就不可能发生。这说明了没有差异要素，事物内在的矛盾就无法呈现，也就无法使矛盾的解决得以演变和进化。

在《自然辩证法》中，恩格斯进一步认为，事物内部必然存在的差异要素所引发的进化和发展是一种偶然的差异。正如，形成宇宙的炽热原料是一个偶然性的过程，在热的发散与转化中包含着差异，即通过不同的途径转化为各种各样的运动形式，在这些差异中就蕴藏着重新集结和活动的必然性的差异要素。然而，这一辩证逻辑并没有被当时的自然科学家所认知，尽管他们认识到"同一个种的各个个体的其他的差异称做偶然"①，但是他们眼中的"差异"是一个缺少必然性因素的形而上概念，使得他们只关注偶然性的、人们可以认识的东西，而忽视了必然性的、人们不认识的差异，进而造成科学的停滞不前。可见，正确认识事物内部必然存在的差异要素，有助于科学地认识和把握无限差异性的事物及其多样性的发展。

其二，人的发展中的差异——人的理想与现实的差异性为实现人的发展提供了可能。诚如马克思所言："建立在人们的现实差别基础上的人与人的统一，从抽象的天上降到现实的地上的人类这一概念，如果不是社会这一概念，那是什么呢？"② 这里，"人与人的统一"指的是人成为真正意义上的人，其重要前提和基础是"人们的现实差别"，这种差别是真实的、具体的，而不是抽象的、虚无的。那么，人的现实差别具体指什么呢？又在实现人的真正本质的过程中发挥着怎样的作用呢？以作为群体的阶级的差别为例，马克思认

---

① 《马克思恩格斯文集》第9卷，人民出版社2009年版，第478页。
② 《马克思恩格斯文集》第10卷，人民出版社2009年版，第13页。

为:"以货币为基础的有效需求和以我的需要、我的激情、我的愿望等等为基础的无效需求之间的差别,是存在和思维之间的差别。"①由于工人阶级无法驾驭资本,使其"非常痛苦地感觉到存在和思维之间、意识和生活之间的差别"②。在此,马克思揭示了货币所带来的现实与"我的需要""我的愿望"之间的差异。实际上,工人阶级的现实处境中蕴含着对未来生活的期望和设想,也就产生了工人阶级的现实状况与其对未来期望之间的差异与矛盾,正是这种对未来预想与现实状况之间差异的识别和不断深化,激发着工人阶级实现对现存状况的否定与改变,成为促进其发展的重要前提。对此,马克思恩格斯认为,资本、雇佣劳动等并不是想象出来的,而是工人异化劳动的现实产物,这就要用实际的和具体的方式加以消灭。即是说,理想与现实的差异和矛盾要在具体的实践中进行,从而促使差异双方形成矛盾统一性和一致性。在资本主义社会的条件下,人的理想与现实的对抗性矛盾要通过无产阶级的革命来完成。而只有在消灭了被资本控制的情况下,人的理想与现实的差别、非对抗性矛盾才能够在人的自由自愿的生产劳动中得以充分地实现。

据此可知,人的发展的目的正是发端于现实与理想之间的差异,这种"肯定"与"否定"之间的差异为人的发展提供新的可能和现实基础,而这种差别是潜在于现有阶段下的,需要在人的实践活动中逐渐被激发和唤醒,从而在实践中将现实与理想之间的差异转化为实现进阶性发展的现实力量。因此,追求向更高阶段发展的实践活动是人自身内在差异得以调节和转化的根本基础。需要注意的是,人的理想与现实、肯定与否定的内在差异并非一种先在的预设,抑或一成不变的内容,而是随着历史的发展不断更新、扩大、丰富的。由此,对人的发展的内在差异的考察与调节决不能忽视所处的社会历史条件。换言之,个人的发展只有同时代发展、社会发展、人民

---

① 《马克思恩格斯文集》第一卷,人民出版社2009年版,第246页。
② 《马克思恩格斯文集》第一卷,人民出版社2009年版,第273页。

发展有着一致性的方向和目标，才具有发展的价值和意义。如果无视社会条件和现实需要，一味追求"自我的设想和预期"，那么，人的发展非但无法向更高阶段迈进，而且还会给社会和他人带来诸多不利。诚然，面对自身内在的差异或自身与他人的差异，有的人可以依靠自己的努力超越自我、突破现阶段的瓶颈，从而推动社会的和谐与共同发展；而有的人却寄希望于事物发展的同等性预设，不愿接受和承认差异的客观存在，或是将差异引向社会发展的对立面。因此，正确看待和把握差异要素，并避免在实践中对差异的负向认识和逆向操作，对于实现人的发展具有重要价值。

其三，人类社会发展中的差异——阶级之间的矛盾为社会的阶段性发展提供动力。如前文分析，马克思恩格斯从纵向和横向的视角揭示了社会发展的时代性差异，即表现为社会发展的阶段性、复杂性特征。在特定具体的社会形态中蕴含着内在的差异性要素，这种差异性要素形成了矛盾，转化而成的否定性运动（矛盾）为实现社会的发展提供了动力。恩格斯指出：资本主义社会的变革既需要"变革的无产阶级"，也需要"使社会生产力发展到能够彻底消灭阶级差别的资产阶级"[①]。在社会变革中，不同阶级的差别和矛盾没有暴露出来，无法相互作用，矛盾也就无法得以解决和发展。恩格斯认为，在私有制和资本的控制下，无产阶级和资产阶级的矛盾双方，一方成为资本的代名词，另一方则成为资本增殖的工具，从阶级归属确立之日起，两者就相互对立，展开不同程度的斗争。无产阶级从一开始就处于反抗的关系中，成为社会发展的否定性力量。剩余价值论告诉我们，对剩余劳动的无偿占有是对无产阶级进行剥削的基本形式，无产者成为了促进资本主义社会形态向前发展的革命性力量，在"革命的实践"中推进着资本主义社会的灭亡，从而建立更高社会形态的社会主义社会。马克思恩格斯之前的各种社会主义思潮正是因为只看到了资本主义的生产方式及其产生的消极后果，

---

① 《马克思恩格斯文集》第3卷，人民出版社2009年版，第389页。

没有对资本主义社会内部相互作用的差异性要素以及由此形成的矛盾加以说明和分析，从而无法说明其灭亡的必然性以及促进其灭亡的无产阶级力量。可见，马克思恩格斯正是通过对资本主义社会内在表现的阶级的差别和社会基本矛盾的揭露，才深刻揭示出资本主义社会的本质和发展规律，进而对社会发展的时代性差异作出科学性的阐释。可以说，没有对具体社会形态下的差异性要素以及由此形成的矛盾的分析，就无法认清促进社会发展的现实主体、现实条件与现实路径，就不能驱除历史认识上的诸多迷雾，以真正解开社会发展的"历史之谜"。

概括而言，任何具体事物的客观存在和永恒发展都必然表现为一定的内在差异和外在差异及其相互作用，差异要素间保持着紧密的联系，呈现出事物的丰富性、多样性，由差异要素构成的矛盾促进着事物由低级到高级、由简单到复杂的不断发展。没有事物及其内部要素之间的差异及其矛盾，该物也将失去存在的依据和发展的动力。可见，差异要素与事物的存在和发展息息相关。马克思恩格斯有关差异的思想是在辩证逻辑下展开的，不仅呈现着事物之间以及事物内部诸要素间的不同和差别，更强调了由差异要素所形成的矛盾促进了事物前进性的发展和由此及彼的转化。然而，在以往的一些学术探讨中，存在着将马克思恩格斯关于差异思想淡化、虚化、边缘化的倾向，这需要我们进一步挖掘和阐明其本质及主要特征，以坚持科学的方法论和认识论，深刻而准确地阐释复杂多变的现实世界，直面和协调各种差异现象和问题。

二 马克思恩格斯关于差异思想的本质

辩证法思想的形成和发展与差异范畴的出现、差异问题的深化是紧密相关的。通过前文所述可知，古希腊时期，人们通过呈现事物的差异，凸显事物之间的矛盾，在对话中不断发现差异、解决矛盾，并求得真理。在这一过程中形成并发展了辩证法，即成为了揭示差异、解决矛盾、促进发展的一门科学，不难发现，差异在辩证法中发挥着重要的作用。对此,有学者认为,"差异、联系、发展是处于同一序列的同等级的哲学概念",它们之间的作用表现为"差异—联系—运动—新的差异—新的联系—新的运动以至无穷"①。唯物辩证法是科学的发展观,是对世界普遍联系和永恒发展的逻辑把握,要进一步深入理解事物的联系和发展,也应该从差异出发。诚如恩格斯指出:"我们在观察运动着的物质时,首先引起我们注意的是单个物体的单个运动间的相互联系,它们的相互制约。"② 这里的"单个物体""单个运动",其实都是对事物的特殊性即差异性意蕴的阐释,而正是由于差异性的"单个物体""单个运动"之间的相互联系和相互制约所形成的矛盾促使着事物的运动、变化和发展。由此,对差异在辩证法中所发挥的重要作用加以探究,有助于我们更好地理解和把握马克思恩格斯关于差异思想的本质内容。

其一,就差异与矛盾而言,矛盾是差别性双方的矛盾关系。客观事物内部包含的肯定方面与否定方面的差别,形成了其内在的矛盾关系,其中,矛盾关系中的否定性因素是事物通过自身的内在差异而达成的对自身的否定,以实现对事物消极因素的克服和对积极因素的保留。可见,如果事物没有内在区别,就形成不了某个具体的特定事物,也就形成不了与其他事物的差别,倘若只有"一",而无"多",那么作为"一"的事物就谈不上与其他事物的矛盾关系。这种对差异与矛盾关系的不同解读,成为客观、公允地区别形而上学与辩证法的试金石和分水岭。在自然哲学中,持有形而上学观点的杜林认为,这一切变化源于自身的等同状态,而"这种状态可以从来就没有矛盾地存在"③。在他的眼中,事物没有内在差别,也没有矛盾,自然界中的变化只是知性借助观念的安排。然而,在辩证逻辑看来,世界是差异性存在的,有了差别才能呈现事物的内在矛

---

① 邱耕田:《差异性原理与科学发展》,《中国社会科学》2013 年第 7 期。
② 《马克思恩格斯文集》第 9 卷,人民出版社 2009 年版,第 482 页。
③ 《马克思恩格斯文集》第 9 卷,人民出版社 2009 年版,第 52 页。

盾，为矛盾的解决提供了前提条件，而矛盾得到解决才能促使事物的变化发展。同时，这也说明，认识差异对于认识事物的矛盾和发展具有重要意义。黑格尔就曾指出："本质的差别即是'对立'"①，任何事物内部都存在着对立方，初期表现为两者间的差别，而后发展成了促进事物发展的矛盾要素。对此，恩格斯也曾揭示出，自然界的变化在于"所产生的胚胎的惊人数量和真正达到成熟的有机体的微小数量之间的不相称"②。由于每一个胚胎都争取发育成熟，就必然转化为生存斗争，其中正是因为存在着"有利于生存斗争的个体"和"不利于生存斗争的个体"之间的差异，才产生了胚胎间的内在矛盾，并将这种矛盾呈现出来，为矛盾的解决以及事物的变化发展提供条件。由此我们可以清晰地看到，矛盾发展的初期，就已经存在着差异的矛盾双方，并表现出差别性双方的矛盾关系。试想，假若仅仅对事物展开单纯的、狭隘的肯定，而忽视事物间以及事物内部的差异，并以此忽视事物及其内部的否定方面，那么，我们对事物的肯定性论断也是缺乏科学性、准确性的，是不完整、不可靠的。因此，清楚地认识事物之间以及事物内部诸要素间的差别，有助于认识和把握事物及其矛盾，为矛盾的解决以及促进事物的发展探寻正确之路。

其二，就差异与联系来看，差异是矛盾双方相互联系的前提。在"世界历史"理论中我们看到，不同民族的差异性存在是世界交往和联系的重要前提，这才使得各民族从"区域历史"走向"世界历史"。关于"世界历史"理论，马克思恩格斯一方面剖析：资本主义时代下，"单个人随着自己的活动扩大为世界历史性的活动，越来越受到对他们来说是异己的力量的支配"。另一方面又指出："历史向世界历史的转变，……每一个过着实际生活的、需要吃、喝、

---

① ［德］黑格尔：《小逻辑》，贺麟译，商务印书馆1980年版，第255—256页。
② 《马克思恩格斯文集》第9卷，人民出版社2009年版，第73页。

穿的个人都可以证明这种行动。"① 这里，"单个人""自己""个人"其实都是对历史发展进程中个体、民族需求的特殊性即差异性的表达，正因为有这种差异性存在与交往的需求，才能实现"历史向世界历史的转变"，否则，各民族将永远存留于自我封闭的区域世界中，更无法凭借一己之力摆脱资本的支配。马克思恩格斯指出：要消灭这种"不堪忍受"的异化，就需要"使每一民族都依赖于其他民族的变革"②，也就是说，只有各民族实现了相互间的紧密联系和普遍交往，才能达成共同的阶级意识，共同实现对异化的消灭。当然，差异与联系之间无法分割的辩证关系也存在于自然界中。正如，自然界中即便是脊椎动物与无脊椎动物、鱼和两栖动物、鸟和爬行动物等，它们之间的界限也不是固定的。对此，恩格斯认为，"一切差异都在中间阶段融合，一切对立都经过中间环节而互相转移"③。这包含着两层含义：一是事物的差异不是僵硬固化的，而是可以转化融合的；二是只有具有差别性、对立性的事物，才能通过中介渠道实现相互联系和融合。质言之，没有事物间的差异，一事物与他事物便无法区别开来，也就谈不上事物间是以何种方式相互影响、相互作用的。恩格斯在这里阐明的正是差异对矛盾双方构成相互联系的前提性作用。列宁也曾说过："每个事物（现象、过程等等）是和其他的每个事物联系着的。"④ 要理解事物间的联系，其基础就在于理解"每一个事物"的差异性含义。同样，差异也是在联系的范畴下动态性展开的，即事物的差异是在与他物的比较性联系中得以呈现和确认的。由于差异使得矛盾双方相互联系，因而使得事物的样态从简单到复杂，其作用的结果是呈现出各种事物存在的多样态。例如，在封建社会的历史发展中，走上资本主义道路的各

---

① 《马克思恩格斯文集》第一卷，人民出版社2009年版，第541页。
② 《马克思恩格斯文集》第一卷，人民出版社2009年版，第538页。
③ 《马克思恩格斯文集》第9卷，人民出版社2009年版，第471页。
④ 《列宁专题文集：论辩证唯物主义和历史唯物主义》，人民出版社2009年版，第140页。

国都是由于过去社会中存在的阶级差异使得矛盾双方相互作用而产生的,而这一结果又蕴含着新的阶级差异和矛盾的开始、新的发展的可能,从而促进了社会形态的纵向发展性和横向多样性。

其三,就差异与发展来看,差异性双方的矛盾是促成事物进阶性发展的重要动力。黑格尔在思维的构想中将"无限的进程"看作"同一个东西的永恒的重复:1+1+1……"。恩格斯对这一观点进行了严肃批判。他指出:在现实中,"无限的进程"是永恒的、必然的"发展"①,是一种实质性的变化,即在旧质的基础上产生出新的因素,这里就有了新质和旧质的差异和变化。因为"一切运动都在于吸引和排斥的相互作用"②,物质的差异性矛盾促使着不同事物之间相互作用和转化,如果事物都是等同的,也就无法构成彼此间的相互吸引、排斥、作用和转化的矛盾,那么一切事物就将陷入静止的、孤立不变的状态。正如,在生物进化过程中,不同事物及其相互作用促使"一个单独的卵细胞分化为自然界所产生的最复杂的有机体"③。具体而言,由于一个细胞内受多种因素的影响存在着不同的物质,在内部矛盾的作用下逐渐分化为形态结构、功能特征各不相同的细胞类群,比如有些分化为植物,有些分化为动物,而在进一步的分化中,又因内部差异及其矛盾作用,产生了动物中无数不同的界、门、纲、目、科、属、种,以至在不断的分化发展中产生了人。生物进化的不断发展正是以矛盾为条件、为动力,突破原有的物质差异状态而构建出新的差异,以至实现无穷尽的生物演化。就人类社会的发展而言亦是如此,在恩格斯的"历史合力论"中就鲜明地包含着矛盾发挥动力性功能的思想。恩格斯认为,历史"总是从许多单个的意志的相互冲突中产生出来","有无数互相交错的力量,有无数个力的平行四边形,由此就产生出一个合力"④。这段话

---

① 《马克思恩格斯文集》第 9 卷,人民出版社 2009 年版,第 502 页。
② 《马克思恩格斯文集》第 9 卷,人民出版社 2009 年版,第 515 页。
③ 《马克思恩格斯文集》第 9 卷,人民出版社 2009 年版,第 421 页。
④ 《马克思恩格斯文集》第 10 卷,人民出版社 2009 年版,第 592 页。

表明，在历史中活动的是无数有差别的个人，每个人的活动又都是由各自不同的动机推动的，正是存在着差异性的动机和意志在相互制约、相互作用中才产生出一种不以任何个人意志为转移的矛盾力量，从而创造着人类发展的历史。综上所述，差异与矛盾、联系、发展是紧密相关、密不可分的，矛盾是差别性双方的矛盾关系，矛盾双方相互联系、相互作用促进事物的进阶性发展。差异与矛盾、联系、发展都是在辩证法中重要的哲学范畴，它们之间的相互作用共同促进着事物的永恒运动。

三 马克思恩格斯关于差异思想的特征

事物的内在本质往往表现为外在的特征。马克思恩格斯关于差异思想的本质可以表现为以下特征：

（一）普遍相关性

差异普遍存在于事物、现象、过程中的矛盾双方的紧密相关中。差异的普遍性是指差异存在于一切时空运动之中，即差异无处不在、无时不有。从空间上看，差异的普遍性表现在事物与事物之间的不同，以及事物内部诸多要素、环节、部分之间的差别。正是由于无处不在、纷繁多样的差别性事物及其不同的组合构成了缤纷多彩的自然界、多元化的思维、多样性的个体以及繁荣开放的人类社会等矛盾体。事实证明，由缺乏多样性、独立个性的人所构成的社会也很难得以兴旺发展。在《路易·波拿巴的雾月十八日》中，马克思曾经这样分析法国农民："小农人数众多，他们的生活条件相同，但是彼此间并没有发生多种多样的关系"，"法国国民的广大群众，便是由一些同名数简单相加而形成的"。[①] 可见，当个体失去独立个性和主体素质，就会成为一个盲目生存的人，由这样的人促成的社会也将萎靡消沉。普遍存在的差异性矛盾对于人、社会的发展是有积极价值的。从时间上看，差异的普遍性表现在事物在各个阶段、时

---

① 《马克思恩格斯文集》第 2 卷，人民出版社 2009 年版，第 566 页。

期的差别。正如，生活在同一地域、不同时期的人们，由于不同时代特点的变化，其生活实践方式、主体思维、价值选择等也会产生历时性差异，从而形成多元文化、多元思维的时代差异性格局。

差异的相关性是指差异并非是杂乱无章的，而是相关事物之间的不同。恩格斯曾指出：辩证逻辑不是只满足于"各种不同的判断形式和推理形式列举出来并且毫无联系地并列起来。……而是使它们互相从属，从低级形式发展出高级形式"①。从这一肯定性表述中可以看出，各种事物的差别和不同不是仅仅停留于简单列举，抑或是毫无相关性的存在与说明，而是在立足于不同事物的特性中找到事物之间的"从属"关系，即在差异中把握同一，在同一中识别差异，并能通过事物内部差异的比较和矛盾运动促进事物发展到更高级形式。基于对同一与差异的认识说明，既要认识事物的共同点，也要注意事物的质的差别，才能更好地把握事物间矛盾的相关性。

以上我们讨论了差异的普遍相关性，认识差异的这一特征具有重要意义，它告诉我们，差异是万事万物存在的普遍样态，面对无处不在、无时不有的差异不必恐慌，承认、尊重、平衡、协调才是面对差异问题的良方。这里需要注意两点，一是防止将不同层次、不同类型、不同范围的事物混在一起，无章可循地盲目比较。正如，比较香蕉和电脑、钢笔与大象、天空与汽车之间的差别就是无意义的。二是防止从单一方面考察和认识差异，而忽视了同一范围下某一差异的变化。要准确把握同一范围内差异要素的变化，对差异进行归纳和分类，以建立清晰的理性认识，从而对有助于促进事物发展的矛盾加以利用，对阻碍事物发展的矛盾要防患于未然。

（二）客观实在性

差异的客观实在性是指差异是事物存在的客观形式，是事物的内在固有属性，它离不开客观、具体、实在的事物，必须依实有之物而存在。因此，差异不是他物赋予的，而是事物本身的客观实在，

---

① 《马克思恩格斯文集》第9卷，人民出版社2009年版，第487页。

是不以人的意志为转移的本性。正如马克思恩格斯所说:"物质的原始形式是物质内部所固有的、活生生的、本质的力量,这些力量使物质获得个性,并造成各种特殊的差异。"① 这里,客观存在的事物呈现出的"个性"的不同即是事物的差异性,差异及其所构成的物质矛盾体都是客观存在着的,即差异是客观存在于事物中的差异,事物是存在差异的事物。于是,承认世界的物质统一性的前提就是要承认世界的差异性存在。但是对于思辨哲学家们来说,世界的差异性存在是思维的创造物。对此,马克思恩格斯批判性地说明,苹果、梨、草莓这种现实的、多种多样的存在,并不是从非现实理智中创造出来的,而是作为一种现实的、客观的事物而存在,呈现出自身的差别性特质。这就说明,差异及其所构成的客观事物都是不以人的意志为转移的。毛泽东曾总结性说明:"对于应用辩证法到客观现象的研究的时候","必须从客观的实际运动所包含的具体的条件,去看出这些现象中的具体的矛盾、矛盾各方面的具体的地位以及矛盾的具体的相互关系"。② 这里所说的矛盾的具体性,实质上就是指"客观现象"的差异性,因为差异本身就是以矛盾的方式存在着的,表现为差别性双方相互联系和相互对立的关系,而这种差异不是他物附加上的,而是事物自身内在的特质,也正因事物内在的差别性要素及其所形成的矛盾双方的相互作用促进了一切事物的运动和发展。

　　了解差异的客观实在性十分重要,它有助于我们更好地把握和判断差异以及事物的发展变化。这就要求我们,一是在实践活动中,要尊重和利用事物自身的变化,当事物的发展规则与主体目的不符合时,应该趋利避害,对事物及其差异要素进行合理调整,即规避和阻碍消极差异的任性发展、引导和释放积极差异的发展效能。二是告诫我们不能幻想着存在毫无差别的人和事情,抑或绝对同一的社会,现

---

① 《马克思恩格斯文集》第一卷,人民出版社2009年版,第331页。
② 《毛泽东选集》第一卷,人民出版社1991年版,第319页。

实生活总是充满着差异矛盾的，面对客观存在的差异矛盾，我们只能建构差异实践（即多层次的差异活动），在合规律、合目的的范围内协调差异、平衡差异，从而调适矛盾，而不是寄希望于彻底消除差异。

（三）复杂多样性

首先是多样性。由于差异以事物为依托，而事物表现为丰富的多样性，所以差异又以其自身的普遍相关性而表现出极其复杂的多样性，如有正向差异和负向差异、外在差异和内在差异、质的差异与量的差异、形式差异和内容差异、现象差异和本质差异、偶然差异与必然差异、原因差异与结果差异，等等。限于篇幅，这里以正向差异和负向差异为例予以展开说明。正向差异与负向差异的分野在于是否有利于事物、现象的发展和进步。正向差异在促进事物发展过程中起到积极作用，表现为某些事物、现象等在发展过程中与以自身过往，抑或与同时期的事物、现象的不同具有进步性、有益性的差别；负向差异表现为一种消极、有害的差别，如某些事物、现象等没有实现发展的预期目标而与自身过往，或与其他发展要素相较而言所呈现出的向下趋势的差别。那么，对于个体而言，由于人的一生不可能方方面面、时时刻刻都占据发展优势，必然会受到一定程度的负向差异影响，此时更要正视、关注这些消极意义层面的差异，打破原有的发展格局，防止负向差异长期凝固化，并逐渐将负向差异转化为正向差异。

其次是复杂性。差异的复杂性体现在差异结构、差异层次等方面。事物作为由多种差异构成的矛盾整体，其内部多种多样的差异要素是不断变化着的，呈现出发展、变化的动态过程，这就造成了内部各种矛盾力量的不平衡性，这种不平衡性表现着各种差异力量在结构和层次上的种种不同，从而规定了事物发展的不同态势、方向和结果，表现出一种复杂性特征。从结构上看，有些事物，因为内在组合结构的差别，其构成的事物就千差万别。如最硬的金刚石和最软的石墨，其构成化学元素是一样的，但就是因为排列组合结构的不同，造成了一个是物质中最硬的，一个是物质中最软的。这正是结构差异所带来的不同事物呈现出的复杂性特征。从层次上看，韦伯的科层制是层次差异性的典型表现，科层制中的权力层级结构制度以及差别性单位的劳动分工，将复杂的决策不断分解细化，并制定着不同雇员的不同职责，通过组织的沟通渠道提供给差别性雇员以各自所需的信息。那么，层级的差异性就会产生不同的效果和复杂性的态势。有效的层次差异，能够带来理想的效率，不好的负面的层次差异就会产生副作用。于是，差异层次就会导致复杂性的发展内容和结果。差异的复杂多样性启示我们，要有针对性地对待和解决不同类型的复杂的差异性矛盾，而且要注意差异性矛盾的相互转化，即事物发展过程中由此及彼、由彼及此的过渡。例如，质与量差异的转化、外在差异与内在差异的转化、正向差异与负向差异的转化，等等。

（四）社会历史性

差异的社会历史性是指差异存在于特定历史时期或特定社会关系中，由此，事物的差异不是固定不变的，而是随着事物及其环境、条件的变化而不断发展变化的。也就是说，事物的差异在不同的时期或阶段下也是不同的。但是，差异的这一特性在黑格尔那里却遗憾地消失了。对此，恩格斯指出："在黑格尔看来，自然界只是观念的'外化'，它不能在时间上发展，只能在空间扩展自己的多样性，因此，它……注定永远重复始终是同一的过程。"[①] 按照恩格斯的观点，黑格尔对自然界中差异的把握是不具有历史性和发展性的，他没有认识到自然界的历史差异性矛盾能够促进事物的发展。换言之，自然界的不同历史时期的差异与矛盾，促进着其自身的发展。正因为没有认识到这种自然的历史差异性矛盾，所以黑格尔就只能在空间上认识差异和多样性了。然而，自然界的历史差异性矛盾却无处不在。例如，大麦粒从发芽生长、开花、结实，最后又产生大麦粒，随之植株死去，这正是一个阶段性的发展过程。在这一过程中，随

[①] 《马克思恩格斯文集》第 4 卷，人民出版社 2009 年版，第 282 页。

着生长的土壤、温度、湿度等条件的变化，植物内部的差异要素，即促进其生长的肯定因素与否定因素的差别也随之发生变化，麦粒发芽阶段下差异要素和成长起来的植物阶段下的差异要素是不同的，而正是由于差异存在于不同时期和阶段下，事物才能逐步成长。然而，无法认识差异的社会历史性，也就看不到差异在时空范围内对事物的发展所起到的作用。

那么，对于个人的存在和发展来说，马克思认为："各个人的出发点总是他们自己，不过当然是处于既有的历史条件和关系范围之内的自己"①，人的发展随着"历史条件"和"关系范围"的变化而呈现出不同的特征和表现形式。于是，人们内在的理想与现实的差别也不是固化不变的，而是随着社会的发展、科技的进步、人与人之间关系的变化而发生变化，即在不同的时空、历史阶段下人的内在差异和需要表现为一种相对性和社会历史性。从现实维度看，差异既是历史发展的必然产物，表现为一种普遍客观存在的绝对性，亦是不同形式和特征的社会性表现，是绝对性和相对性的统一、具体性和历史性的统一、暂时性和永恒性的统一。我们认为，承认和了解差异的社会历史性十分重要，它告诉我们，看待差异要用辩证、发展的历史性、社会性眼光，要看到差异要素及其所形成的矛盾在事物发展阶段中所起到的重要作用，即是事物向更高阶段发展的前提和动力。正确认识差异的社会历史性具有重要的积极意义，它有助于我们在唯物辩证法的视阈下认识差异，使我们能够对不同社会历史阶段下的差异予以准确判断，并能随着历史和社会的发展，对差异问题和现象秉持动态性、阶段性、具体性的分析视角，不至于脱离社会、脱离历史地看待动态发展的差异。

简言之，通过梳理和探析差异问题的历史溯源和理论依据，我们认为，马克思恩格斯关于差异的思想是在辩证思维中展开的，不仅呈现着事物之间以及事物内部诸要素间的不同和差别，也强调差

---

① 《马克思恩格斯文集》第一卷，人民出版社2009年版，第571页。

异与联系、发展、矛盾具有密不可分的关系，矛盾是差别性双方的矛盾关系，促使事物由低级到高级、由简单到复杂的进阶性发展。同时，在探索哲学家们关于差异思想的基础上，我们还要进一步运用差异这一分析视角来阐释复杂多变的现实世界，直面和协调各种差异现象和问题，以期为研究思想政治教育差异问题提供科学、具体、全面的理论基础。

第 二 章

思想政治教育差异范畴的界说

列宁曾指出:"范畴是区分过程中的梯级,即认识世界的过程中的梯级,是帮助我们认识和掌握自然现象之网的网上纽结。"① 可见,范畴既是人们在社会实践中形成和概括起来的"梯级",又是进一步指导人们认识和改造世界的重要环节和思维工具。思想政治教育差异范畴是在开展其教育活动的基础上,对其内在本质的差异性特征和功能的认识和概括,又是指导人们进一步认识思想政治教育对象、活动特征及其规律的思维工具,它是在新时代思想政治教育理论与实践中凸显而生的重要范畴。思想政治教育作为一个系统的社会实践工程,其实践基点在于人的"思想",而随着社会的进步和发展,人的主体意识增强,呈现出差异性的思想和价值观念,这对新时代思想政治教育带来了严峻的挑战。一方面,要尊重人的差异性存在,促进人的共同发展,为社会发展注入新的活力;另一方面,要防止固化偏狭的负向差异性思想对社会带来的可能性阻力。基于此,正确对待和有效协调差异问题,成为了思想政治教育之科学发展的关键性条件。差异作为重要的哲学范畴,同时也是辩证法中十分重要和基础的哲学范畴,既呈现出事物的多样性存在,又为事物

---

① 《列宁专题文集:论辩证唯物主义和历史唯物主义》,人民出版社2009年版,第132页。

的进阶性发展提供了前提。在马克思恩格斯关于差异思想的视阈下审视思想政治教育，不仅有助于我们识别思想政治教育活动中所要面对的人在发展中的差异性存在，亦有助于找寻、引导和发挥其促进社会全面进步、人的全面发展的正向要素，使得每一个人走向更加高层次的和谐、共同性发展。针对存在于思想政治教育全过程中的差异现象和问题，思想政治教育差异成为了一个后生概念，为了更加系统、详尽地认识和理解这一范畴，本章将从其内涵与本质、基本维度及其特性等方面予以阐释。

第一节　思想政治教育差异的内涵与本质

"什么是思想政治教育"是在认识思想政治教育差异范畴之前就要提出的问题，也是务必要解答的重要问题。从定义上看，思想政治教育是指一定社会和社会群体有目的、有计划、有组织地向其成员传播一定的思想观念、政治观点、道德规范和法律意识等，培育和提升人的思想政治素质，使社会成员认同社会的主流价值观，以促进人与社会全面发展的社会实践活动。思想政治教育对社会共同体内部成员的价值引领，决定着思想政治教育活动的层次性、阶段性、针对性，以及思想政治教育活动激发人的发展活力的创造性、推动性、发展性。思想政治教育差异集中彰显着这些要求与特征。本节通过解读思想政治教育差异的内涵，进一步阐释该范畴的内在本质。

一　思想政治教育差异的内涵

人们在社会实践过程中的现实性需要给新时代思想政治教育带来了难得的机遇和严峻的挑战。思想政治教育作为一项具有时代性的实践教育活动，离不开人的社会实践。面对人在实践过程中呈现出的差异问题，以及社会实践差异性的再升级，加之社会成员思想、价值观念的多样、多元、多变性等特征，思想政治教育的有效开展必然走向"差异"的分析视阈。思想政治教育差异是依赖于社会实践中的差异问题而存在的。

基于对马克思恩格斯关于差异思想的揭示和思想政治教育的基本内容，思想政治教育差异是指面对人在发展中有限片面的差异现状，以马克思主义唯物史观为视阈，有针对性地引导人们正确认识和把握社会实践中存在的差异问题，揭示客观世界差异存在的条件、方式及其变化发展规律，以差异化的实践教育活动推进人们走向更高层次的共同性发展，从而促进社会全面进步、实现人的全面发展。由此可见，差异视角贯穿于思想政治教育的全过程，教育者和受教育者都需要具备协调差异、促进自身发展的科学思维，教育者要在差异化的教育实践活动中有效引导社会成员正确面对差异现象和差异问题，遵循主导性与多样性相统一的原则，激发个体自身的发展动力，从而实现人的自由而全面发展。具体来讲，蕴藏在思想政治教育全过程中的多维度、多层次、多方面的差异视角从以下三个环节展开。

（一）逻辑起点——现实的个人

从唯物史观出发阐释其逻辑起点，有助于我们正确把握思想政治教育差异所面对的人的现实与历史定位，实施科学有效的思想政治教育活动，激发人的内生性发展活力。在《德意志意识形态》中，马克思恩格斯批判了德国古典哲学把意识看成是生命的个人的观点，在他们看来，"符合现实生活的考察方法则从现实的、有生命的个人本身出发"，是"在一定条件下进行的发展过程中的人"[①]。"现实的个人"及其发展是唯物史观的重要前提，同样，思想政治教育的"考察方法"亦是从"现实的个人"展开的。思想政治教育的对象是一定社会或社会群体的成员，试想，社会成员们若都是一模一样、没有差别的，具有完全一致的思想观念、政治观点、道德素质，那

---

① 《马克思恩格斯文集》第一卷，人民出版社2009年版，第525页。

么也就不需要进行思想政治教育活动了。因此，思想政治教育是面对具有差别性的个体存在于其中而展开的社会实践活动，并伴随着社会历史的发展而不断变化发展。"认识教育对象是进行教育活动的首要的前提条件。"[1] 具有差别性的现实个体是思想政治教育活动开展的基本前提。

从横向的存在关系来看，即在同一时代下，人与人之间的差异是多种多样、复杂多变的，在自然差异与社会差异等因素的影响下塑造着具有差别性、多样性的个体。其一，人的自然差异是形成个体差异性现状的自然前提。自然差异主要受生理基因、DNA遗传因子的影响，表现为不同的外貌特征、自然秉性、身体状况、智力水平等。不同的父母有着不同的生理机能和结构，使其下一代具有差异性的特征，即便是同一父母所生的子女，遗传基质也不会完全相同。从环境人类学意义上看，人的自然差异还受自然环境的影响，不同的自然环境就会造就出人的不同性格特征、生存能力、行为习惯等。一般来说，生活在沿海的人们更擅长游泳、驾船；生活在山地高原的人们更擅长骑射、徒步。其二，人的社会差异是决定个体差异性现状的根本因素。尽管遗传因子对人的差异性存在较大的影响，但是最根本的差异是在人与人之间的社会关系中铸造的。马克思恩格斯明确指出："分工使精神活动和物质活动、享受和劳动、生产和消费由不同的个人来分担这种情况不仅成为可能，而且成为现实"[2]，"与这种分工同时出现的还有分配，而且是劳动及其产品的不平等的分配"[3]。可见，社会分工使得人们从事着差异性的物质生产，并造成分配上的差异，以呈现出人的差别性生存和发展现状。同时，人的社会存在的差异又决定着人的社会意识的不同。正如马克思恩格斯指出："我们的出发点是从事实际活动的人，而且从他们

---

[1] 张耀灿、郑永廷、吴潜涛、骆郁廷等：《现代思想政治教育学》，人民出版社2006年版，第366页。
[2] 《马克思恩格斯文集》第一卷，人民出版社2009年版，第535页。
[3] 《马克思恩格斯文集》第一卷，人民出版社2009年版，第536页。

的现实生活过程中还可以描绘出这一生活过程在意识形态上的反射和反响的发展。"① 由于人们从事差别性的社会实践活动，决定着他们对世界产生不同的思想认识以及不同的价值观念、思维方式、心理性格等。可以说，现实的人的多样性、差异性是人的普遍性的生存样态。当然，作为一种社会存在，教育的差异性对人的多样性发展具有重要的影响，如人们受不同的家庭、学校和社会环境的熏陶和感染，就会造成人与人之间文化程度、思想意识、价值观念等的差异，决定着他们在各自的实践活动中发挥着不同的能力，收获不同的工作业绩。此外，在由自然差异和社会差异所带来的个体差异中，个体主体的实践活动也会给自身带来与其他主体所不同的主体差异，主要表现为主体努力程度上的差异造成了个体的差异性现状。人在社会环境下接受着影响的同时，也在不同程度地改造着环境，换言之，个体主体在面对既定的自然和社会环境时，不是被动的，而是主动地改造与能动地创造。社会环境和条件对人的发展的作用和影响，还是要通过人的实践活动和主观的努力才能实现。从本质上看，主体努力程度的差异是形成人与人之间差异性现状的关键。正因如此，在相同或相似的社会环境下的人也会存在很大的差异。综上可见，在同一时代下的个体有着差别性的存在现状，其中，个体主体的实践活动具有关键的作用。

从纵向视角来看，不同时代下的人们受自然历史、社会历史等因素的不同程度的影响，也会产生人的历时性差别状态。从自然进化的角度看，生物对环境具有很强的适应性，它们会随着环境的变化而变化，以适应当下所处的环境。当然，生物的进化以及对古人生活方式变化的研究不是本书所涉及的内容，但是我们可知，尽管每一时代的人们继承了前一时代人的基因，但生物的变异、自然选择的作用等促进了生物的进化，呈现出由简单到复杂的等级变化，也就表现为不同时代下人的差异性状态。从社会历史的影响因素出

---

① 《马克思恩格斯文集》第一卷，人民出版社2009年版，第525页。

发，现实的人是生活在一定社会关系中的人，而人的这一本质不是固化不变的，而是在人的社会实践活动中形成历史性的发展和变化，于是，不同时代的人创造着自身的存在和本质。只要实践永远进行着，那么人也必然通过社会实践活动不断发展自身，也就呈现出不同社会历史时期的人们具有不同的社会存在状态。马克思曾指出："历史不外是各个世代的依次交替，……每一代一方面在完全改变了的环境下继续从事所继承的活动，另一方面又通过完全改变了的活动来变更旧的环境。"① 可见，人的差别性社会生存状态是一个历史发展的过程，只要人存在着，这一历史也就不会终结，也正是人的历时性差异状态才造就了人类历史的生动画卷。需要注意的是，揭示人的社会历史性发展，并不是意味着忽视了不同时代下人们的共同性存在和本质，在历史的发展和演化中，同样具有一些共同性的东西，呈现出历史的继承性、连续性。如果只看到历史的继承性，而看不到历史的差别性、创造性，就会无视人类历史发展的动力，犯历史消极主义的错误；如果看不到甚至割裂历史的连续性，就会犯历史虚无主义的错误。实际上，认识人的历时性差异状态，就要求我们既看到历史的发展性，又看到历史的继承性，是认识发展性与继承性统一的辩证过程。既然人是社会历史的存在，那么，对于一个人自身的生存和发展而言是否也存在这种差异性状态呢？答案是肯定的。在不同的成长阶段下，人的需求、活动方式、活动结果、思想观念等受自然和社会历史因素的影响也是不同的，同样呈现出个体的历时性差异状态。

基于横向、纵向的视角，以上内容分析了现实的个人具有差异性的表现、分类及原因。我们可知，思想政治教育是针对具有差别性的现实人而开展的实践活动，无论是人的共时性差异还是历时性差异，都是思想政治教育差异实践的有效前提。

从差异的存在论来说，现实的个人存在本身就是有差异的，同

---

① 《马克思恩格斯文集》第一卷，人民出版社2009年版，第540页。

时在发展中也会遇到各种差异现象和问题。思想政治教育作为一项引导、规范、调适人们思想、行为的现实性教育实践活动，人在发展中的差异现象和问题也就不可避免地进入思想政治教育的视野中。思想政治教育差异正是以现实的人及其在发展中所面对的差异现象与差异问题为逻辑起点，通过一系列具有针对性的思想政治教育活动引导、调适、平衡人在发展中的差异性问题，使人趋向求同存异的共同性发展。

从内部差异与外部差异的视角看，人在发展中的差异性问题具体包括：人自身内在的理想与现实的差异，以及人与人之间的差异、个人与社会的差异，这些差异性现象与问题的存在既具有正向意义，也有负向意义，思想政治教育是为社会及其内部差别性个体的发展而服务的实践活动，通过开展具有针对性的思想政治教育活动引导并释放差异要素的积极价值，规避差异问题带来的消极价值，从而促使现实的个人自身的内在平衡性发展以及社会的协调共同性发展，这正是思想政治教育差异范畴所关注并努力的发展方向。于是，对个体在发展过程中的差别性需求的尊重，直接关乎思想政治教育差异实现的实效性。当然，思想政治教育差异以人的差异性现状作为逻辑起点，不仅是为了满足个体的多样性发展需要，也意味着对人所存在的社会之需的满足。个体与社会之间的紧密联系也决定着思想政治教育差异所指向的目标是实现人与社会的共同、全面的发展。

（二）实现路径——差异性思维的教育、差异化的实践教育

人的本质是一切社会关系的总和，这就规定着人要通过生产劳动结成不同的社会关系，在改造客观世界的同时，也改造自身。可以说，现实的人及其发展中的差异问题是建立在人的实践活动的发展之上的，人的差异性存在状态也是以实践的方式存在着，由此，对差异问题的协调与平衡，也要建立在社会实践的发展基础之上。思想政治教育正是解决人在发展过程中的诸多差异问题的实践活动。思想政治教育差异就是要把教育对象看作一个个具有个体性、差别性的现实的个体，并引导他们学会面对个体发展与社会发展过程中

众多复杂化的差异问题，在差异化实践中协调和解决诸多差异问题。

那么，这就要求思想政治教育工作者在引导人们正确面对发展过程中的差异问题时做好两方面的工作：一方面，要树立差异性思维，进行差异性思维的教育，以提升人的境界和思想觉悟，主动化解发展过程中的差异与矛盾。立足于前文对马克思恩格斯关于差异的思想，我们可知，差异不仅是事物存在的基本样态，更是人们认识和实践活动的重要分析视角。差异性思维是与个体的多样性及其发展中的差异问题密切联系的思维形式，因为现实中，差异无处不在、无时不有，所以要树立差异性思维方式。差异性思维的教育就是要正确引导人们面对差异，以协调差异、平衡差异的眼光思考问题、分析问题、解决问题。另一方面，要坚持差异化的实践教育，促进社会和人的全面发展。思想政治教育通过实践活动解决现实中的差异问题，包括差异化的实践教育活动，以及解决现实差异问题的差异化实践，从而在实践中激发内生动力、形成发展合力。正如习近平总书记指出："我国发展不平衡，城乡、区域、人群之间存在收入差距是正常的，全面小康不是平均主义。对此，思想上要统一认识、广泛宣传。"① 这表明，我们要敢于面对和准确认识发展进程中不可避免的差异性问题，只有将差异性思维运用于解决实践中的差异问题，才能保证对差异性现象和问题的精准分析、精准统筹、精准施策。对此，以习近平同志为核心的党中央提出的精准脱贫、精准扶贫战略，就是充分考虑到不同贫困地区、贫困家庭的差别性，实际地抓住具体对象的实际问题，找到具体、精准的解决办法。这充分地体现着新时代马克思主义者对差异化实践的精准化落实，具体提出有助于扶贫开发的精准措施，以使扶贫开发战略战术得以因地制宜、推陈出新、实事求是地优化调整。因此可知，差异性思维是精准思维的首先和前提，精准思维是差异性思维的进一步发展，是差异化实践中的一种具体性思维，即作为一种思维方法、管理方

---

① 习近平：《关于全面建成小康社会补短板问题》，《求是》2020 年第 11 期。

法、工作方法,在差异性思维的基础上展开精准思维的具体操作和落实。总之,面对日益凸显的人的差异性现状,特别是差别性的价值取向、思维和行为,思想政治教育要在马克思恩格斯关于差异思想的指导下,总结差异性思维的科学内容,将其应用于指导和解决现实发展中的差异问题,并在社会中宣传和践行一种差异性、精准性的实践活动,这不仅有助于平衡人们的社会心态,更有助于坚定社会成员的发展信心,从而为人和社会的全面进步与协调发展提供不竭动力。

(三) 目标导向——人的自由全面的发展

思想政治教育作为帮助和引导人们认识、改造客观世界与主观世界的实践活动,坚持怎样的目标取向,就意味着人在实践过程中将实现怎样的发展目标,呈现怎样的发展状态。马克思系统分析了古代人在"人的依赖关系"中以及资本主义社会的人在"物的依赖"状况下的片面性发展,在此基础上提出了人的自由而全面发展是未来社会和人的发展目标。马克思恩格斯进一步揭示出实现人的自由全面发展的重要条件,即"代替那存在着阶级和阶级对立的资产阶级旧社会的,将是这样一个联合体,在那里,每个人的自由发展是一切人的自由发展的条件"[①]。"联合体"意味着其中的每一个人都是多样性的存在者和统一体,他们自由地组成一个"联合体",但这种自由组成,决不是单子式的存在者,而是相互联系、相互依赖、相互尊重、共同发展、共享发展的联合体。按照他们的观点,要想实现人类的自由发展,首先要保障每一个现实个人的自由发展,只有每个人实现了自由的发展,才能为实现所有人的自由发展提供动力和条件。

新时代思想政治教育坚持以马克思主义为指导,亦将实现每个人自由全面的发展作为其最高的价值取向。这就意味着思想政治教育差异的作用,正是让每一个人都认识到差异的存在,并在差异化

---

① 《马克思恩格斯文集》第 2 卷,人民出版社 2009 年版,第 53 页。

实践中解决各种各样的差异性问题，从而使矛盾得以解决，实现共同的发展，并在此基础上进一步实现人的自由而全面发展。由此，思想政治教育差异旨在通过差异化的实践，保障人们从当前有限、片面的差异状态走向共同的、全面的多样性发展，并在此基础上实现最高层次的人的自由而全面发展。

以上我们从逻辑起点（起点）、实践路径（过程）和目标导向（终点）三个方面入手，对思想政治教育差异的内涵做了分析，这三个方面尽管在观念层次上是区分开来、分别研究的，但在实际的思想政治教育活动中，这三方面又是密切相连、环环相扣的有机整体，下图是对这种内在联系的具体表述。

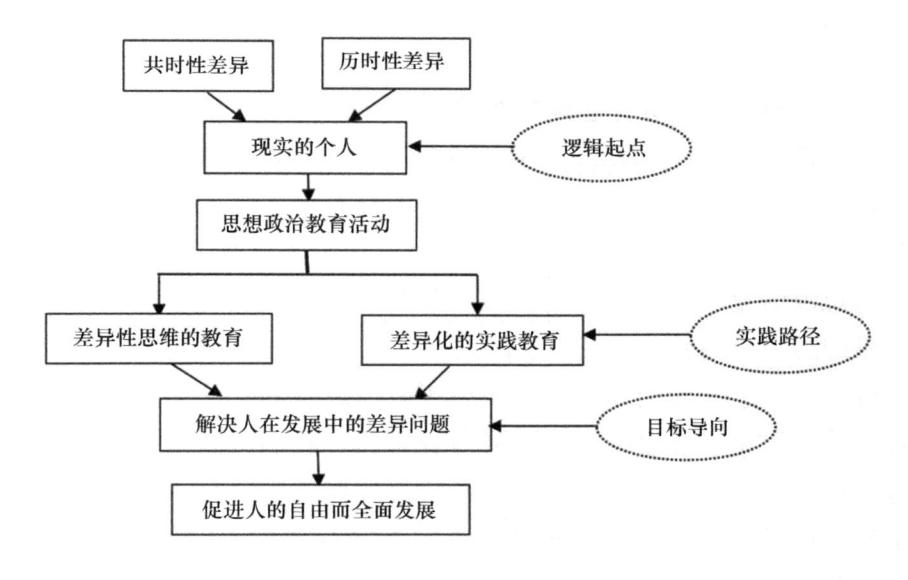

图表来源：作者自绘。

在图中，我们可以看到，差异渗透于思想政治教育的全过程，思想政治教育差异是将差异作为重要的分析视角，以马克思主义唯物史观为理论基础，引导和教育人们正确认识、有效把握、合理调适现实发展中差异现象和差异问题，进而实现人的合理有序、积极健康的全面发展。是故，思想政治教育差异是一个有差别的、动态性发展过程，促使人们将目光从摒弃差异性存在的完美主义状态，转向为更加真实、多样、符合实际的真切景况，人们开始采用一种尊重差异、包容差异、协调差异的客观动态性思维方式来重新审视和解读新时代思想政治教育的理论和实践。从微观层面来看，思想政治教育差异旨在培养人的差异性思维、创造性精神，提高人的主体性、自主性、能动性，使每个人都成为社会发展的积极参与者和有力推动者，在差异化的社会实践活动中不断完善自身，实现自身的全面发展。从宏观层面来看，思想政治教育差异的价值在于，使人们从现有的那种有限、片面的差异状态走向人的自由而全面发展，从而激发人的发展活力，增强社会发展合力，促进人的全面发展和社会的全面进步。

二 思想政治教育差异的本质

黑格尔认为："本质之所以是本质的，只是因为它具有它自己的否定物在自身内，换言之，它在自身内具有与他物的联系，具有自身的中介作用。"① 这表明，本质是通过比较来体现其内在规定的，对思想政治教育差异本质的认识，我们有必要从其与未坚持差异性思维的思想政治教育比较中予以把握。上文从逻辑起点、实现路径、目标导向三个方面诠释、凝结了思想政治教育差异的基本内涵，梳理、建立了思想政治教育差异的研究思路。我们可知，差异要素贯穿于思想政治教育的全过程，思想政治教育差异涉及"如何带领和引导人在发展中的差异性现状，走向求同存异的和谐共同性发展"的问题，于是，对这一问题的科学认识与解答就成为理解思想政治教育差异本质的关键。这一问题意味着怎样看待人在发展中的差异问题以及如何实现差异性现状的协调与平衡。实际上，思想政治教育的有效过程是受教育者的思想政治品德及价值观念从"实然"状态向"应然"标准的进阶性发展过程。面对人在发展中的差异性的

---

① ［德］黑格尔：《小逻辑》，贺麟译，商务印书馆1980年版，第247页。

"实然"现状，思想政治教育工作者能够准确把握当前人在发展中所遇到的差异性的现实问题以及由此产生的差异性价值观念、思维方式、思想观点等，有针对性地引导受教育者面对社会实践中的诸多差异问题，实现他们从差异性现状向共同性发展的自我超越和自我否定，实现从"实然"向"应然"的发展，这就构成了思想政治教育差异的社会实践本质和基础。

由此可见，在思想政治教育过程中，差异作为重要的分析视角具有引领性作用，从动态性视角出发，思想政治教育差异的本质是指引导人们准确把握现实中的差异现象和差异问题，使个体的差异性现状得到协调与平衡，并通过自我完善、自我发展实现人沿着有限片面的差异性现状—和谐共同性发展—最高层次的自由而全面发展这一过程而发展。思想政治教育差异本质的呈现，不仅是对马克思恩格斯关于差异思想的贯彻与运用，更是在辩证发展过程中实现思想政治教育根本目标的关键环节，其动态性本质具体而言可从以下阶段予以进一步分析。

其一，思想政治教育差异要求承认和面对当前人在实践过程中有限、片面的差异性现状。"新时代思想政治教育面对的将会是个体状况差异化程度更高、对美好生活的需要更多元、甄别标准更复杂、满足需求难度更高的主体。"[①] 基于此，新时代思想政治教育就不能缺少差异性思维，不能无视和否认这种有限的差异性现实的存在，甚至将多元多变多样性的现象作为一种思想禁区。然而，教育者往往较多关注社会的整体性要求，相对忽视了受教育者个性及发展需要的现实差别，忽视了人们在发展中呈现出的思想上的差异性，也就无法在实践中有的放矢地加以多样性引导。正如，人在发展中会产生内在的现实与理想之间的差异以及外在的个体之间的发展差别，并且现实存在的经济、社会生活中的各种差异要素造成了个体在思想、价值观念、行为方式等方面存在差异，有差别就有落差，就可

---

① 宇文利：《新时代思想政治教育创新之魂》，《思想理论教育》2019年第1期。

能产生消极、悲观甚至嫉妒的心理。社会主流意识形态的宣传和教育真正落到细处实处，就要承认和关注人的差异性现状，才能有针对性地加以引导，以增强思想政治教育的针对性、有效性、吸引力。

其二，思想政治教育差异要求协调和解决发展中的差异问题，超越那种有限片面的差异性现状，实现和谐共同的发展。如果说承认和直面有限的差异现象和差异问题是第一个层次，那么协调和解决差异问题、实现和谐共同的发展则是第二个层次，旨在破解有限片面的差异性现状，解决和调适现实中的差异问题，实现共同性的发展。随着全球化进程的加速、我国经济成分的复杂多样以及利益关系的多元多变，人们的思想愈发具有差异性、多变性、复杂性，多种思想相互碰撞，使得社会主流价值观念的坚固地位遭受威胁。思想政治教育差异要求人们理性面对人的价值观念的差异性问题，在差异化实践中实现从差异到统一的价值认同。对此，习近平总书记指出："要坚持统一性和多样性相统一，落实教学目标、课程设置、教材使用、教学管理等方面的统一要求，又因地制宜、因时制宜、因材施教。"① 这正是强调了差异化实践存在和发展的重要性。在社会主流意识形态的引领下，思想政治教育要进行差异化的实践，从横向视角看，要依据差异性对象的具体情况，有针对性、差异性地开展教育实践活动，保证因人而异、因人而宜；从纵向视角看，亦要依据时代发展的不同需要，即思想热点等问题的差异，选取差别性的教学方法，保证因时而异、因时而宜。与此同时，还要在差异化、精准化的社会实践中协调人的差异性现状，贯彻落实差异性、精准化的相关政策，解决人们在现实中的差异问题。试想，如果思想政治教育活动没有坚持差异性思维，抑或没有坚持开展差异性实践教育活动，那么思想政治教育又怎能对人的有限片面的差异性现状予以正确的引导？思想政治教育又怎能为经济社会发展提供和谐因素、凝聚发展合力呢？

---

① 《习近平谈治国理政》第三卷，外文出版社2020年版，第331页。

实际上，思想政治教育对发展中的差异性问题的协调和解决反映了思想政治教育的实践本质，即"思想政治教育的现实性和思想政治教育价值实现的实效性"①。一方面，从现实性角度看，开展思想政治教育就要从实际出发，即要承认和面对人的差异性现状及其发展中的差异问题，通过开展具有针对性、多样性的实践教育活动有效提升受教育者的思想政治素质，使得拥有先进思想的人更加完善，存在落后思想的人变得先进，在思想认识上实现飞跃式发展，而且帮助人们运用差异性思维和相关思想理论指导实践，实现知行统一；同时不仅要引导人们认识发展中的差异性存在，更重要的是要引导人们在差异化的实践中协调和解决发展中的差异问题，实现认识世界和改造世界的统一；还要在认识和改造差异性问题的过程中进一步改造自己的主观世界，不断提升对差异问题的科学认识，实现改造主观世界与改造客观世界的统一。另一方面，从实效性角度看，思想政治教育能否有效以及效果如何，并不是依靠主观认识来检验的，而是在社会实践中得到检验的。那么，新时代思想政治教育能否有效协调发展中的差异性问题，能否充分调动受教育者的发展动力，最大限度地发掘受教育者的个性化发展潜力，最终实现受教育者的跨越式共同性发展，就成为检验思想政治教育价值实现和有效性的重要标准。

其三，思想政治教育差异要求激发正向差异的动力性，实现人的全面发展。思想政治教育差异不能仅仅停留于承认和适应受教育者在发展中的差异性现状，抑或在差异化实践中协调和解决差异问题上，而是要着力引导受教育者实现更高层次的全面发展。之所以强调这一环节，从理论上讲，它是辩证发展的必要环节；从现实层面上看，尽管实现人的自由而全面发展是一个终极性的目标，目前还存在很大的发展差距，但是，它既是前一阶段发展的终点，更预

---

① 张耀灿、郑永廷、吴潜涛、骆郁廷等：《现代思想政治教育学》，人民出版社2006年版，第116页。

示着人在发展中的一个新的起点，预示着人的发展的无限性。对这一阶段的认识不仅有助于把握未来发展的目标取向，更有助于对当下人和社会的发展予以启示。正如，当前由于社会生活的变动性所带来的复杂性、不平衡性，使得人们在实践中产生不愉快的情绪，在舆论中也不乏充斥着负面的东西。长此以往，这些负面东西会将人们的社会心态引向消极的一端，造成不良的社会影响。因此，社会需要积聚和释放正向差异的能量。如面对社会经济的发展、人的素质的提高、生活水平的改善等，我们都能感受到共同性发展给予人们的正能量，但是这种发展中的正能量是需要有意识地加以培育和弘扬的。基于此，思想政治教育差异，一方面强调要协调和解决差异；另一方面就是要引导人们认识到人的最高本质、实现自由全面发展的价值，担负起倡导正向差异的职责，在实践中释放共同的发展力量，让社会成员在健康向上的社会氛围下生活、学习和工作，为共同的美好生活而努力奋进。由此，思想政治教育差异在促进正向差异发展的同时，要向着人的全面发展、社会的全面进步而不断迈进。

以上是思想政治教育差异辩证发展的全过程，不仅包括差异的存在，也包括差异的协调与平衡。在这一过程中，人的差异性现状得到协调，个体不断完善自己，从而促进着社会的不断进步。思想政治教育差异正是在这种不断发展的进阶性上升过程中逐步使人的发展趋于完善，促使人的全面发展。

第二节 思想政治教育差异的基本维度

在思想政治教育过程中，人在发展中所面对的差异性问题不断得以协调与平衡，逐步从有限片面的差异状态走向和谐共同性的发展，并在此基础上实现最高层次的自由而全面发展。这是思想政治教育差异促进人和社会全面进步和发展的生动呈现。作为思想政治教育活动导向和效果的重要内容，思想政治教育差异在具体的实践教育活动中呈现出自身基本的存在维度。

一 思想政治教育差异是一种思维方式

思维方式是观察问题、分析问题和解决问题的重要抓手。正确的思维方式决定正确的工作方式，能推进各项工作全面而有效的开展。毛泽东曾形象地将事物发展比喻成"过河"，工作方式则是过河用的"桥和船"，"不解决桥或船的问题，过河就是一句空话。不解决方法问题，任务也只是瞎说一顿"①。江泽民指出："干部的思维方式正确与否，是涉及改革事业能否取得成功的大问题。今天，尤其需要把思维方式的问题提高到这个高度来认识。"② 由此可知，思维方式的正确性、适用性是我们认识和分析一切问题的起点和桥梁，也是开展新时代思想政治教育活动的重要着力点。对此，习近平总书记指出，思想政治理论课教师的"思维要新"③，而新思维要来自对现实问题的把握，"问题是理论的起点，也是创新理论的动力源"④。如前文所述，面对人在发展中的诸多差异问题，思想政治教育要引导人们直面并协调好发展中的差异问题，要培育社会成员树立差异性思维。学者邱耕田认为："差异性原理所提供的'差异性思维'或'识差法'是人们认识事物的重要方法。"⑤ 实际上，差异性思维是相对于单一性思维而言的，强调人们不能用单一化的思维去认识世界和改造世界，而是要在差异性思维的引导下，认识和解决实践中的多样性、多元化、多方面的差异性复杂问题。同时，差异性思维也贯穿于复杂性系统中，我国有学者将复杂性思维概括为

---

① 《毛泽东选集》第一卷，人民出版社 1991 年版，第 139 页。
② 《江泽民文选》第一卷，人民出版社 2006 年版，第 45 页。
③ 《习近平谈治国理政》第三卷，外文出版社 2020 年版，第 330 页。
④ 中共中央宣传部：《习近平新时代中国特色社会主义思想三十讲》，学习出版社 2018 年版，第 9 页。
⑤ 邱耕田：《差异性原理与科学发展》，《中国社会科学》2013 年第 7 期。

"以非线性思维、整体思维、关系思维、过程思维为其主要特征的考察事物运动变化的方式"①。差异性思维贯穿其中,是复杂性思维系统中的一个重要表现。这里,我们可以看到,认识差异对于认识复杂性世界、解决复杂的差异性问题具有重要意义。

那么,思想政治教育差异作为一种思维方式,它强调要在实践活动中坚持和运用差异性思维。具体而言,其一,树立差异性思维要直面事物之间的不同,以此认清某一事物的性质、状态、程度等,并在此基础上更好地认清事物的共性与个性,以便于进一步从差异化的客观实际出发,实施差异化发展战略。思想政治教育差异就是要让教育者和受教育者在面对现实的差异性问题时能尊重适应差异,准确把握差异,并在实践中协调和解决差异问题。正如,帮助人们认识人的需要的差异性、层次性、多样性,在指导人们追求自身合理的物质财富的同时,构建起人们高尚的价值理想,将个体多样性的才能转化为促进人与社会发展的动力与合力,引导人们实现远大的社会理想。其二,树立差异性思维就要看到矛盾是事物发展的前提和动力,在协调差异、调适矛盾的过程中,实现稳定、有序与平衡的发展。思想政治教育差异就是要引导人们清楚地认识,在实践中要充分看到差异的正向功能。正如,当前我国社会主要矛盾就表现为一种现实差距,即人民对美好生活多层次、多样化、多方面的需要与在尚未全面充分发展的社会生产中所产生的发展差距。于是,解决这种矛盾、消除这种差距就成为我国实现社会全面进步和人的全面发展的重要动力。由此,差异性思维就是要看到这种发展需要与发展现实之间差异所发挥的驱动作用。又如,人在实践中,有其发展目标,但是发展结果和现实不可能与发展愿望和目标百分百地切合,这就产生了人在发展中结果与目标的差异,这种差异现象是客观的、普遍的。那么,思想政治教育差异作为一种思维方式,就是要让人们认识并正视这种客观存在的现实差异,在实践中不断完

---

① 彭新武:《复杂性思维与社会发展》,中国人民大学出版社2003年版,第35页。

善、改进,使得发展结果无限地接近发展目标。这种为了实现发展目标而不断在实践中付出的努力,就会成为促进人和社会发展的不竭动力。总之,思想政治教育有必要坚持差异性思维,并加强差异性思维的教育,使得各社会成员理性平和地面对发展中的差异性现象和问题,对个体发展中存在的内在差异与外在差异予以尊重、关心和帮助,为保证和巩固社会主流意识形态的主导地位提供依据、前提和现实可行性。

二 思想政治教育差异是一种实施方法

"思想政治教育的实施方法是思想政治教育认识方法向实践方法的必然发展"[①],思想政治教育差异正是差异性思维向实践方面的有效转向和必然结果。思想政治教育差异作为解决差异问题的实施方法,是随着时代的变化而不断发展的,必须与时俱进,在实践中不断探索适应时代发展的差异化实践教育活动。其中,差异化的实践教育活动是一种直接作用于受教育者的实施方法。

在社会主义市场经济条件下,塑造人们形成一定社会或社会群体所需要的价值观念和思想政治品德,是在我国全面深化改革的大环境作用的基础上,通过具体的思想政治教育活动来实现的。而具体的思想政治教育实施方法是以人的发展的特征以及人的思想政治品德形成过程为依据的。一方面,从现阶段我国社会成员发展的特征看,随着社会主义市场经济的发展,差异化的市场发展使得人的发展呈现出非同步性、阶段性、多样性、复杂性等特征。(1)非同步性是从人的发展的横向关系上对其差异化现象的概括,由于个体的发展总是存在差异的,在同一时空下,个体间的发展就不可能是齐头并进的,表现为发展速度的快与慢、发展质量的高与低、发展结果的好与坏等。(2)阶段性是从纵向关系上对人的发展呈现出的

[①] 张耀灿、郑永廷、吴潜涛、骆郁廷等:《现代思想政治教育学》,人民出版社2006年版,第366页。

差异化现象的分析，诚如马克思所说："一切发展，不管其内容如何，都可以看做一系列不同的发展阶段。"①（3）多样性是从直观样态上对人的发展呈现出的差异化现象的反映，是指个体在发展中的目标、方式、水平等是多种多样的。（4）复杂性是从整体性上对人的发展呈现出的差异化现象的考察，即表现为确定性与不确定的统一、现实性与可能性的统一，这就要求我们不能将发展看成一帆风顺的过程，要看到发展的曲折过程。另一方面，从人的思想政治品德形成过程来看，思想政治教育的实施过程，离不开教育者、受教育者和社会对人的思想政治品德的要求，在三者的交互作用下形成行之有效的教学内容、教学方式方法、教学任务和目标以及最终的教学效果等。诚然，人的思想政治品德的形成需要教育者施加教育影响，但是归根结底还是依靠受教育者发挥自身的主观能动性。基于以上两方面，思想政治教育面对具有多样性、复杂性、非同步性、有限性等特征的人的发展状态，就要针对受教育者的个体差异，组织非固化的、灵活的、多样化的实践教育活动，使受教育者充分发挥主观能动性，在各自现有发展水平之上实现更高层次的全面发展，从而为实现人和社会的全面进步提供发展保障。

从教育者的角度出发，要将差异性思维运用于新时代思想政治教育中，面对教育对象的差异性现状，教育者首先要尊重受教育者的不同，精准分析受教育者之间的内在差别，针对不同的对象践行精准有效的差异化教育方法，实施有差别性、精准化的实践教育活动，切实提升思想政治教育的实效性，实现思想政治教育的精准育人。只有充分尊重和承认受教育者差异性的存在，才能更好地发挥教育主客体的能动性，才有可能针对客观存在的差异性对象进行差异化、多样性的实践教育活动，以引导差异性对象形成符合社会要求的思想政治品德。其次要充分发挥正向差异的示范功能，激发受教育者内在的赶超力。教育者要激活实践教育活动中差异要素的正

---

① 《马克思恩格斯全集》第4卷，人民出版社1958年版，第329页。

向功能，使受教育者形成你追我赶的发展态势，充分发挥发展不同步但同向同行的示优效应，促进差别性的教育对象在教育活动中共同发展和进步，实现更高层次的统一和发展。从受教育者的角度看，在教育者的引导和帮助下，受教育者要将差异性思维逐步内化为个体的思想意识，即理性、平和地面对其在发展过程中的诸多差异现象和差异问题，能够保持健康、积极的价值观念和社会心态，并将这种思想意识转化为从事实践活动的良好行为，形成在发展中能够协调和平衡好差异性问题的积极行为，关注社会上的实际情况和问题，并在行为习惯的基础上形成协调、平衡性发展的良好品德，使得差异的现实逐步走向和谐的统一。由此，思想政治教育差异的实践就是让受教育者意识到差异性的存在，具备辩证的差异性思维，并由此进入到"外化"阶段，使得社会成员在实践活动中协调和平衡好差异的现状，实现共同、全面的发展。

三 思想政治教育差异是一种实践导向

亚里士多德曾将人的活动划分为三种：理论、实践、创制，① 其中实践是"探讨人的行为如何趋向好的目标，即求好，行善"②，是一个积极向善的活动，并且"良好的实践自身即是目的"③，没有外在目的，不求回报。思想政治教育作为一种实践教育活动，亦是一种理性平和、积极向善的活动，对人的实践活动有着积极向上、向好、向善的引导和促进作用。面对人在发展中存在的差异问题，思想政治教育要发挥引导正向差异、规避负向差异的实践导向的作用，此时，思想政治教育差异成为一种协调和解决发展中差异问题的实践导向。前文对差异的多样性的分析中涉及了正向差异与负向差异

---

① 《亚里士多德全集》第 7 卷，中国人民大学出版社 1993 年版，第 278 页。
② 许斗斗：《马克思实践理论的革命性及其当代反思》，《东南学术》2014 年第 6 期。
③ [古希腊] 亚里士多德：《尼各马可伦理学》，廖申白译，商务印书馆 2003 年版，第 127 页。

的区别，无论是人的发展，抑或社会的发展，实际上都是一个不断打破平衡，释放正向差异、规避负向差异的过程。由此，当面对发展过程中的差异问题时，要准确分析和把握差异的积极一面和消极一面，既要不断释放差异对事物发展的驱动力，对有助于促进人和社会发展的积极差异予以引导，保持人和社会发展的活力和多样性；又要对有害于社会发展的消极差异予以防范和规避，并防止差异的扩张化、放任化、凝固化，以防止对社会稳定有序的运动和发展造成损害和阻碍。

当前我国人民的实际收入和生活水平都得到了显著提高，然而受差异主体发展起点、发展速度、发展程度不同的影响，人民群众对美好生活需要的满足程度存在着显著差异。而这些差异体现在城乡之间、区域之间、行业之间等的不平衡发展，以及社会发展质量和效益的不充分上，与人民心中的期待形成了落差。诚然，在社会发展过程中，存在着多种多样的差异，其中有促进社会健康、积极发展的正向差异，也有对社会产生消极作用的负向差异。差异既是促进交往、认同的正向要素，又是导致分离、对立的阻力，而导致差异的负值方面越来越大的原因就在于将个体利益最大化。邓小平对"个体利益最大化"这类负向差异的弊端早有警觉，他认为："如果搞两极分化，情况就不同了，民族矛盾、区域间矛盾、阶级矛盾都会发展，相应地中央和地方的矛盾也会发展，就可能出乱子。"[1] 由此，保证社会健康有序地发展就要防范种种负向的差异因素及其扩大化的可能趋势。对此，思想政治教育差异要充分发挥其实践导向的作用，对发展中的负向差异予以规避，提高社会主流意识形态的导向作用，对社会成员施以正向的教育影响，以社会主义核心价值观引领和促进人的发展，引导他们在实践过程中正视差异、尊重差异、包容差异、协调差异，不断发挥和释放差异的正向功能。

---

[1] 《邓小平文选》第三卷，人民出版社 1993 年版，第 364 页。

第三节 思想政治教育差异的特性

如果说,本质是事物之所以为该物而较之于他物不同的根本性质,那么,特性则更侧重于从事物内在表现出来的具体性质。基于上文对思想政治教育差异的多维理解,思想政治教育差异具有矛盾调适性、客观动态性、探索开发性、价值规约性等特性。

一 矛盾调适性

矛盾调适性,作为一个整体,就是表明从差异基础产生的矛盾需要通过调适来缓解或化解。而是解决矛盾的重要方法,但调适不是根本消除差异和矛盾,也不是使事物达到无差异和无矛盾的绝对状态,而是使差异的矛盾双方共处于一个统一体中,使事物朝着正方向发展,并进一步促进差异的矛盾双方向更高层次发展。从调适人与自然之间差异与矛盾的角度看,人与自然之间存在着天然的差异与矛盾,为实现持续性的发展就要对这种差异和矛盾关系进行调适,其中既要遵循客观存在的自然规律,又要发挥人的主观能动性,以实现人与自然的统一,使得人、自然、社会能够实现更高层次的发展。为此,在当前人类反思环境危机、人口危机、资源危机等现代性危机时,生态文明建设就成为当今社会建设的重要一环。正因为生态文明建设是"人类在自然之本质规律(Nature)的基础上实现人与自然界之统一的实践活动"[①],所以加强生态文明建设,才能更好地调适人与自然之间的差异与矛盾。矛盾调适性是功能性特征,是指思想政治教育在引导和教育人们面对差异现象、调适矛盾问题上所具有并发挥作用的特性。毫无疑问,思想政治教育是为

---

① 许斗斗:《论马克思的社会建设思想及其当代意义——一种生态文明建设的分析视角》,《哲学研究》2011年第8期。

了解决人与人、个人与社会之间的矛盾而存在的,提高其有效性"最根本的就是要关注并解决思想政治教育系统特别是其实践中的矛盾"①。应该看到,新时代思想政治教育面对着差异性程度更高的个体,人们对现实的需要也更加多元多样,不同的社会成员有其各自不同的需求,自身愿景的应然状态与现实发展的实然状态的矛盾会使人产生一定程度的思想落差、心理位差,此时思想政治教育就亟待解决一个有关于差异的系统整体性问题,即如何平衡人自身理想与现实的差异,如何解决人与人、个人与社会之间的矛盾问题,以及如何在此基础上促进个体实现健康有序的多样性发展。故而,其矛盾调适性在解决以上差异问题的过程中得以彰显。

其一,思想政治教育差异的矛盾调适性体现了对人内在的理想与现实的差异和矛盾的平衡与协调。正确处理好人在发展中的差异问题,必须从解决人自身的内在差异和矛盾开始。我国社会主要矛盾发生转化这一重大的时代性政治判断,不仅揭示着我国社会发展的新特点,而且为新时代思想政治教育提供着科学的行动指南,即思想政治教育要解决好人在发展中理想性需求与现实性发展之间的差异与矛盾。任何事物或人都是一个复合的矛盾体,在这种矛盾体中,各种内在的差异要素间的相互作用不可能使得事物或人始终保持着一种稳定状态,正如,理想与现实的差异在一定程度上会导致人的发展变化和自我否定。因此,承认和分析理想与现实的差异才是认识人自身发展的科学态度。思想政治教育差异就是要引导人们正确认识和处理理想与现实的差异问题,促使受教育者具备新的发展意识与期待,提高自身思想政治综合素养。

其二,思想政治教育差异的矛盾调适性体现了正确对待社会成员差异性的个人需求。人的本质是一切社会关系的总和。在社会主义社会中,社会关系集中表现为劳动人民内部间的物质利益关系,

---

① 宇文利:《新时代思想政治教育创新之魂》,《思想理论教育》2019年第1期。

其性质是非对抗性的矛盾，正确处理好人与人之间的关系，就要调适好个体间的利益矛盾与冲突。新时代是一个利益主体多元化的时代，调适利益失衡的矛盾与压力，必须正视复杂社会关系的不平衡性、不平等性，尽管解决的方式方法是多样的，但做好引导社会成员理性平和地看待差异现象、协调差异问题的思想政治教育工作，是一个必要、有效的方式。"思想政治教育的价值首先就在于通过满足人的需要促进人的发展"①，即在其教育活动中不断反映和观照现实的个人的多样性、多层次性、多方面的需要，从而使得差异性的个体能够在自身发展中释放多样性的力量。当前我国发展期待着人们发挥不同的聪明才智，对人的多样性的发展提出新的要求。对此，思想政治教育要适应新时代改革开放和社会主义市场经济发展，把握好当前我国社会发展的形势和优势，引导人们正确看待不同利益主体的发展程度，特别是强者群体和弱者群体之间的差别，包容和理解各方利益，并在差异化的实践活动中化解和协调各方利益差别与矛盾，真正做到"和而不同"，建设具有更大包容性的和谐社会。

其三，思想政治教育差异的矛盾调适性体现了个人利益与社会利益间的相互转化。个体的发展离不开社会，除了要处理好个体间的社会关系，还要调适好个人利益与社会利益的辩证统一关系。只有协调好这两个问题，思想政治教育才能实现对差别性个体的现实观照，发挥其促进人的全面发展的应有价值。社会利益是指在广泛的社会交往中，社会成员们的利益需求所形成的一个相互规定的利益整体；个人利益是指人们在实现自身发展过程中，形成的生活幸福、身体健康、全面发展的需要，是对社会整体利益的差异性分化，具有一定的多样性和矛盾性。思想政治教育是促进社会利益与个人利益相统一的重要中介，帮助受教育者弥补自身的片面性、局限性。在思想政治教育过程中，引导人们认识到社会对个体发展的优势，

---

① 刘学坤：《论思想政治教育发展的核心关系范畴》，《北京教育》（德育）2020年第2期。

并自觉地适应、服从和创造社会的发展，在社会中规定和把握自身的发展，以帮助人们认识到实现个体的利益、需求和发展与实现国家的利益、需要和发展之间的辩证关系。

故此，思想政治教育差异则成为一个不断引导、协调、解决人在发展中差异问题的现实性实践过程，通过思想政治教育实践活动引导、调适人们正确认识和面对差异性现象。矛盾调适性是思想政治教育差异的核心特征，它使得思想政治教育能够切实有效地解决人们在发展中所必然要面对的差异现象和问题，尊重个人的发展需求，强化人与人、个人与社会之间关系的和谐与协调，从而实现人与社会的全面进步与发展。在马克思恩格斯关于差异思想的指导中，思想政治教育引导、调适差异现象和问题的过程遵循从差异走向统一的发展规律，通过调适受教育者思想政治观念、个人综合素质中的差异问题而实现对我国社会主义核心价值观等主流意识形态的认同，完成培育时代新人的任务，为社会主义现代化建设贡献力量，成为社会主义建设者和接班人。

二 客观动态性

客观动态性是指差异的客观性存在与差异的动态性发展的统一，即差异不仅是客观实在的，而且是不断变化发展的。差异的客观性是指差异是事物存在的客观形式，是事物的固有属性，这一特征我们在前文中已经论述过了。差异的动态性强调差异是事物的差异，事物是运动的，运动是事物的固有属性，所以差异也就必然是动态发展的。客观动态性是思想政治教育差异的思维方法性特征。其客观动态性是说明思想政治教育要面对客观存在及其变化发展的差异性教育对象，引导他们面对发展中客观存在的差异性现象，并在思想政治教育过程中自觉采取动态发展性思维方法和教育实践活动。这种对差异对象和差异问题及其特征的准确把握和理解，形成了思想政治教育差异的客观动态性。

一方面，正确地理解差异对象和差异问题的客观动态性，是思想政治教育解决差异性问题的前提条件。"个体个性化和社会多样化是当代中国社会发展的一个重要特征"①，也是思想政治教育所要正确认识和理解的两大差异性要素，即具有差别性的现实的个人以及人在社会发展中所面对的差异现象和问题。其一，从差异对象来看，现实的个人是出发点，每个人自然素质的不同，使其所处的社会历史条件、生活和教育环境等都存在差别。现实的个人具有最突出的特点之一就是独特性，个人的独特性表征的就是个体不断发展的差异性和特殊性，形成了个体独特的人格和品质。那么，思想政治教育就是要直面具有差异性、变化性的教育对象，只有正确理解差异对象的客观动态性，才能在教育目标、教育内容、教育方式上实现层次性发展和系统化协调。例如，思想政治教育在发挥目标导向功能的过程中，既要坚持培养"四有"新人的主导性目标，又要准确把握不同受教育群体的思想实际和个性特点，为差别性对象制定具有针对性、层次性、动态化的培育方法和目标要求。学校要培养德智体美劳全面发展的社会主义建设者和接班人，对于机关干部、企业职工、部队军人要提出差别性、多样性的教育方法和要求，对于党员、团员要提出不同的目标要求等。其二，从解决差异性现象与问题来看，思想政治教育差异作为一种实践活动，要满足人的多样性现实需要，亦要处理好人与人、人与自然、人与社会之间需求、利益等方面的差异性问题。解决这些问题的前提就是要对其差异性特征予以正确的认识和理解，既不能奢望没有差异的发展，也不能对差异性现象完全报以消极悲观的心态。由此，在思想政治教育过程中，教育者要引导社会成员正确认识差异现象与问题的客观实在性以及动态发展性。正如，人自身的理想追求与社会发展实际之间的差距就是客观存在的，同时这种差距并非一成不变，随着经济的发展、社会的进

---

① 张耀灿、郑永廷、吴潜涛、骆郁廷等：《现代思想政治教育学》，人民出版社2006年版，第223页。

步，人的多样性需要将逐渐得以满足和实现。因此，在思想政治教育过程中，要引导人们树立差异性思维，正确认识和理解理想与现实的差异，等等，调整好面对差异现象的心态，并引导人们充分发挥自身的创造性、能动性和自主性，在发展中不断缩小差距，以期释放正向差异的积极价值，规避负向差异的消极影响，从而充分调动人们从事实践活动的主体性、积极性、参与性。

另一方面，采取动态性实践活动是解决思想政治教育差异的重要途径。实践活动的动态性是说明，随着差异对象和差异问题的变化，解决差异问题的实践活动也要是动态变化的。其一，由于差异对象是客观变化的，教育者要积极开展具有针对性和动态发展性的教育实践活动。过去思想政治教育实效性不强的一个主要原因在于不能正确把握差异性的个体及其多样性的发展，这就走进了两个误区：一是在认识论上缺乏差异性思维，不能用理性、包容的眼光去看待差别性的教育对象，亦忽视了个体的多样性发展；二是在实践中忽视了活动的针对性、层次性、动态发展性。这两个误区都指向了对差异性个体的客观动态性的抹杀。试想，如果无视差异性个体的客观动态性，思想政治教育活动不注重针对现实差异问题，就不能实现思想政治教育的使命与目标。这就要求我们采取具有针对性的动态化教育实践活动，客观面对个体的差异及其发展变化，满足个体的多样性需要，解决个体在不同发展阶段下所遇到的差异性问题。其二，由于差异现象是客观实在的，要解决这种差异问题就要采取动态的实践活动。差异是客观存在的，就需要在实践这一客观存在的活动中予以解决，不能用主观意识来解决客观的差异问题。由此，教育者不仅自身要进行具有动态性的教育实践活动，并且要引导教育对象开展多样性的动态性实践活动。以人民群众的住房和社保问题为例，我们既要"为困难群众提供基本的住房保障"，又要"坚持市场化改革方向"，"满足多层次住房需求"[1]；我们既要促进

---

[1] 《习近平谈治国理政》，外文出版社2014年版，第193页。

"基本公共服务均等化水平明显提升",又要保证"多层次社会保障体系更加健全"①,总而言之就是让广大人民群众共享改革发展成果。由此,在实现社会总体公平的基础上,要想促进个体的多样性发展,培养人理性平和、积极向上的社会心态,就要注重开展多样化适时性的实践活动,从而为凝聚人心干事创业提供思想保证。

综上,思想政治教育差异就是要准确把握和科学判断差异对象和差异问题及其变化发展情况,同时还要自觉开展多样化的实践活动,这是思想政治教育差异客观动态性的基本要求。正确认识客观动态性具有重要价值,一是从差异对象的角度看,只有正视个体差异的客观动态性,满足不同个体的发展需求,才能使个体获得真正意义上的发展;二是从解决差异问题上看,只有采取动态性、精准化的实践活动,才能不断地在实践活动中满足个体个性化和社会多样化发展的需要,有效地解决差异问题,实现个体与社会的平衡性发展。

三 探索开发性

探索开发性,包含着两层含义:一是强调差异是促成事物进阶性发展的重要因素。只有差异的存在才能构成双方的矛盾关系,矛盾双方相互联系和作用,从而实现事物的变化和发展。二是强调寻找、探索发展中的正向差异要素。只有探索并开发正向差异要素的发展功能,才能在面对差异现象、协调差异问题时不断开拓创新、发掘潜能、激活动能,实现一种协调、平衡的发展。探索开发性体现了思想政治教育差异的价值旨归,是指面对具有差别性的教育对象,引导他们探寻自身的差异发展动力源、激励自身的发展旨趣,结合自身的特性,协调并实现自身的创造性发展。思想政治教育差异之所以能够具有探索开发的特性,是因为人在从事社会实践活动

---

① 习近平:《高举中国特色社会主义伟大旗帜 为全面建设社会主义现代化国家而团结奋斗》,人民出版社2022年版,第25页。

中具有不同的特性，并能通过人的主观能动性将其内在的差别性潜能发挥出来。

从探寻个体的差异发展动力源来看，思想政治教育差异就是要充分开发正向差异的促进作用，形成差异对于个体发展而言的强大驱动力。人在社会发展中面对着诸多差异现象与问题，如前文所述，包含着两大方面：一方面是由人自身所生发出的内在差异；另一方面是由人与人、个人与社会所构成的外在差异。毛泽东曾指出："外因是变化的条件，内因是变化的根据，外因通过内因而起作用。"①这表明，事物自身运动和发展的源泉在于事物内部的矛盾性，而产生这种内部矛盾的重要前提就在于事物内部的差异性要素，即内在差异。可见，人的内在差异是其发展的根据和首位原因。当然，外在差异对于事物和人的发展也不是可有可无的，外在差异在一定条件下也发挥着重要作用。基于此，思想政治教育在解决这些差异问题时，不仅要承认、尊重和直面差异的存在，更要引导人们正确认识差异要素的正向价值，促使受教育者不断改进和完善自身的思想观念、道德修养及其实践活动，特别是教育者要侧重于引导教育对象正确看待个体自身存在的内在差异，发挥内在差异对个体发展所发挥的积极价值。这里人的内在差异内含着个体的发展需求与发展现实之间的差异、个体发展的理想目标与发展结果之间的差异等。思想政治教育差异就是要让社会成员们正确认识和理解内在差异的客观存在性，并在内在差异的驱动下，引导和激发人们发挥自身的能动性、主动性和积极性，激励自身的发展旨趣，使得人们在内在差异的驱动下努力争取最大限度地缩小内在的和外在的发展差距，实现自身的进阶性发展和自我突破。

从协调并实现自身的创造性发展来看，思想政治教育差异要发挥协调开发性功能，缓解社会利益结构的不平衡问题，在结合自身特征的基础上，形成社会活力和社会创造力。解决当前不平衡不充

---

① 《毛泽东选集》第一卷，人民出版社1991年版，第302页。

分的发展问题就要破除原有差异的固化形态，而破除差异的固化形态要在差异性交往中逐步完成。党的二十大报告就"加快构建新发展格局，着力推动高质量发展"而言，提出"促进区域协调发展"①的目标和指向。近年来，我国区域政策转向了加强区域合作和交往、缩小区域差距的协调发展之路，实施了京津冀协同发展、长江经济带发展、粤港澳大湾区建设、长三角一体化发展、黄河流域生态保护和高质量发展等诸多国家重大战略。区域间的差异性交往能够使各区域"扬长避短"、有所为有所不为，为区域的整体性协调发展提供了充足和强大的合力，从而促进经济要素在不同区域、不同范围、不同层次、不同领域中的合理流动、优化配置，实现差异要素的正向功能。从某种意义上讲，思想政治教育差异就是一个不断调节社会矛盾相关方达成发展共识的过程，通过差异性交往，协调差别性双方进行必要的利益互换、利益让渡，从而在发展中开发各自的发展优势，在激活多样性发展活力的基础上，形成互惠互利、合作共赢的局面。差异化的教育对象正是经过这样的思想政治教育活动，相互间树立尊重差异的思维方法和行为方式，合作意识、交往信任不断加深，形成良性的社会交往和有效的社会合作，从而成为一种持续性推动社会发展的力量。实际上，对社会成员个性、自由的尊重和保护，也就意味着促进人的全面发展，从而激发社会发展活力。由此，思想政治教育差异的探索开发性体现出对社会成员多样性观念、需求、行为方式以及社会发展中差异性因素的认识与把握，同时需要看到的是，正如上文所述，这样一种推动人与社会发展进步的力量源于人和社会的内部差异要素的协调性，具有自我超越、追求卓越、持续发展的积极价值。总之，思想政治教育差异的探索开发性就是致力于激活人的多样性潜能，调动人的积极性、发挥人的创造性，以实现个体的差异性、多样性的发展，为社会共同发展带

---

① 习近平：《高举中国特色社会主义伟大旗帜　为全面建设社会主义现代化国家而团结奋斗》，人民出版社 2022 年版，第 31 页。

来缤纷色彩。

四 价值规约性

价值规约性是指人们在追求和实现价值的过程中所应遵循和接受的各种规范与约束。价值规约性体现了思想政治教育差异的社会有序性。思想政治教育差异的价值规约性是指思想政治教育在引导社会成员追求和实现自身价值的实践过程中，对受教育者的多样性发展实施规范与约束性的教育影响，以使受教育者接受价值追求是有规约性的，并转化到自身的发展实践中，最终实现个体规约有序的共同性发展。当然，进一步理解价值规约性还需要对其内在的要素和成分予以分析和说明，包括主体性因素、客体性因素、规约内容以及规约目的。

其一，价值规约的主体性因素是一定社会或社会群体，是思想政治教育活动的实施者。在我国，思想政治教育工作者是一定社会或社会群体的代表者，是其价值规约性实现过程的执行主体，这一主体侧重在制定和实施决策和制度，有目的、有计划地按照一定社会或社会群体的要求和意志对受教育者进行价值规约性的教育影响，在思想政治教育差异实现过程中起到引导、规约、激励、服务性作用。

其二，价值规约的客体性因素是社会成员们，是在教育活动中为教育主体所指向的教育对象。价值规约的教育对象通常是一定社会或社会群体的成员。在思想政治教育过程中，教育工作者要引导教育对象理性面对差异、协调和平衡好差异问题。同时教育对象也具有主动性，体现在教育对象在接受教育影响的过程中所发挥出的主观能动性。

其三，价值规约的内容是实现思想政治教育差异目标的具体化。内容的确定不是教育者随心所欲的规定，是有所根据的，主要是根据党和国家的要求、社会发展的需要以及教育对象差异性的发展现状（如不同的年龄、学历、职业、成长环境等），而明确的具有规范和约束性的相关内容。马克思认为："各个人的出发点总是他们自己，不过当然是处于既有的历史条件和关系范围之内的自己。"① 个体生活在社会中，既要实现人的主体性的发展，增强人的独立性、独创性，又要注重人的主体性发展的社会基础，也就是要在社会发展规律以及一定的社会规范的范围内实现自身的价值追求。对此，思想政治教育要充分发挥价值引导、行为规范的作用和价值，一方面，引导人们认识到，个体的差异性发展是一种有限度的发展过程，超越社会发展规律和社会规范的人的发展必然违背社会发展的科学性原则；另一方面，引导个体在实现自身发展中要理解道德、法律等诸多规范的社会意义，使得差别性个体能够认同多种多样的社会规范，并外化为符合一定社会或社会群体所要求的良好的个体行为，在实践活动中遵守各项规章制度，在合规律、合规范的限度内实现自身的全面发展。于是，是否明确规定与约束的内容，对实现思想政治教育差异的实践效果将产生重要影响。在思想政治教育差异发挥价值规约性功能的过程中，没有科学合理的规约内容，就无法达成其价值目标。因此，作为价值规约的主体，即一定社会或社会群体，要制定和明确价值引导和规约的内容，思想政治教育工作者要通过思想政治教育活动，帮助个体树立正确的价值观，认同社会主流价值，特别是强化个体对社会主义核心价值观的认同，从而促进个体在发展实践中遵循正确的价值取向，促进个体的主体性的提高。针对教育对象的差异性特征，在价值规约的教育实践活动中，教育者要针对个体不同的思想实际、知识水平、个性特点、接受程度，将教育内容具体化，以保证教育效果得以实现。

其四，价值规约的目的是思想政治教育差异整体性系统中的导向性要素，对于实现思想教育差异的价值规约性具有重要作用。其中，教育主体是目标实现的制定者、协调者和落实者，在价值规约性的教育实践活动中发挥主导性作用，教育对象则是目标实现的最

---

① 《马克思恩格斯文集》第一卷，人民出版社2009年版，第571页。

终体现者。价值规约的目的是教育主体通过具体的教育实践活动，使社会成员形成一定社会或社会群体所需要的理想信念、价值观念和道德规范，实现一种有限度的协调性、平衡性的发展，为社会发展合力释放无穷能量。如学者邱柏生认为："思想政治教育是满足人的正确的发展需求与改变不正确需求两者的统一。"① 社会成员实现规约有序的健康发展，就是保证既满足个体的多样性、多层次、多方面的发展需求，又要对个体偏离正确轨道的思想和行为予以纠正，保证社会成员能够实现合规范、合规律、合准则的全面发展。总的来看，思想政治教育差异价值规约性的实现过程，是一个融通相关要素相互作用、相互影响的规制过程。正确认识价值规约性既有助于保证思想政治教育差异的相关活动朝着思想政治教育差异的目标方向不断前进，也有助于激发和鼓励教育者和受教育者工作与学习的热情，认清发展形势，把握发展规律，形成实现个体合理目标的内在驱动力，从而为实现社会的有序、有为、有力发展凝聚强大合力。

综而论之，通过对思想政治教育差异范畴的整体性阐释可知，思想政治教育差异旨在说明新时代思想政治教育如何引导人们理性看待差异、客观承认差异、主动应对差异、有效协调差异等问题，从而促使人们实现最高层次的自由而全面发展，为社会进步注入更大活力。从现实来看，思想政治教育在促进人的发展过程中，充斥着多种多样的差异现象和差异问题，影响人们追求更高层次的自由而全面发展。就目前我国社会生产力的发展还不够充分与平衡，人的发展呈现出不平衡性、片面性的特征而言，本书进一步分析人们在现实中所面对的差异现象和差异问题，探究思想政治教育所面临的挑战和不足，以及形成指导思想政治教育协调差异的整体性理论架构势在必行。

---

① 邱柏生、董雅华：《思想政治教育学新论》，复旦大学出版社 2012 年版，第 136 页。

第三章

思想政治教育的差异问题及原因分析

思想政治教育差异范畴是依赖于人在发展中所要面对和协调的差异现象和差异问题而存在的，旨在通过差异化的实践教育活动推进人们走向更高层次的共同性发展，从而促进人与社会的全面进步和发展。于是，做好思想政治教育工作，就是要观照现实发展中存在的差异现象和差异问题，引导社会成员在实践活动中有勇气直面差异问题、有素质包容差异问题、有能力协调差异问题，培育社会成员自尊自信、理性平和、积极向上的社会心态，不断调整和协调社会整体的发展方向，从而促进和谋求人与社会的协调、全面的发展。其中，人在发展中面对哪些差异问题，以及诸多差异问题产生的原因，这些都是思想政治教育差异问题探究中不可回避和需要深入研究的现实性问题，特别是随着社会转型、市场经济的发展和全球化的不断推进，不同的社会群体、社会阶层的思想观念、价值取向、生活方式、利益关系发生着深刻变化，社会成员在发展中面对越来越多的差异性问题，在思想和心态上出现一定程度的位差，对当前我国思想政治教育工作提出了严峻的挑战。

第一节 思想政治教育面对的差异问题

实现人的全面发展，是"以一种全面的方式，就是说，作为一个完整的人，占有自己的全面的本质"①。思想政治教育的价值取向就是要坚持人的全面发展观，即实现"人的才能与品质的多方面发展""人的社会关系的丰富和发展"，以及"个人与社会的协调发展"②。然而，受生产力水平、社会发展程度等因素的限制与制约，人的发展呈现出不平衡性、片面性的特征，表现为个体在实践活动中的诸多差异现象与差异问题。从内在差异来看，人要面对自身内在的理想与现实之间的差异；从外在差异来看，人在发展中要面对人与人（人的社会关系中）以及个人与社会之间的差异。于是，促进人的发展的前提，是要正确认识和协调好这些差异与矛盾，使人能够理性平和地在社会发展中发挥主体作用。

一 人自身内在的理想与现实的差异

根据邱耕田教授对马克思主义的差异思想的阐述，其中"关于实践差异的思想"中包含着"人的实践目的和实践结果之间所存在的差异问题"③。实际上，较之于人们对美好生活的需要和诉求，现实总是处于一种不完美抑或不理想的状态，存在着不合理的现象和事物，这就需要充分发挥人的主观能动性，始终保持对理想、对未来可能性的创造与追求，按照超越现实的理想去塑造自身并促进自身的进阶性发展，实现一种理想与现实之间差异的协调发展。在认识和协调理想与现实之间差异的问题上，马克思恩格斯将理想与现实看成是实践基础上一种辩证统一的关系，他们的理论更表现出一种引导人们实现美好生活，协调好理想与现实差异的愿望。一方面，理想与现实之间存在着天然的差异，例如，个体的现实表现与自我的理想期待之间的差异，现实生活与理想生活之间的差异，以及满足个体需要的现实价值与未满足人的需要的尚未开发的价值之间的

---

① 《马克思恩格斯文集》第一卷，人民出版社2009年版，第189页。
② 张耀灿、郑永廷、吴潜涛、骆郁廷等：《现代思想政治教育学》，人民出版社2006年版，第144页。
③ 邱耕田：《差异性原理与科学发展》，《中国社会科学》2013年第7期。

差异，等等。这些差异现象和差异问题呈现出现实对理想的否定和超越。另一方面，理想与现实是统一的过程，即理想与现实相互作用、相互影响。现实可以纠正理想的不现实部分，使得人们能够通过实践活动将理想转化为现实，同时，符合现实条件和要求的理想能够引领现实的发展，人们在理想的指引下改造客观现实的实践过程也是人们不断获得发展、实现自由的过程。由此可知，理想与现实能够在实践的基础上达成一种积极向上的双向互动关系。

随着我国经济和社会的不断发展，人内在的理想与现实之间的差异问题也愈加凸显，而这种差异在人和社会的发展过程中发挥着辩证性价值。马克思指出："一切划时代的体系的真正内容都是由于产生这些体系的那个时期的需要而形成起来的。"[1] 人们在发展过程中的内在需求即解决人在实践中的理想与现实之间的差异问题是做好思想政治教育工作的关键步骤，既要引导和协调好理想与现实的差异，使其发挥正向效能，又要最大限度地规避负向差异对人和社会发展的阻碍。具体而言，当前我国思想政治教育所面对的理想与现实的差异问题表现在以下两个方面：

其一，从现实对理想的作用来看，如果理想脱离现实，就将成为一种不切合实际的空想，理想无法实现，以致理想与现实之间的差异成为一种消极有害的力量。理想源于现实，受时代发展条件的限制，具有时代的特殊性，这就决定了理想并非一种空想。如果理想出了问题，脱离了实际，那么，理想与现实之间的差异就将成为一种负向的落后性的差异，不仅不会成为发展的驱动力，还会造成差异的扩大化，对社会的发展造成一定的破坏和阻碍。例如，20世纪50年代后期我国发生的"大跃进"，提出了工业大跃进、农业大跃进、跑步进入"共产主义"等不切实际的发展目标，片面追求高速度，脱离现实的发展条件，随意提高和修改计划指标，造成国民经济轻工业和重工业等的比重严重失调，使得社会主义事业受到重

---

[1] 《马克思恩格斯全集》第3卷，人民出版社1960年版，第544页。

大损失。可见，理想追求脱离了时代和社会的现实就会对人和社会的发展造成重创。

其二，从理想对现实的作用来看，理想高于现实，是对现实发展的超前反映，但如果人在发展中没有正确的理想作为指引，那么现实就将处于一种迷茫状态，造成理想与现实之间的差异和矛盾问题。习近平总书记指出："我们共产党人的根本，就是对马克思主义的信仰，对共产主义和社会主义的信念，对党和人民的忠诚。"① 中国共产党是依托共产主义远大理想、中国特色社会主义共同理想而不断发展壮大起来的先进政党。在我国革命、建设和改革的进程中，我们党反复强调理想信念问题，力求防止党员干部理想信念发生动摇。正如习近平总书记所说："初心不会自然保质保鲜，稍不注意就可能蒙尘褪色，久不滋养就会干涸枯萎。"② 个人的理想信念会随着时间、环境的变化而发生改变。随着我国经济社会结构的变迁，利益主体和社会生活方式日益多样化，一些人面对复杂的社会现象和社会状况不知所向，感到迷茫困顿，同时，极少数的党员干部走丢了初心、迷失了方向、偏离了轨道，忘记了党的宗旨，违背了党的纪律，弱化了先锋模范作用，动摇了理想信念，走上了违法犯罪的道路。人的发展在理想与现实的差异中一旦失去了正确理想的指引，也就无法在知行统一中创造美好的生活和未来，也无法实现理想对现实的引领。

其实，人们的思想动态、心理状态和生活状况如何，与协调自身内在的理想与现实之间的差异问题有着直接联系。思想政治教育是使受教育者通过正确处理现实自我与现实社会之间的辩证关系，从而在追求理想的基础上实现人与社会发展的实践过程。在思想政治教育过程中，协调和解决人在发展中的理想与现实的差异与矛盾是思想政治教育发生和发展的动力，其实质在于克服现实自我的局

---

① 《十八大以来重要文献选编》（中），中央文献出版社2016年版，第676页。
② 《习近平谈治国理政》第三卷，外文出版社2020年版，第538页。

限性,超越现实条件的限制,以实现理想性的发展状态,从而推动人和社会的跨越式发展。思想政治教育在引导和协调理想与现实的差异问题时,一方面,教育者要立足受教育者的实际情况,根据社会发展要求,引导受教育者纠正自身理想中虚幻的部分,立足现实求发展,在实践中建构适合自己发展要求的理想信念;另一方面,引导受教育者确立正确的理想目标,坚持理想信念不动摇,发挥正确的思想与理想所具有的先导性作用,使人的现实实践活动在理想的引领下实现进阶性发展。只有引导和协调好人的理想与现实的差异问题和辩证关系,才能立足于客观存在的差异,在实践中正确认识自我,把握社会发展的客观规律和社会实践活动的条件,把握现实自我和社会未来发展的趋势与方向,形成符合社会发展要求、具有个体内在发展价值的奋斗目标,引领现实的发展,不断实现现实对理想趋近、理想对现实指导的双重作用。

二 人与人之间的差异

人是类、群体与个体三种形态的统一,人的本质也就必然包含着类本质、群体本质与个体本质。人的类本质是指人与自然和其他动物相区别的类特性,人的群体本质表现为不同群体之间的差别特性,人的个体本质是指个体区别于其他个体的特征。其中,人的类本质和群体本质仍具有一定程度的抽象性,在现实生活中,无法呈现出个体的个性和思想行为上的差别,"只有人的个体本质的表现才把人放到具体的生活天地"[1]。正如,恩格斯在批判杜林脱离现实而抽象地谈论人的平等问题时指出:"他们摆脱了一切现实,摆脱了地球上发生的一切民族的、经济的、政治的和宗教的关系,摆脱了一切性别的和个人的特性,以致留在这两个人身上的除了人这个光秃秃的概念以外,再没有别的什么了,于是,他们当然是'完全平等'

---

[1] 易小明:《社会差异研究》,湖南人民出版社1999年版,第39页。

了。"① 这即说明，不考虑人的群体、个体的差异必然会片面理解人的本质，只有正确认识人的个体本质，即人与人之间的差异关系，才能全面认识"现实的个人"，才能确保思想政治教育更好地解决现实的具体差异问题。

其一，关于分工差异的问题。如前文所述，个体间的差异是在社会分工中，也就是人与人之间分工与合作的社会关系中产生的，分工的差别造成了个体间职业上的差别，更多表现为人与人生存和发展的差异。在马克思看来，分工是生产力发展的结果和需要，"不同的共同体在各自的自然环境中，找到不同的生产资料和不同的生活资料"，"在共同体互相接触时引起了产品的互相交换"②。这说明，有差别的生产部门生产出不同的商品，不同的商品所有者进行着交换，于是，分工在产品转化为商品的过程中产生，这种活动过程不仅具有"物"的平等交换的意义，也意味着形成了人与人之间的社会关系，一种支配与从属的经济、政治关系。由此，人与人之间的差异就生成于社会分工差异的关系中，铸造了个体从事着不同的职业，具有不同的思想与行为、心理与性格，其收入、权利和生存与发展状况也不同。从劳动类型上看，表现为脑力劳动和体力劳动的较大差别，不同行业的劳动报酬具有差异，行业内部也存在产业链前端和后端的差异，企业内也有管理层和生产层的差异。总之，职业分化是分工的必然产物。近年来，随着我国经济的发展，社会分工形式越来越细，已经远远超过了三百六十行，在2015版《中华人民共和国职业分类大典》中划分了"8个大类、75个中类、434个小类、1481个职业，并列出了2670个工种"③，并且分工种类还在不断增加，"从2019年4月份开始，人力资源和社会保障部联合

---

① 《马克思恩格斯文集》第9卷，人民出版社2009年版，第104页。
② 《马克思恩格斯文集》第5卷，人民出版社2009年版，第407页。
③ 国家职业分类大典修订工作委员会：《中华人民共和国职业分类大典》，中国劳动社会保障出版社、中国人事出版社2015年版，第7页。

市场监管总局、国家统计局向社会发布共计3批38个新职业"①。多元职业的产生呈现出由分工所致的个体间生存与发展的多样性。

其二，关于阶层差异的问题。马克思主义阶级分析方法是科学认识和正确把握复杂的社会阶级阶层及其相关差异问题的重要方法。从阶级的产生与划分的视角看，马克思恩格斯指出："由分工决定的阶级的基础上产生的，这些阶级是通过每一个这样的人群分离开来的，其中一个阶级统治着其他一切阶级。"② 在他们看来，阶级是由分工引起的生产方式和交换方式的变化的产物，是社会分工差异化发展的必然结果。于是，在社会生产体系中所处地位的不同就划分了不同的阶级，表现为阶级之间的差异与矛盾。当前我国社会的主要矛盾不再是阶级斗争，但阶级、阶层之间的差异现象仍存在，并表现为社会阶层的不断分化。国内学者根据分工的发展对现阶段我国存在的阶级阶层进行了划分，即工人阶级内部包含着七大阶层，"典型的产业工人、专业技术人员、党政领导干部、一般公务员、国有企业领导干部、事业单位领导干部、企事业单位一般管理者"，以及"农民阶级内部的农业劳动者、农民工"，还有资产阶级内部的"港澳台资本家、外企资本家、私营企业主（新生资产阶级）、个体工商户"③ 等。不言而喻，这些阶层与阶层之间以及阶层内部都具有明显的差异，协调好阶层差异的问题就要消除差异扩大化所加深的阶层间的矛盾与冲突，关注差别性阶层的社会心态，特别是由阶层差异产生的消极情感，"要避免阶层间消极情绪的扩大化或升级为消极情感，如贫富之间的不满上升为敌意或仇恨"④。

马克思认为，人是"类存在"，人的需要可以通过调节达成一

---

① 《第三批新职业发布——带货主播"转正"了》，《经济日报》2020年7月7日第5版。
② 《马克思恩格斯文集》第一卷，人民出版社2009年版，第536页。
③ 陈跃、熊洁、何玲玲：《关于马克思主义阶级分析方法理论与现实的研究报告》，《马克思主义研究》2011年第9期。
④ 王俊秀：《不同主观社会阶层的社会心态》，《江苏社会科学》2018年第1期。

致,成为一种"类需要",但这并不是说人的"类需要"中没有差异或完全同一。由上文对分工差异和阶层差异的分析可知,人与人之间存在着差异性的利益需要,这种利益需要是复杂的,既有不同个体之间利益需要的差异,又有同一个体在不同发展阶段上利益需要的差异。需要的不同造成利益追求的不同,表现为人们对公平的追求和对全面发展的向往。由此,平衡和协调好差异性的利益需求亦是思想政治教育解决人与人差异问题的重要内容。一方面,要引导受教育者正确认识人与人的差异属性,即我国的社会分工和阶层是没有高低贵贱之分的。新中国成立以来,社会主义价值观始终坚持职务身份不分高低贵贱、坚持为人民服务、坚持"人人为我我为人人"、坚持共同富裕的思想。尽管不同的职位、不同的阶层占有不同的社会资源和发展机会,但是全社会都要坚决反对自我优越的社会占位现象,如社会中存在的某些以职务的不同而自认为高人一等的特权思想和特权现象。只有正确理解和接受分工没有高低贵贱之分的社会主义价值观,才能实现友善的社会交往,实现积极有效的分工与合作,从而理性平和地看待人与人之间的差异。另一方面,要引导受教育者认识到社会分工是由于每个人自身的能力、爱好和社会环境所带来的不同结果。而且每个人在自身的不同发展阶段上的需求是有差异的,社会分工在一定程度上为人们提供了创造发展机遇和改善存在条件的机遇。社会主义的按劳分配原则为人们提供了更多、更公平的发展平台,每个人都享有公平的发展机会,人们根据自身的兴趣爱好、能力进行劳动分工,能够更好地释放自身的发展潜能,从而实现人的个性解放和全面发展,在公平的发展中弥补分工、阶层、利益诉求等方面的矛盾问题。

三 个人与社会的差异

人在自己的历史活动中创造了社会,也创造了社会的交往关系,从而不断地塑造着自身,丰富着人的本质,使得人们向着自由全面的方向发展。正是在这个意义上,马克思指出:"首先应当避免重新把'社会'当做抽象的东西同个体对立起来。个体是社会存在物。"① 在这里，马克思指出过去之所以错误地将个人与社会相对立，是因为将社会看作了抽象的东西。实际上在马克思的唯物史观视阈中，个人与社会是基于实践基础上相互生成的关系。一方面，个人是社会存在物，个人只有通过社会才能成为现实的人，人的生存、发展都是在对社会的改造中实现的；另一方面，社会是人的本质在历史活动中的对象化，社会为个人的需要而存在。无论是离开社会谈人的发展，还是离开人谈社会的发展，都是不可取的，也是毫无意义的。诚然，个人与社会在实践中具有一致性，但在社会发展的一定阶段下，个人与社会之间发生分离、对立，造成个人与社会之间的差异与矛盾。如果不能引导和调适好个人与社会之间的差异问题，那么就难以在实践中实现人与社会的协调发展，由此，面对个人与社会之间的差异问题，思想政治教育成为在社会实践中协调个人与社会之间差异与矛盾关系的重要途径。

其一，人的个性与人的社会性的不同。人的个性和人的社会性既是统一的，又存在差异和矛盾。从两者的差别来看，人的个性与"个体的自由、权利相关联"，而自进入文明社会以来，人类长期处于一定的阶级关系中，人的社会性与"人的政治性、阶级性"② 相关。人的个性与人的社会性之间的差异就表现为人的个性发展与社会性发展之间存在着矛盾。对此，思想政治教育要引导和协调好人的个性与人的社会性之间的差异问题，具体表现在两个方面：一是只从人的社会性出发。如果我们只从人的社会性出发，将人的社会性与人的个性完全对立起来，片面地强调人的社会和政治属性，甚至于将具有多样性的人塑造成整齐划一的标准和模式，其结果必然与现实的个人及其实践活动渐行渐远，最终可能泯灭了人的多样性发展。正如，在以剥削阶级为主导的社会形态中，受少数剥削阶级

---

① 《马克思恩格斯文集》第一卷，人民出版社2009年版，第188页。
② 杨威：《思想政治教育根源的人性探索》，《思想理论教育》2016年第10期。

意识形态、政治观、阶级观的影响，人的社会性只体现着剥削阶级的社会要求，人的多样性发展被剥削阶级倡导的所谓"社会性"所阻碍，很难实现自由而充分的发展。二是只从人的个性出发。如果只片面地强调人的个性、权利，无视或否认个体生存和发展的社会基础，否认社会对人的作用和影响，完全将人的个性、人的发展推向一种超越社会因素制约的极端地步，那么就会导致人的自我意识的畸形发展，导致极端个人主义，最终在以自我为中心的樊笼中丧失自我，更无法获得人生的幸福。正如马克思所说："如果一个人只同自己打交道，他追求幸福的欲望只有在非常罕见的情况下才能得到满足。"① 由此，在解决人的个性与人的社会性的差异与矛盾时，思想政治教育要对人的社会性进行塑造，并为人的个性发展提供科学的文化基础和先进的思想价值指导，从而促进人的个性与社会性的协调发展。

其二，个人利益与社会利益的不同。个人与社会的关系并不是抽象的概念上的关系问题，而是通过个人利益与社会利益的关系予以呈现的现实内容。马克思恩格斯指出："随着分工的发展也产生了单个人的利益或单个家庭的利益与所有互相交往的个人的共同利益之间的矛盾。"② 在他们看来，分工的发展带来了特殊的个人利益与共同的社会利益的差异与矛盾，而在社会发展中，主要表现为以个人利益为中心的对公共利益的侵占，即利己主义盛行。即便是资产阶级自称的"公共利益"和"社会利益"，实质上也是一种个人利益。那么，从我国实际情况来看，尽管人民的根本利益是一致的，但是由于人民主体在社会关系中的不同表现，必然产生不同的个人利益，受思想文化、价值取向、教育环境等因素的影响，个体对利益的诉求也不尽相同。于是，协调好利益关系的差异与矛盾就成为思想政治教育的重要任务。个人利益是人民利益的一种表现，不能

---

① 《马克思恩格斯文集》第4卷，人民出版社2009年版，第292页。
② 《马克思恩格斯文集》第一卷，人民出版社2009年版，第536页。

否定或抹杀，要将社会发展成果落实到每一个人民的利益追求上，但同时也不能只考虑个人利益，而忽视了以集体和国家为代表的社会利益，因为社会利益是个人利益实现的保证。个人利益的实现受社会的规定和制约，只有符合社会的利益和需求，为社会作出贡献，个人才能更好地实现自身的利益需求。那些为追求个人利益而损害他人、集体、社会和国家利益的行为不仅不合理、不合法，而且最终必然会损害自己的个人利益。对此，要开展行之有效的教育实践活动，使得社会成员正确认识个人利益与社会利益之间的相互关系，认同社会利益、遵守社会秩序，在实现社会利益的基础上满足和追求自身的合理的利益需求。

其三，个人发展目标与社会发展目标的不同。社会的发展目标与个人的发展目标是辩证统一、相互制约的。一方面，社会发展目标决定并制约着个人的发展目标，是个人发展目标实现的条件。习近平总书记指出：要"把个人的理想追求融入党和国家事业之中，为党、为祖国、为人民多作贡献"①。如果个人的发展目标与社会发展目标相违背，那么个人的实践活动就会与社会的发展格格不入。另一方面，个人的发展目标体现着社会发展目标。社会的发展目标不是凭空出现的，它包含着千百万人的理想追求，它的实现更需要依靠社会成员的共同努力与奋斗，保持个人的理想实现与整个社会国家理想的实现相一致。然而，在社会现实中两者也并非始终同步，一定条件下存在着个人发展目标与社会发展目标的差异与矛盾，具体表现为：要么把个人发展目标凌驾于社会发展目标之上而成为个人主义，要么社会发展目标的制定脱离个人发展的实际现状而成为乌托邦。基于此，思想政治教育要切实关注个体的合理性发展目标，使个体感知到自身目标追求所具有的价值和意义，从而积极参与到社会实践中，并引导受教育者在发展中注重个人对社会、国家、集

---

① 《习近平回信寄语广大高校毕业生 把个人的理想追求融入党和国家事业之中 为党为祖国为人民多作贡献》，《人民日报》2020 年 7 月 9 日第 1 版。

体的贡献与价值，同时，也要关注到社会发展目标的制定要结合和体现个人的发展目标，夯实社会发展目标的现实基础。只有正确认识和理解个人与社会的辩证统一关系，否定片面的"社会整体主义"和极端的"个人主义"，以社会主义核心价值观为价值导向，才能协调和解决好由个人与社会的差异所导致的各种社会问题，个体才能获得积极向上的生存和发展的体验，进而促使社会成员追求和创造合乎个人与社会和谐关系的持续性发展。

总之，思想政治教育是促进个体社会化发展的重要教育实践活动，以解决个人与社会之间差异与矛盾为内容，凸显其培育人、发展人的实践价值。黑格尔在讨论"主体"时曾指出："诚然，胎儿自在地是人，但并非自为地是人；只有作为有教养的理性，它才是自为的人，而有教养的理性使自己成为自己自在地是的那个东西。"① 在此，黑格尔的"有教养的理性"是使婴儿成为社会人（主体）的重要阶段，其目的就是使人能够成为融入社会、适合社会发展、为社会发展做贡献的人。"有教养的理性"的过程就是我们所说的思想政治教育活动，其目的是使受教育者能够通过有组织、有计划的教育实践活动接受一定社会或社会群体的价值观念、政治观点、社会政策，形成对一定社会或社会群体的社会组织形式、生产组织模式、政治行为模式的认同。这是促使个体实现社会化发展的重要条件。然而，当前我国思想政治教育在解决诸多发展中的差异问题时仍面临很多挑战和困境，对此下文将具体进行分析。

第二节　思想政治教育差异问题的原因

上文具体分析了思想政治教育所面对的人在发展中的各种差异

---

① ［德］黑格尔：《精神现象学》上卷，贺麟、王玖兴译，上海人民出版社2013年版，第63页。

问题，就产生这些差异问题的成因看，有着多种多样的影响因素。从根本性原因来看，在社会有机系统中，作为生产力与生产关系矛盾统一体的生产方式起着决定性作用。在生产方式中，生产力是最活跃的因素，其内部诸要素所蕴含的生产的可能性空间是广阔的，而生产关系的形式只能在生产力要素发展的可能性范围内去选定，不能任意随便地进行选择，这就体现着生产力对生产关系的决定性作用。马克思恩格斯指出："只有随着生产力的这种普遍发展，人们的普遍交往才能建立起来。"① 也就是说，生产关系形式只有在特定的生产力条件所限定的范围才能得以选定。于是，社会生产力是否得以充分地发展，决定着生产关系的发展是否足够充分和发达。那么，在一定条件下，生产力发展的不充分就会造成生产关系的不够充分，以至于影响和制约社会主体利益的满足。因为社会主体只有通过对社会劳动产品的占有和享受，才能维持自身的生存与发展，才能从中获得利益上的满足与实现。从现实情况来看，改革开放四十多年来，我国社会生产力飞速发展，人民生活水平明显提高。但是，不可否认的是，由于目前我国社会生产力的发展还不充分、不平衡，不同利益主体之间的差距和分化依然明显，形成了诸多发展中的差异问题，即人的理想与现实的差异问题、人与人之间以及个人与社会之间的差异问题等。事实上，这些差异问题也引起了党和国家的高度重视，我国社会主要矛盾的转化就说明了这一点。并且，协调与平衡差异问题，处理各种利益关系，建立一个各尽所能、各得其所又和谐相处的社会，一直是我国在社会主义现代化建设过程中努力的方向。综上所述，社会生产力是思想政治教育所面对的差异问题生成的根本性原因，具体表现为社会发展的不够充分、人的发展的不够全面、利益诉求的不够平衡三个方面。

一　社会发展的不够充分

当前我国社会主要矛盾发生转化，特别是将"需要"和"生

---

① 《马克思恩格斯文集》第一卷，人民出版社2009年版，第538页。

产"的矛盾转化为"需要"和"发展"之间的矛盾,表明当前社会发展呈现出更丰富、更充实的特点。从"发展"的视角看,我国社会生产力总体上取得了很大的进步,早已不是落后的社会生产的发展阶段,但较之于发达国家的生产力水平以及满足人民日益增长的美好生活需要来说,我国一些领域、地区的生产力水平还存在明显的差距与不足。习近平总书记指出:"坚持创新是第一动力,坚持抓创新就是抓发展、谋创新就是谋未来。"① 可见,创新对于社会生产力的发展至关重要。然而,现阶段我国仍处于社会主义初级阶段,社会发展动力不足、创新能力不强等问题依然存在。具体而言,表现为以下两个方面:

其一,人的创新能力展现力不够。习近平总书记在论述全面深化改革时曾提出"三个进一步解放"的重要思想,即"进一步解放思想、进一步解放和发展社会生产力、进一步解放和增强社会活力"②。那么,要想真正解放和发展社会生产力,促进社会的发展动力与活力,就要重视对创新型人才的培养,因为人才是发展生产力的核心和第一资源,"我国要在科技创新方面走在世界前列,必须在创新实践中发现人才、在创新活动中培育人才、在创新事业中凝聚人才"③。然而,当前我国创新型人才培养面临挑战,尽管我国是科技人力资源第一大国,但还算不上是人才强国。一个很普遍的现象:中国学生在数学、统计等学科上具有超强的学习能力,并能在国际赛事上屡屡摘得桂冠,但中国学生却又缺少一种创新实践的能力,知识停留于书本上,在运用于实践和科学研究时遇到困难。究其原因,一是在于创新型教育培养机制还不完备,"人才发展体制机制还不完善,激发人才创新创造活力的激励机制还不健全,顶尖人才和

---

① 习近平:《在中国科学院第十九次院士大会、中国工程院第十四次院士大会上的讲话》,人民出版社2018年版,第3页。
② 《习近平著作选读》第一卷,人民出版社2023年版,第180页。
③ 《习近平谈治国理政》,外文出版社2014年版,第127页。

团队比较缺乏"①；二是在于教育发展的不充分，即教育发展水平不高，与人民的需要以及经济社会发展的需要还存在差距。由此，激发社会发展活力，实现更高质量、更有效率、更持续性的发展，就要正确认识和科学研判人的创新能力不足的问题，不断加强创新型人才培养，重视培育学生的创新思维、创新能力、创新素质以及培养学生理性质疑的精神和独立思考的能力，以实现与社会发展相平衡的整体教育水平。

其二，科技创新能力的不足。马克思曾说："他们是什么样的，这同他们的生产是一致的——既和他们生产什么一致，又和他们怎样生产一致。"② 这说明，人们的生产和生活是与"怎样生产"密切相关的，即与生产工具相关。那么，要想实现生产力的发展、推进社会的进步，最直接的就是要促进生产工具的进步，增强科技创新的能力。毋庸置疑，近年来我国取得了丰硕的科技创新重大成果，科技创新对经济社会发展起着重要的引领和支撑作用。然而，我国在科技创新方面，较之于党的十九大所指出的"要瞄准世界科技前沿，强化基础研究，实现前瞻性基础研究、引领性原创成果重大突破"等要求和任务，还存在一定差距和不相适应之处。例如，在关键核心技术方面，我国科技创新能力依然不足，高端汽车仍以合资、外资品牌为主，高性能的飞机发动机也是依赖于其他国家，我国每年的集成电路进口额高达2000多亿美元。关键核心技术创新不足在一定程度上很容易受到他国的限制。对此，习近平总书记强调："不能总是指望依赖他人的科技成果来提高自己的科技水平，更不能做其他国家的技术附庸，永远跟在别人的后面亦步亦趋。"③ 实践证明，关键核心科技不能掌握在自己手中，科技创新能力不强，就会危及经济安全、国防安全以及其他方面的安全，也会影响经济社会

---

① 《习近平谈治国理政》第三卷，外文出版社2020年版，第246页。
② 《马克思恩格斯文集》第一卷，人民出版社2009年版，第520页。
③ 《习近平谈治国理政》，外文出版社2014年版，第122页。

的发展水平、发展质量、发展效益。只有具备强大的科技创新能力，才能为经济社会发展打造新引擎，实现社会生产力、社会发展的全面进步。

实际上，创新发展的能力不足根本上造成了社会发展的不充分，这不仅成为满足人民日益增长的美好生活需要的制约性因素，还由于社会不同群体和阶层的人的利益没有得到充分满足，而引发了一些差异问题。这些差异问题对于社会和人的发展而言既是机遇，亦是挑战。对此，我们要科学认识、理性面对我国发展中出现的差异问题，如城乡之间的差异、东中西部之间的差异，并且发挥思想政治教育的功能引导和协调好人与人之间以及人与社会之间的差异问题，如人与人之间利益需要的差异性问题以及个体发展目标与社会发展目标的差异问题。

二 人的发展的不够全面

当前，我国正处于向现代化迈进的关键转型期。这一发展阶段的特征如亨廷顿所说，"现代性孕育着稳定，而现代化过程却滋生着动乱"①。这就是说，在这一阶段下，大量的社会矛盾较为集中，呈现出多样化的演变形式。其中一个比较突出的现象是，群众对医疗、教育、住房、就业等方面反映强烈，人的发展的不全面问题凸显，不同利益群体之间的冲突和矛盾也更加尖锐。例如，在社会转型中，随着工业化、城市化的推进，以及产业结构的调整，大量农民被迫进入城市寻求就业，加上一部分夕阳产业的从业者也面临着失业和再就业的现实情况，从而造成就业难乃至失业的问题。不仅如此，在转型中，还会出现城乡居民收入差距大、城乡社会保障制度无法及时并轨、城乡基本公共服务条件差别较大等问题。应该看到，在转型时期以及社会发展尚未充分的条件下，人的不全面的发展趋于

---

① ［美］塞缪尔·P. 亨廷顿：《变化社会中的政治秩序》，王冠华、刘为等译，沈宗美校，上海人民出版社 2015 年版，第 31 页。

复杂化,在发展中产生了诸多差异和矛盾问题,人们对未来发展的期望与社会发展的阶段性现实存在差距,个人发展目标与社会发展目标之间存在矛盾。这些都会使人的内心产生极大的不平衡感、不安全感,进而催生和加重了社会矛盾。由此,正确认识造成人的发展的不全面的原因,有助于我们更好地面对、引导和协调现实中的差异问题。

一方面,经济社会发展的不充分是造成人的发展的不全面的根本原因。人能否实现全面的发展取决于是否具备发达的物质条件和经济基础。发达的生产力是人实现自身全面发展的物质基础,反之,在生产力条件不充分的条件下,人的全面发展是很难实现的,而"通过社会化生产,不仅可能保证一切社会成员有富足的和一天比一天充裕的物质生活,而且还可能保证他们的体力和智力获得充分的自由的发展和运用"①。这即是说,生产的精细化、发展的高效能以及职业分工的专业化,将会提高不同个体之间的社会合作程度,使得个体无法离开其他群体而单独存在,人们能够在社会发展共同体中充分地实现自身个性化、自由的全面发展。由此,追求人的发展的全面并不是一蹴而就的,需要人们依据现实的经济社会条件制定阶段性的发展目标,并在社会实践活动中不断实现自身的全面发展,而那些脱离实际所制定的过于理想化的发展目标显然不利于促进人的进阶性发展。

另一方面,忽视人的主体地位、对以人民为中心的发展思想认识还不够充分、贯彻实践还不够到位,也会造成人的发展的不全面。"新时代中国特色社会主义思想,必须坚持以人民为中心的发展思想"②,只有坚持以人民为中心的发展思想,才能抓住人民最关心最直接最现实的利益问题。由此,在解决当前人民关心的生态环境建

---

① 《马克思恩格斯文集》第9卷,人民出版社2009年版,第299页。
② 习近平:《决胜全面建成小康社会 夺取新时代中国特色社会主义伟大胜利——在中国共产党第十九次全国代表大会上的报告》,人民出版社2017年版,第19页。

设、住房市场完善、食品安全监管等诸多民生问题时，就要牢牢坚持以人民为中心的发展思想，在实践中充分地贯彻和落实，否则，人民的利益需要就无法得以切实满足，人的发展也会受到影响和阻碍。以当前我国城镇化建设为例，城镇化的重要目标是人的发展和实现人的生活水平的提高。党的十八大以来，新型城镇化扎实推进，正由速度型向质量型转变，致力于让全体人民共享城镇化的发展红利。然而，在我国城镇化快速推进的过程中，这种片面追求物质设施的建设，追求高楼林立、宽马路、大广场，而忽视广大居民真正的需求以及人的核心地位的现象仍然存在，进而产生了城乡二元社会结构问题、农民市民化问题以及生产生活方式的转变问题。例如，"2015 年以来，我国户籍人口城镇化率与常住人口城镇化率的差距连续 4 年维持在 16.2 个百分点左右"[①]，地方政府对农民工市民化推进工作积极性还有待提高；一些城市吸引了大量农民、农民工就业，建设了大量的宿舍，农民工在区域范围内劳动，但却没有享受到城市生活方式的美好、城镇化的衣食住行、休闲的生活；城乡二元体制的突出问题就是权益上的不公平，城乡居民尚未平等地拥有社会保障、公共服务等权利；城镇化后农村权益保障问题还没有得到有效解决，缺乏有效运作机制。由此可知，人能否实现全面充分的发展，亦取决于在社会发展过程中能否坚持和落实好以人民为中心的发展思想，如果没有在实践中落实好以人为核心的新型城镇化，就难免会出现诸多社会矛盾和差异问题，造成人的发展的不全面。在社会发展进程中，要想进一步促进个体的全面发展，解决诸多发展中的难题，就要坚持以人民为中心的发展思想，实现更高质量的以人为核心的发展，进而在经济社会的不断发展中实现人的全面发展。

三 利益诉求的不够平衡

党的二十大报告指出："我国是一个发展中大国，仍处于社会主

---

① 魏后凯：《以提高质量为导向》，《人民日报》2019 年 4 月 19 日第 9 版。

义初级阶段,正在经历广泛而深刻的社会变革,推进改革发展、调整利益关系往往牵一发而动全身。"① 对此,要坚持系统观念看待当前我国的发展情况。诚如在当前我国社会转型时期,不同区域、不同行业、不同群体的利益追求日趋多元化、差异化、复杂化,又因人的发展的不全面,势必造成不同主体之间利益诉求的不平衡。这就产生了个体与个体之间利益需要的差异问题以及个体利益与社会利益的差异问题。如果不能引导和协调好这些差异问题,必然会引发各种矛盾与冲突,有碍于社会的发展、社会公正的实现,导致社会的不稳定和不和谐。那么,究其根本,社会发展的不充分是造成利益诉求无法得以平衡的主要原因。从区域发展上看,经济社会发展不充分使得不同区域发展速度、水平、程度有所差别,造成生产力布局的不平衡,如城市与乡村、东部与西部之间发展的不平衡。这就造成不同区域发展下人的利益诉求的不平衡,特别表现在居住、教育、养老、医疗等方面。从共享发展成果上看,虽然我国的经济社会发展取得了长足进步,但在分工和贫富差距上依然存在着不少问题。例如,在贫富差距问题上,根据"中国社会状况综合调查"2019 年调查的 14 项社会问题,社会公正类问题中贫富差距过大最受居民关注,比例占 28.9%。② 不同行业、阶层的群体之间收入差距较大,社会成员的阶层分化日趋明显,造成了不同阶层间利益诉求的非均衡性。因此,能否调适不平衡性的利益诉求,满足社会成员多样化、差异性的利益需求,根本上依赖于经济社会的发展程度。

社会内部各个群体之间利益关系的不公问题也是造成利益诉求不均衡的原因之一。社会公正是社会成员追求的基本价值目标。习近平总书记指出:"随着我国经济社会发展水平和人民生活水平不断提高,人民群众的公平意识、民主意识、权利意识不断增强,对社会不公问

---

① 习近平:《高举中国特色社会主义伟大旗帜 为全面建设社会主义现代化国家而团结奋斗》,人民出版社 2022 年版,第 20—21 页。
② 李培林、陈光金、王春光主编,李炜、田丰、邹宇春副主编:《2020 年中国社会形势分析与预测》,社会科学文献出版社 2019 年版,第 180 页。

题反映越来越强烈。"① 如果社会不公问题日益严重，并且无法得到有效遏制，那么，社会成员的个人意愿以及差异化的利益诉求就难以得到认可，无法在自由空间下得到平等的发展，个体切身利益的获得也难以与其自身的贡献保持高度关联。具体来看，"社会公正包括平等和自由这两个缺一不可的基本价值取向"②，社会不公问题就在于不能将两者相辅相成，从而偏离了社会公正这一基本的价值目标，无法协调和满足社会内部不同群体的利益需要，进而出现不同群体间利益诉求的不平衡性问题，引发种种社会负面效应。

一方面，对平等的错误追求会影响个体差异化利益诉求的实现。平等的价值取向是让社会成员共享发展成果，既保障每个人的基本生存水平，又为不同个体的发展提供平等的机会和环境。在以平等为价值取向的社会公正环境下，人们能够按照差异化的个人意愿，选择合理的发展目标，并通过自身创造性的发挥，最大限度地开发自身潜能，毫无疑问，此时社会的内生活力才能得到充分的激发，不同个体的利益诉求才能得以充分地满足。然而，一旦将平等看作社会公正的唯一目标，那么本质上就只是强调人与人的相似性发展，否定多样性的利益诉求。例如，改革开放前，我国实施的是计划经济体制，强调财富分配的绝对平均，搞"一大二公"的平均主义，这实际上是一种社会不公正，一定程度上是对贡献较大者的不公正，使得他们的努力、付出和利益诉求没有得到相应的回报和满足。又如，一些国家"过度福利化，用过度承诺讨好民众，结果导致效率低下、增长停滞、通货膨胀，收入分配最终反而恶化"③。这两种发展模式表面上看似追求人人平等，但实际上是强调过度化的平等发展，必然会损害社会成员的劳动积极性，削弱社会的发展活力。在这种对平等的不当追求中，社会成员差异化的利益诉求和发展目标

---

① 《习近平著作选读》第一卷，人民出版社 2023 年版，第 184 页。
② 吴忠民：《对社会公正的不当追求及其负面效应》，《马克思主义与现实》2017 年第 5 期。
③ 《习近平关于社会主义社会建设论述摘编》，中央文献出版社 2017 年版，第 38 页。

都会受到限制和否定。利益诉求的满足强调平等,并不意味着要消除差别,而是意味着要在公平的基础上,充分考虑个体的意愿、诉求和贡献,通过建立和实施合理的分配制度,满足不同社会成员的利益需要。

另一方面,对自由的错误追求会造成不同群体利益诉求的非均衡性。社会成员的自由、多样性的发展是经济社会有效发展的必需,亦是自身对未来发展的希望。但是对自由的追求超出了一个度,就会对人和社会的发展造成负面效应。在社会转型期,一些利益群体形成自己的势力范围,并利用某种特权享有排他性的自由,而这种带有特权性质的自由实际上是一种损害平等发展的不公行为。这就意味着处于不利位置的社会成员将会受到利益剥夺,极易出现如下状况,即"升学、考公务员、办企业、上项目、晋级、买房子、找工作、演出、出国等各种机会都要靠关系、搞门道,有背景的就能得到更多照顾,没有背景的再有本事也没有机会"[①]。个体片面追求自身狭隘的利益,置他人利益于不顾,是对自由的不当追求,必定会形成利益失衡的社会结构,不同程度地损害多数社会成员对未来发展的希望和信心,加重整个社会的冲突与纠纷,致使不同社会群体的利益诉求无法得到充分的代表和实现。由此,满足社会成员的利益诉求,从根本上要充分激发经济和社会发展活力,并建立一种确保平等和自由共存的社会公正氛围,让社会成员对发展目标的追求和利益诉求的实现充满希望。

第三节 当前思想政治教育解决差异问题的困境

随着我国社会主义市场经济体制的不断完善、生产力的不断发

---

① 《十八大以来重要文献选编》(上),中央文献出版社2014年版,第137页。

展，人们的生活水平得到很大的提高，为思想政治教育工作提供了有力的物质基础。但不可否认的是，社会发展也使得现实的个人分化为不同的社会群体、社会阶层，不同阶层的个体由于所处的经济、地理、社会等环境的不同，自然具有差别性的思想认识、价值观点和社会心理，进而在发展过程中造成不同利益主体的分化和隔阂，形成了社会内部诸多的差异问题和利益矛盾。这一方面有利于促使思想政治教育者改变传统的、不适应时代发展要求的工作理念和实践方式，挖掘思想政治教育解决差异问题的重要作用，进一步推进思想政治教育内容和方法的科学化；另一方面，这也给思想政治教育工作带来了新的挑战，思想政治教育在解决差异问题的过程中还面临着对自身规律的认识和把握不够，协调差异、调适矛盾的针对性、实效性不强的内生之弊。① 恩格斯曾说：人的"行动的一切动力，都一定要通过他的头脑，一定要转变为他的意志的动机，才能使他行动起来"②。要想最大限度地激发社会成员"行动"的主动性、积极性，思想政治教育就要以做好当前社会转型时期不同阶层、不同群体、个人的思想政治教育工作为目标，一是要直面社会成员的独立性和差异性，有效协调发展中呈现出的理想与现实以及人与人、个人与社会之间的差异问题；二是在实践中引导社会成员发挥自身差异性、多样性的创造活力，释放差异要素的积极价值，为社会发展注入无穷活力。为此，这就需要进一步透视思想政治教育在引导和教育人们协调和平衡差异问题时的困境表现，检视困境成因，把握问题实质，凝聚解决共识。

一　思想政治教育看待差异问题的观念相对滞后

我国发展正处于关键的转型阶段，经济体制发生深刻变革，社会结构、利益格局等都发生巨大变化，人们的独特性、差异性、主体性

---

① 《十八大以来重要文献选编》（下），中央文献出版社2018年版，第479页。
② 《马克思恩格斯文集》第4卷，人民出版社2009年版，第306页。

明显增强，人的个性得到极大的发展。面对社会成员发展的新特征，习近平总书记以大学生发展教育为例强调："一定要平等对待每一个学生，尊重学生的个性，……善于发现每一个学生的长处和闪光点，让所有学生都成长为有用之才。"① 这体现了我们党以人为本、重视人的个性发展的教育理念，并对教育者提出了重要期许和要求。作为引导个体实现全面发展的科学，思想政治教育亦要坚持以人为本的教育理念。坚持以人为本"不是从口头说的、思考出来的、设想出来的、想象出来的人出发"，"我们的出发点是从事实际活动的人"②。由于人是现实的、有差异的存在，因此，做好思想政治教育工作就要重视社会成员的个别性、差异性，从现实的、具体的、不断变化发展的人出发，密切关注不同个体的思想实际，准确把握个体价值观的新动向，注重差异性、讲究针对性。这一现实要求必然也会带来思想政治教育的深刻变革。传统的思想政治教育观念相对滞后，主要强调从教育者的主观意志出发，将教育活动看作单一化的说教，同时，教育内容缺乏变化、简单重复，教育方法没有针对性、落后陈旧，尤其忽视了教育对象的差别性，没有从教育对象的实际出发，也没有认识到思想政治教育是一个促进个体多样性发展的过程。新时代下，面对差异性个体，思想政治教育要引导、协调好发展中的差异现象和差异问题，还需要注意把握以下两点：

一是需要进一步重视和把握不同职业、不同学科专业、不同生活经历的教育对象，树立差异性的教育理念，培育差异性思维。从教育对象来看，有学者指出，马克思主义理论教育的对象有四种类型，即领导干部，理论工作者（特别是思想理论教育工作者），普通公民、广大人民群众，学生（主要是大学生）。③ 具体到这四部分内

---

① 习近平：《做党和人民满意的好老师：同北京师范大学师生代表座谈时的讲话》，人民出版社 2014 年版，第 11 页。
② 《马克思恩格斯文集》第一卷，人民出版社 2009 年版，第 525 页。
③ 张澍军：《论高校马克思主义理论教育的若干重要问题》，《思想理论教育》2007 年第 3 期。

部也具有多种多样的差别。例如，从普通公民、广大人民群众的角度看，城市居民和农村居民有差别，东部居民和中西部居民有差别，在不同产业从事不同职业的人之间有差别；从学生群体看，不同生源地、不同学科专业背景、不同家庭背景和生活背景的学生之间有差别；等等。可见，不同的群体有不同的社会关系和生活工作背景，不能把教育对象看作千篇一律的人。面对不同的人群和不同的社会实践活动，思想政治教育很难用传统的单一化的方法引导人们实现发展目标，而是要从人的现实存在出发，把握好从事多种多样社会实践活动的不同群体、不同个体的差别性，自觉摒弃简单化、机械化的教育理念，树立差异性的教育理念。只有这样，思想政治教育活动才能有针对性地满足教育对象的需要和诉求，解决个体在不同发展阶段下所遇到的多样性问题。进而，在思想政治教育活动中，培育受教育者树立差异性思维，引导受教育者直面理想与现实、自身与他人以及个人与社会之间的发展差异，保持理性平和的社会心态，在思想意识和行为习惯中形成适应和谐、平衡性发展的良好品德。

二是需要进一步改进和完善差异性、多样性的教育实践方案。面对不同的受教育者，采取多样性的教育实践活动是必然的。在传统的思想政治教育活动中，虽然同样提倡针对不同对象采取不同的方法，但其目标还只是培育形成整齐划一的个体发展模式。现代思想政治教育则更加注重个体的差异性存在和教育效果的差别性、多样性，所实施的教育方法不是"大水漫灌"或强制执行，而是真正从个体现实出发，对不同个体进行不同的教育，使社会发展目标成为个体发展目标的指导，内化于个体内心以确保人的多样性、创造性的发展。但现实中，多样性教育实践活动的实施过程与效果并不理想。就学校教育来说，"教材内容还不够鲜活，针对性、可读性、实效性有待增强"①，特别是在社会迅速变化、人的主体性凸显的时

---

① 习近平：《思政课是落实立德树人根本任务的关键课程》，人民出版社2020年版，第7页。

代下，思想政治教育还不能很好地适应当前社会发展和人的发展的需要，对于发展中出现的差异和矛盾问题的回应无论是理论上还是实践上都明显滞后，在差异化的教育实践活动中不能很好地适应教育对象不同年龄阶段的认知特点，不能较好地迎合教育对象差别化的认知方式，不利于实现人的协调共同性发展；在教育者方面，当前思想政治理论课"教师选配和培养工作还存在短板，队伍结构还要优化，整体素质还要提升"[1]，这为开展多样性的教育实践活动带来挑战。实际上，进行多样性实践教育是对教育者提出较高的要求，教育者必须深入调研，充分了解受教育者的个性特点和发展现状，在此基础上才能针对不同教育对象进行差异化研究，才能制定与之相适应的差异性实践教育方案。

总之，做好思想政治教育工作，就要求教育者直面个体的独特性、主体性，进一步树立差异性的教育理念，践行差异性、多样性的教育实践活动，培育受教育者科学看待差异问题的思维方式，以协调差异、平衡差异的眼光观察问题、思考问题、分析问题、解决问题，从而协调好发展中的差异现象和差异问题。

二 思想政治教育协调差异、调适矛盾的有效性不强

要想做好思想政治教育工作，提高当前思想政治教育质量，需要找到和把握住思想政治教育实践的切入口。提高思想政治教育工作质量就意味着变革和发展教育实践活动，就必然要弄清楚其中存在的矛盾问题，并以此为切入口进一步改进与发展。没有差异就没有矛盾，没有了现实的个人在发展中的差异与矛盾问题，思想政治教育也就失去了存在的价值和意义，也就是在过程中要不断地协调和解决现实发展中的差异与矛盾。由此，做好思想政治教育工作，就是要关注并引导社会成员协调好发展实践中的诸多差异现象与差

---

[1] 习近平：《思政课是落实立德树人根本任务的关键课程》，人民出版社2020年版，第7页。

异问题，通过引导人们解决现实中的差异与矛盾而实现对主流价值的认同、化解思想危机，实现人的全面发展和社会的全面进步。随着社会的变革与发展，人们在实践中需要面对的社会复杂情况越来越多，人的发展在一定程度上也会受到社会复杂关系和社会矛盾的影响，如何帮助社会成员在复杂多变的社会矛盾中认识、尊重、包容、协调好各种差异现象和差异问题，调适好人们更多样、更复杂的思想矛盾和价值冲突，也就成为当前思想政治教育不得不重视的一个挑战。

其一，引导人们协调和平衡好理想与现实之间差异的有效性有待增强。协调好人在实践中的理想与现实之间的差异问题是做好思想政治教育工作的关键步骤。理想与现实的差异与矛盾是双向互动的，一方面，理想引领现实，现实不断趋近于理想，不断实现对现存事物的否定和超越；另一方面，现实可以修正理想，剔除理想中的非现实部分。引导和协调好理想与现实之间的差异，能够使受教育者树立正确的发展目标和理想信念，并以此为指导从事实践活动，从而不断趋近于理想目标，实现人生价值；反之，如果没有协调好两者之间的关系，就会阻碍个体的发展。可见，是否具有正确的理想目标，理想目标是否清晰明确、是否科学合理，直接决定着人的发展方向和发展潜能。因此，受教育者能否树立和坚守社会主义理想信念，确立正确的人生发展目标，实现自身的进阶性发展，就成为衡量和判断教育者是否有效地引导人们协调好理想与现实之间差异的重要标准。尽管一直以来坚定社会主义理想信念是思想政治教育的重要任务，也是教育者们努力的工作方向，但在现实中，面对复杂的社会矛盾、多变的社会状况，一些人仍然感到理想迷茫、精神困惑，无法明确自身生存和发展的目标指向，对生活充满抱怨指责。面对这种现实状况，教育者要在教育实践活动中不断调适受教育者不恰当的理想目标，进一步引导人们在正确的发展目标和价值判断的指导下实现自身发展。实际上，理想目标过高或者过低都不利于促进人的健康发展，过高的、脱离实际的理想容易给人们带来不必要的压力和焦虑，过低的发展目标或者处于迷茫状态又会导致人的堕落散漫，无法将自身潜能和创造力发挥出来。如果不能及时调适不恰当的理想目标，就会导致人的发展迷失方向、动力不足、精神不振。例如，有些大学生没有明确的奋斗目标，在生活和学习中得过且过，或是持有所谓的"佛系心态"，不愿努力拼搏，只贪图轻松享乐，不思进取、安于现状；还有一些学生则是崇尚自我为中心和个性自由，不愿意和他人交往，沉浸在自我的世界中。这些表现和心态都呈现出当前部分大学生对未来的发展目标不明确、不清晰、不合理的问题，使得他们无法顺利适应和融入社会，无法成为祖国建设需要的栋梁之材。究其原因主要在于一些受教育者对社会发展目标和社会主义理想信念缺乏认同和内化。对此，教育者既要引导受教育者坚定理想信念，将社会发展目标转化为自身发展的内在需求，又要激发个体积极主动地参与到社会实践活动中，在理想目标的指引下实现进步和发展。

其二，需要进一步引导人们理性看待和正确协调多元主体、多元利益之间的差异。当前，中国特色社会主义进入新时代，这是新的历史发展方位，多元化、差异性成为这个发展时期的主要特征，多元主体、多元利益构成了复杂多变的社会环境。在这一时代背景下，思想政治教育作为引导和教育人们协调差异和调适矛盾的实践活动，特别在协调人与人之间的差异，即多元主体、多元利益的差异与矛盾过程中发挥着重要作用。然而在现实中，对不同阶层、不同利益主体及其差别性需求的调协情况并不乐观。在社会信任方面，面对社会阶层的不断分化、社会流动的不断加剧，如果不能有效协调好不同利益主体的差别性需求，就会引发社会信任危机，破坏政府与民众之间的信任、利益主体之间的信任和社会成员之间的信任；在社会心态方面，每个人都有自身的发展需要、价值追求和利益诉求，个体在从事社会实践活动中又会不同程度地面对就业分配、道德法治、生态环境等领域的问题，而不同阶层、不同群体对社会矛盾问题又会产生不同的认知和理解，少数人就会对发展现状产生不良的社会心态，表现为焦虑、恐慌、迷茫、不信任等。思想政治教育是建构社会信任、培育健康社会心态的有效手段，究其根本是要在教育实践活动中进一步引导社会成员理性平和地看待和平衡复杂的利益关系、多元的利益主体以及差别性的利益需求，并在差异化的实践活动中协调好人与人之间的差异。首先，教育者要提升受教育者的理性认知，加强世界观、人生观、价值观教育，引导受教育者以积极向上的社会心态面对和协调差异问题，针对社会中出现的享乐主义、拜金主义、极端个人主义等不良风气，发挥思想政治教育的价值引领与规约作用，使受教育者具有良好的社会品格；其次，要加强不同阶层、不同群体之间的沟通与交流，克服人们对职业差异、阶层差异、群体差异的消极心态，通过身份和角色的调适，增进人与人之间的信任，促进社会合作；最后，思想政治教育要发挥群众工作的传统优势，充分调动社会各方面的积极力量，致力于构建一个能够覆盖全社会的、齐抓共管的工作机制，为协调不同群体、不同利益需要的差异问题提供广泛有力的支撑。

其三，需要进一步协调好个人与社会之间的差异问题，实现人与社会的和谐共生。人的个性和社会性是有机统一的，人的个性发展离不开人的社会化；同时，人的社会化也需要人的个性发展。个体与社会的和谐发展是思想政治教育促进人的发展的重要基础。因而，以往那种只强调人的社会化，而忽视了社会发展目标只有与个体的思想、情感、认知相结合，才能真正转化为个体品格素质的传统教育理念，是无法形成个人与社会的和谐关系的，反而还会因忽视了个体的多样性发展而导致思想政治教育缺乏亲和力、实效性等问题。尽管现代思想政治教育理念强调和重视人的个性化和社会化的有机结合，但在现实中仍然存在个体与社会分离、对立的情况，造成个人与社会之间的差异和矛盾。从个人利益需要与社会利益需要之间的差异来看，在市场经济的大环境下，人们往往容易倾向于个人利益的实现，而忽视国家和集体的利益，甚至有的人为了实现自身利益而损害国家、集体和他人的利益，导致个人与社会关系的严重扭曲。如果不能及时和有效地纠正这种错误的价值观念，势必导致个体与社会的脱节和对立，影响个体利益和社会共同利益的实现。从个人发展目标和社会发展目标之间的差异来看，有的人只从自身的发展目标出发，往往囿于个人及其家庭发展的目标和得失，没有将自身发展放置于社会发展的方位中，忽略了自身的社会责任和使命担当。实际上，社会的发展目标包含着社会成员的理想追求，它的实现更要依靠社会成员的共同努力与奋斗。如果无法保持个人的理想实现与整个社会国家理想的实现相一致，那么就会阻碍人和社会的共同发展。由此，应对以上现实困境，思想政治教育要充分发挥价值引领、价值辨析的作用，向受教育者阐明个人的利益需要和发展目标与社会的利益需要和发展目标是内在一致的，引导受教育者理性对待个体和社会的差异和冲突，增强人们对历史使命、社会理想、时代精神和公共理性的理解，以此让受教育者在实践活动中正确处理享受与奉献的关系、正确处理个人发展主观能动性与社会发展客观规律性的关系，从而实现自我价值和社会价值的统一。

综上，在社会思潮交杂、社会价值多元、个性发展多样的时代境遇中，引导人们理性平和地面对和协调诸多差异现象和差异问题，培育理想信念坚定、价值观念正确、道德品质高尚的个体，是当前做好思想政治教育工作的重要任务。这一任务不仅要在教育者和受教育者的共同努力下，树立正确的理想信念、价值理念和道德观念，还需要创新思想政治教育差异机制予以保障运行。这是思想政治教育适应新时代社会发展变化、自觉承担教育责任的现实需要。

三 思想政治教育激活人的发展动力任务艰巨

思想政治教育不仅要协调和解决好人在发展中的差异问题，还要致力于引导受教育者实现更高层次的全面发展。但在现实中，人们一旦从事社会实践活动，就会不同程度地遇到"理想与现实、人与人、个人与社会"的差异化矛盾。这些差异现象和差异问题会对人的价值观念、道德品质、行为选择、社会心态等产生不良影响。

这给思想政治教育发挥其探索开发性作用，即激活人的发展动力，带来挑战和压力。

一方面，表现为需要进一步引导受教育者结合自身兴趣、特长等，探寻自身的差异发展动力源，充分开发个人的优势特征和发展潜能。人们因为从事着不同的社会实践活动，具有不同的特性，并能通过人的主观能动性将其内在的差别性潜能发挥出来。这就需要营造一个宽松、健康、包容、向上的社会氛围，尊重差异、包容多样，鼓励受教育者充分发挥其自身的优良个性，挖掘不同阶层、不同群体积极向上的思想品格，不断释放有助于个体发展的动力、潜能。同时，思想政治教育也要注重和突出培养人的创新思维和创新能力。创新是民族进步之魂，社会能否实现进步就在于能否实现创新发展，没有个性的发展就没有创新，个体的多样性发展越充分、越全面，其创新性、创造性就越鲜明，社会也就越来越富有生机和活力。

另一方面，表现为需要进一步引导受教育者认识和开发理想与现实、人与人、个人与社会之矛盾所带来的发展动力，促进受教育者个体的多样性发展。如果说，个体优势特征的充分发挥是其发展的原动力要素，那么，引导人们正确认识差异要素的正向价值则是开发新的驱动要素。从人的理想与现实之间的差异来看，理想和现实之间的差异是客观存在的，引导人们正确认识理想与现实的正向差异，能够促进人们在实践中不断满足自身需要，以产生新的发展需要。也正是由于这种新的需要的产生，促使着人们不断发挥自身的能动性、创造性。由此，教育者要引导受教育者正确认识和把握理想与现实的正向差异，开发出新的发展动能。从个人与社会之间的差异来看，个体与社会之间存在着利益需要、发展目标等方面的差异与矛盾，教育者要让社会成员认识到个人与社会的内在统一关系，使其自觉认识到自身在社会主义建设中的历史使命，发扬艰苦奋斗的精神，更好地为社会发展贡献力量，从而在实践中将个体与社会的矛盾转化为促进个体和社会发展的重要动力。同样，面对不同阶层、不同群体之间的差异，要引导受教育者具备理想平和的社会心态，面对、包容、接纳与他人之间的差异和矛盾，将这种矛盾转化和开发为促进自身发展的无限能量。

值得注意的是，激发人的发展要重视与主流意识形态的同向同行，提高社会主流意识形态的导向作用，对社会成员施以正向的教育影响，在社会主流意识形态的教育下实现人的全面发展和多样性的充分发挥，从而防范和规避有害于人和社会发展的消极差异，不断发挥和释放差异的正向功能。激发人的发展动力是教育者与受教育者在积极互动中达成的教育效果，这要求教育者要在方法上不断创新，发挥自身应有的功能和独特优势，在充分尊重教育客体多样性发展的基础上使思想政治教育差异结构和差异功能更有效地激发人的创造活力，为实现人的全面发展提供必要的精神动力。

四　思想政治教育规约人的发展能力有待提高

充分激发个体的优势特征、促进人的发展是实现人的全面发展的重要动力和核心。思想政治教育的价值不是让受教育者以单一的发展模式展开社会实践，而是要引导个体实现主体性之多样性的、全面性的发展。需要注意的是，人的发展并非片面的、任性的发展，而是一种合规律、合规范的发展。所谓合规律性的发展，是指个体发展要在社会发展规律的范围内进行。社会发展规律是人类发展和个人发展都必须遵循的根本规约。所谓合规范的发展，是指个体在社会中的多样性发展要遵循一定的社会规范。社会规范是指调整人与人之间社会关系的行为规范，"有道德规范、法律规范、群体内部的纪律规章、国家的政策系统和民族或地方的风俗习惯等等"[①]。其中，不同种类的社会规范反映人们生产、生活的不同方面，对于维护社会秩序、调节社会关系起着不同方面的作用。然而，在现实中，一些人没有遵照一定的社会规范，导致他们在面对利益诱惑时，逐渐失去了道德标准，忘记了国家法律法规，丢掉了种种社会规范，

[①] 徐梦秋：《规范的基础和自由的中介》，《哲学研究》2001年第7期。

而只强调自我个体的特殊性,将差异发展极端化,把普遍性的规范内容抛于脑后,表现为社会生活中一些人自私自利、贪图享受,将个人实际利益放在高于一切的位置,极端个人主义、享乐主义至上;也表现为一些人违背公德、以权谋私,损害国家、社会和他人利益。可见,一些人的个体发展意识还处于低级状态,不符合社会发展的要求,甚至存在一定程度的错误和局限。

思想政治教育作为一项特殊的教育实践活动,要发挥规范和约束性作用,对个体偏离正确轨道的思想和行为予以纠正,引导受教育者内化价值规约的内容以形成符合社会发展要求的思想观念。尽管思想政治教育一直以来都十分重视对个体发展实施规范与约束性的教育影响,以使受教育者接受价值追求是有规约性的基本要求,但是面对人的主体意识的不断增强以及少数人发展中的失范现象,当前思想政治教育在引导受教育者实现规约有序的全面发展方面遇到诸多困境。因此,明确和重视规定与约束的内容,是促进思想政治教育在规约人的发展方面所发挥作用的关键步骤。

其一,需要进一步明确和把握道德规范的边界、层次,建立具有针对性、具体化的道德规范体系,从而引导社会成员在遵守社会道德的基础上形成相应的道德责任感,在此基础上指导个体实现积极向上的多样性发展。"道德就是人类生活中所特有的,由经济关系决定的,依靠人们的内心信念和特殊社会手段维系的,并以善恶进行评价的原则规范、心理意识和行为活动的总和。"[1] 规约人的发展需要明确道德规范的有关内容:一是要明确道德的边界,在长期的学习中形成一定的良知,明白什么是应该做的,什么是不应该做的,将道德"合理地限定在有关是与非、善与恶、正义与非正义的道德事实之中"[2]。正如,如果不对个人利益加以正当和不正当的区分,

---

[1] 罗国杰主编:《马克思主义伦理学》,人民出版社1982年版,第4页。
[2] 韩丽颖:《高校立德树人需要遵循道德发展规律》,《东北师大学报》(哲学社会科学版)2019年第6期。

我们就极易走向个人主义、利己主义、享乐主义。二是要准确把握社会主义道德不同层次的要求。为人民服务是社会主义道德建设的核心，其中包含着不同层次的要求。"它的最高要求，就是全心全意为人民服务"，低层次要求是"使自己的行为能够给他人和社会带来有益的结果"[1]。那么，在社会主义市场经济条件下，人们追求正当的个人利益就蕴含着为他人、为社会服务的思想。三是要建立不同层次、不同职业、不同领域的道德规范体系。例如，建立先进分子的道德规范、公民的道德规范等；建立工人的道德规范、农民的道德规范、医疗工作者的道德规范、教育工作者的道德规范等；建立经济、政治、文化等不同领域的道德规范。总之，通过以上内容进一步把握道德规范，引导社会成员处理和协调好人与人、个人与集体之间的辩证统一关系，既要观照不同个体的正当利益，又要强调维护集体的利益，只有这样才能纠正一些人的错误价值观。

其二，需要进一步加强法治教育，规范个体行为。法律对人的行为具有引导和规范作用，加强对个人和特殊群体的法治教育，倡导用法治思维和方式解决社会问题，有助于确保对个体行为的规范和约束，并在全社会中形成良好的法治氛围。党的十九大报告强调："提高全民族法治素养和道德素质"[2]，"各级党组织和全体党员要带头尊法学法守法用法，任何组织和个人都不得有超越宪法法律的特权，绝不允许以言代法、以权压法、逐利违法、徇私枉法"[3]。这为规约人的发展指明了方向，提供了法律规范的基本遵循。思想政治教育要积极宣传、认真倡导全民普法、全民守法，增强全民法治观念，使守法成为全体人民的共同追求和自觉行动，形成守法光荣、违法可耻的社会氛围。对于党员领导干部来说，更要提高自身的法

---

[1] 罗国杰：《社会主义道德体系研究》，中国人民大学出版社2018年版，第135页。
[2] 习近平：《决胜全面建成小康社会　夺取新时代中国特色社会主义伟大胜利——在中国共产党第十九次全国代表大会上的报告》，人民出版社2017年版，第22—23页。
[3] 习近平：《决胜全面建成小康社会　夺取新时代中国特色社会主义伟大胜利——在中国共产党第十九次全国代表大会上的报告》，人民出版社2017年版，第39页。

治思维，运用法治方式推进工作、化解社会问题、维持社会良好秩序。对此，习近平总书记警示全体党员和党员干部，"如果在抓法治建设上喊口号、练虚功、摆花架，只是叶公好龙，并不真抓实干，短时间内可能看不出什么大的危害，一旦问题到了积重难返的地步，后果就是灾难性的"①。可见，个体的发展需要法律予以规范和约束，才不至于将个体的发展极端化，破坏人与人、个人与社会的良性互动关系，限制、损害人和社会的健康发展。需要注意的是，思想政治教育引导个体实现合规范的全面发展并不是一劳永逸的，而是一个漫长的、需要持续性努力和作用的过程。这就要求我们从根本上认识到诉求与规约是相辅相成的，诉求是有规约的诉求，规约是有诉求的规约，任何离开诉求谈规约和离开规约讲诉求都是不合理、不科学的。要让全社会成员搞清楚、弄明白，我们所倡导的规约是为了促进人的全面发展的价值性规约，而每个人实现多样性的发展，发挥自身优势为社会贡献力量则是对社会规范的充分践行。

抚今追昔，通过考察现实中的差异现象和差异问题，审视既往思想政治教育在解决诸多差异问题时所面对的困境与不足，从中可知，面对诸多差异现象和差异问题，亟待需要思想政治教育引导和教育人们理性平和地面对差异现象、协调差异问题，并促进人们实现健康有序的全面发展。需要承认的是，思想政治教育引导和教育人们正视差异、协调差异是一个系统性、全方位的过程，涉及思想政治教育实践活动的合理发展和有效配合，在此需要运用差异的分析视角建构行之有效的理论架构。这部分内容将在本书的第四章、第五章、第六章中逐步呈现，通过这一理论架构，可以帮助和引导人们对差异现象和差异问题秉持正确的认识和理解，进而做好新时代思想政治教育工作，促进人的全面发展和社会全面进步。

---

① 《习近平谈治国理政》第二卷，外文出版社 2017 年版，第 116 页。

第 四 章

思想政治教育差异的理念与机制

具有差别性的现实个体是教育活动开展的基本前提，思想政治教育差异正是以现实的人及其在发展中所面对的差异现象与问题为逻辑起点，通过思想政治教育活动引导、调适、解决人在发展中的差异性问题。尤其随着社会的不断发展，人的独立性、差异性逐渐增强，思想政治教育差异范畴的目标指向及其对现实的个人的效用就不再仅限于理论层面，而是一个诉诸于实践的现实期待。促进人的协调性、平衡性的全面发展要在坚持一定理念的同时，优化和遵循相应机制，并在教育实践活动中形成理念与机制之间的辩证关系，即两者相互作用的过程。思想政治教育差异理念及其差异机制，是教育主体重视个体的多样性、差别性，从现实的人出发，密切关注不同个体的思想实际，树立差异性的教育理念，践行差异性、多样性的教育实践活动，以培育受教育者科学看待差异问题的思维方式，引导和教育人们适应现实、超越现实、实现理想，进而协调好发展中的差异现象和差异问题，促进和实现人的发展目标而形成的方法论内容，体现了其基本的理论逻辑和实践要求。本章通过分析思想政治教育差异的理念与机制及其相互作用，建构促进人的协调发展的方法路径，最终实现人的自由而全面发展。

第一节　思想政治教育差异理念

马克思恩格斯指出:"发展着自己的物质生产和物质交往的人们,在改变自己的这个现实的同时也改变着自己的思维和思维的产物。"① 当前我国经济和社会不断发展,人们的利益结构、生活状态、思维方式也不断变化,以至于当前思想政治教育在面对差异性的教育对象,以及引导、协调差异性问题时,遭遇诸多困境。在新时代背景下,思想政治教育要根据所面对的现实需要和现实问题,丰富和创新切合实际、可贯彻落实的思想政治教育理念,以回应现实的发展要求。

一　思想政治教育差异理念的概念与意义

"理念"是西方传统哲学研究的基本范畴,"理念"(eidos, idea)来自动词的"看"(ide),即"看得到的东西"。柏拉图将理智的对象称作理念,认为"一件东西之所以美,是由于美本身出现在它上面,或者为它所分有","美的东西是美使它美的"②。这里,"美"是指"美的理念"。按照柏拉图的观点,理念是一种最高的目标、最完美的存在,是全部事物的真正本原。但柏拉图对"理念"的理解是一种客观唯心主义的观点,认为现实是从理念中分化出来的。对此,马克思批判道:"当思辨在其他一切场合谈到人的时候,它指的都不是具体的东西,而是抽象的东西,即观念、精神等等。"③ "正如苏格拉底是世界的形象和导师一样,柏拉图的理念、他的哲学抽

---

① 《马克思恩格斯文集》第一卷,人民出版社2009年版,第525页。
② 北京大学哲学系外国哲学史教研室编译:《西方哲学原著选读》上卷,商务印书馆1981年版,第73—74页。
③ 《马克思恩格斯文集》第一卷,人民出版社2009年版,第265页。

象也是世界的原型。"① 以此，揭示出这些思辨哲学家颠倒了抽象理念与现实世界的真正关系。在马克思看来，理念是一种实践奋斗的思想与目标，具有客观规律性、现实指向性。

探究思想政治教育中的"理念"，我们有必要正确认识实践与理念之间的关系。理念归于理论思维的范畴之中，个体的社会实践活动是理念产生的源泉；同时，理念又在实践中发挥着重要作用，即理念包含着对实践的本质、现实指向、认识和解读方式等内容的呈现，体现出人的实践和认识的辩证统一关系。思想政治教育理念是某一时期、某一阶段思想政治教育推动实践发展、增强理论构建、实现自我创新发展的一种精神规定和思想目标。有学者认为："思想政治教育理念是由一定时代人们理解和开展思想政治教育的本质认识、思维范式、现实指向、理想原则等理性精神凝练建构而成的观念总体。"② 从理念的功能来看，思想政治教育理念是一种基于实践、面向现实、指向未来的发展目标。对此，习近平总书记结合当前我国思想政治理论课的现实状况，明确指出："最根本的是要全面贯彻党的教育方针，解决好培养什么人、怎样培养人、为谁培养人这个根本问题。"③ "人"是哲学的永恒问题，如何成为"人"和成为怎样的"人"都蕴含着一个关于"人"的发展目标的问题。这充分说明，思想政治教育最核心的问题就是人的发展问题。随着社会的发展、人的主体性意识的不断增强，促使我们反思如何更好地在教育实践活动中落实好人的发展问题，做到以人为本。以人为本的核心就是尊重人，即尊重人的个体性、多样性、独特性，尊重和引导人们实现充分全面的发展。因此，保障和实现人的自由而全面发展是思想政治教育的目标指向，即在促进人的发展之教育理念的指导下，引导人们尊重差异、包容差异、协调差异、平衡差异，使人

---

① 《马克思恩格斯全集》第40卷，人民出版社1982年版，第69页。
② 钟启东：《思想政治教育理念内涵论析》，《思想教育研究》2015年第12期。
③ 《习近平谈治国理政》第三卷，外文出版社2020年版，第328页。

们从有限片面的差异状态走向和谐共同性发展，并在此基础上实现人的自由而全面发展。

当保障和促进人的发展已然成为一种社会和时代发展的必然趋势时，也就需要我们进一步探究思想政治教育差异理念的内涵与特性，并用以指导其具体活动，增强其引导和协调差异问题、促进人的发展的实效性，为实现人的健康平和的全面发展发挥出应有作用。我们可以尝试性地将这一概念理解和把握为这样一种观念目标：思想政治教育差异理念是指社会或社会群体认识、理解和开展差异化、多样性的思想政治教育活动，以保障和实现人的全面发展，由此而凝练成的观念总体和精神规定。

与既往差异性教育理念有所不同的是，思想政治教育差异理念不仅指向差别性的教育对象，还注重观照不同受教育者的主观感受和客观体验；不仅强调教育者应具备差异性思维，还注重开展差异性思维的教育，以提升受教育者的境界和思想觉悟，使其主动化解发展过程中的差异与矛盾；不仅关注多样性的教育实践活动，还注重解决现实差异问题的差异化实践，以在实践中激发内生动力、形成发展合力。只有正确理解、积极落实、创新发展思想政治教育差异理念，才能更好地指导教育者展开多样性、精准性、层次性的教育实践活动，才能通过开展思想政治教育活动引导受教育者正确面对现实中的差异现象、差异问题，主动调适发展中的诸多差异与矛盾，从而不断激发个体的多样性潜能，释放出不同群体、不同个体的发展活力，为实现人的全面发展助力。

具体来讲，思想政治教育差异理念表现为以下意义和作用：

一是思想政治教育差异理念是人们理解和开展思想政治教育的思维方式。由前文可知，当前思想政治教育在解决诸多差异问题时遇到困境，该理念则是引导人们正确认识差异、有效协调差异、激发个体发展活力的一种规律性的思想观念。将这一理念贯彻到理解和开展思想政治教育的思维方式中，就能为其提供认识和解决差异问题的方法论逻辑。一方面，思想政治教育差异理念就是要让教育者能够直面教育对象的差别性、多样性，关注他们的现实需要和主观感受，并将差异理念贯彻落实到教育实践活动中。另一方面，思想政治教育差异理念就是要引导受教育者在面对现实的差异性问题时尊重适应差异，准确把握差异，并在差异化实践中协调和解决诸多差异问题，从而保障个体实现自身的多样性发展。

二是思想政治教育差异理念为其现实运动提供实践指向。该理念不是一种抽象的观念形态，而是一种具体的、现实的理论形态，在实践中，教育者依据受教育者的差异化特征，制定和实施多样化的教育活动，从而引导受教育者实现充分全面的发展。马克思曾指出："理论在一个国家实现的程度，总是取决于理论满足这个国家的需要的程度。"①"光是思想力求成为现实是不够的，现实本身应当力求趋向思想。"② 在他看来，现实的发展离不开理念的引导，理念不能是一种抽象的观念和指向，而是要满足现实的"需要"，将理念融入现实中，以确保现实"趋向思想"。思想政治教育差异理念亦是如此。思想政治教育要在思想政治教育差异理念的导向下，立足于具有差别性的现实的个人，着眼于引导和协调现实性的差异与矛盾，并积极承担起保障实现人的协调共同性发展的现实任务与发展使命，并将这一现实任务作为一种实践指向贯穿于思想政治教育的活动中，以确保人的自由而全面发展这一目标转化为现实。

三是该理念融涵着思想政治教育的价值追求，是关于保障和实现人的全面发展的精神规定。将这一理念贯彻到思想政治教育的过程中，不仅是一种工作任务，更是一定时期内所需要达成的价值规范和思想追求。思想政治教育差异理念试图回答"解决好培养什么人、怎样培养人、为谁培养人这个根本问题"③，是指导思想政治教育活动开展的基本价值遵循，它既明确了当前其面对和协调差异问

---

① 《马克思恩格斯文集》第1卷，人民出版社2009年版，第12页。
② 《马克思恩格斯文集》第1卷，人民出版社2009年版，第13页。
③ 《习近平谈治国理政》第三卷，外文出版社2020年版，第328页。

题的重要性，又提出保障和实现人的全面发展的理想原则，亦预设出思想政治教育的创新性发展，从而依据这种价值追求审视和评价当前思想政治教育工作的有效性，引导其发展方向。当前，随着社会转型、市场经济的发展，社会成员在发展中面对越来越多的差异性问题，此时要想最大限度地激发社会成员的主动性、积极性、创造性，思想政治教育就要有效协调发展中呈现出的理想与现实以及人与人、个人与社会之间的差异与矛盾，引导社会成员发挥自身多样性的创造活力，释放差异要素的积极价值。为此，保障和实现人的自由而全面发展是对思想政治教育工作未来发展的理想规划和价值追求。

二 思想政治教育差异理念的基本特征

由上文可知，思想政治教育差异理念在思想政治教育全过程中发挥着重要作用，它以现实的个人为逻辑起点，以解决现实性的差异问题为目标任务，以引导和促进人的全面发展为理想规划。具体来说，思想政治教育差异理念具有以下特征：

一是引领性。思想政治教育差异理念的引领性是指由于这一理念建构了保障和实现人的全面发展的思想观念和精神原则，进而也就规定了人们从事思想政治教育理论实践工作的发展方向。首先，该理念在思维方式上的反思和创新，为做好当前思想政治教育工作提供思想引领。思想政治差异理念旨在保障和实现人的全面发展，激活个体的发展活力。这就要引导社会成员树立差异性思维，正确认识和理性面对发展过程中的差异与矛盾，以积极向上、自尊自信的社会心态投入社会实践活动中，并不断激励人们开发自身的发展要素，结合个体特性，创造并实现自身的多样性发展。其次，思想政治教育差异理念明确了引导和调适人在发展中的诸多差异问题的现实任务与重要使命，为做好当前思想政治教育工作提供实践引领。保障和促进人的全面发展的现实任务就是要引导和协调好人们在发展中所要面对的理想与现实的差异、人与人以及个人与社会的差异现象和差异问题。面对差别性的教育对象以及亟待调适的差异现象和问题，教育者要积极开展具有针对性、层次性、发展性的教育实践活动，从个体的差异性、独特性入手，有的放矢地进行引导，始终强调主体关怀，以激发人的多样性发展为目标导向，根据人的发展的内在需要，探寻开发个体的不同潜能，发掘独特性价值，使个体获得真正意义上的发展，帮助社会成员适应社会发展丰富性和全面性。同时，要进一步引导社会成员积极开展差异化的实践活动，以满足个体多样性发展和社会的全面发展需要，有效解决差异问题，实现人与社会的平衡有序的发展。最后，思想政治差异理念既要指向现在，又要面向未来。思想政治教育差异理念建构了保障和实现人的和谐共同性发展的价值原则，为做好当前思想政治教育工作提供了价值引领。这规定了思想政治教育未来发展的价值理想，引导思想政治教育理论与实践向着价值路径出发。

二是复杂性。思想政治教育差异理念是由多种差异构成的整体观念和精神规定，其内部存在的多种多样的差异要素是不断变化的，造成各种差异力量的种种不同，从而规定了这一理念发展的不同态势和结果，呈现出思想政治教育差异理念的复杂性。一方面，思想政治教育差异理念的复杂性表现为，在保障和实现人的自由全面发展的理念中，教育者和受教育者之间的内在差异、外在差异以及两者之间的差异关系。内在差异是指两者的价值观念、思维方式、道德观念等的差异；外在差异是指两者外在表现行为、活动方式、社会地位等的差异。这些差异关系具有复杂性特征。另一方面，差异既是客观存在的现实，也是过程性的差异。思想政治教育差异理念不仅强调要认识客观差异的存在，即认识和把握具有差别性的现实的个人及其在发展中的诸多差异现象和差异问题，还要注重在实践中实现这种多样性的发展，人们能够充分激发自身发展的潜能和活力。思想政治教育差异理念的复杂性意蕴在于，它不仅是让教育者意识到教育对象的差别性，还要引导教育对象理性面对现实中的差异与矛盾，准确把握差异的正向作用和负向作用，有针对性地对待和解决不同类型的复杂的差异与矛盾。

　　三是时代性。恩格斯曾指出："每一个时代的理论思维，包括我们这个时代的理论思维，都是一种历史的产物，它在不同的时代具有完全不同的形式，同时具有完全不同的内容。"① 在他看来，一定时代经济社会的发展决定并建构着相应的理论思维，科学的理论思维就要反映和符合一定的时代特征。这充分表明理念是具有时代性的。思想政治教育差异理念的时代性是说明这一理念作为当前思想政治理论实践运动发展的精神规定，彰显着一定的时代特征，是适应时代和现实发展的新要求。当前我国经济社会发展出现阶段性特征，社会经济成分、利益关系、分配方式、就业方式等都日趋多样，人们的思想观念发生深刻变化，个体的独特性、差异性、多变性都日益增强。面对此种发展状况，思想政治教育就要对时代的新变化、新趋势予以洞察把握和科学研判，使思想政治教育理念与社会发展同步、与社会成员诉求共鸣。因此，思想政治教育差异理念要不断回应时代发展和社会转型对思想政治教育所提出的思想需要。教育者要将思想政治教育差异理念贯彻到教育活动中，回应和解决当前所面对的现实矛盾，努力引导人们在发展过程中尊重差异、包容差异、协调差异，理性平和地面对和调适差异与矛盾，激发个体多样性发展的内生动力，进而促进人与社会的全面发展。

第二节　思想政治教育差异机制

　　思想政治教育差异理念要更好地在理论和实践中贯彻落实，就需要一套思想政治教育差异机制予以保障。为准确把握保障思想政治教育理念实现的有效运行方式，我们有必要对思想政治教育差异机制的概念、内容以及基本特征予以研究和探索。

---

① 《马克思恩格斯文集》第 9 卷，人民出版社 2009 年版，第 436 页。

一　思想政治教育差异机制的概念与内容

在现代汉语词典中对"机制"的解释有四种：一是机器的构造和工作原理。二是机体的构造、功能和相互关系。三是指某些自然现象的物理、化学规律。四是泛指一个工作系统的组织或部分之间相互作用的过程和方式。① 机制备受自然科学和社会科学的关注，起初，机制是机械学中的一个概念，指机器的构造和运作原理，后来这一概念在多学科中拓展、演变。在社会科学中，机制的含义十分多样。有学者将机制多样复杂的引申义概括为五种：一是构成方式；二是作用方式；三是运行方式；四是调节方式；五是呈现方式。当前在思想政治教育学科中，研究者们结合本学科的特点和规律，从机制的多样性定义出发，对思想政治教育机制的内涵进行界定。陈秉公教授认为：思想政治教育机制是指"在思想政治教育矛盾转化的过程中，其内在要素由于某种机制的作用而产生的趋向教育目标的有效性因果联系或运作方式"②。还有研究者有相似观点，认为"思想政治教育过程机制的本质就是推动思想政治教育矛盾转化，实现人的思想品德和心理素质的社会化进程过程中各个要素的有效性联结和运作方式的总和"③。以上观点是从运行过程的角度来研究思想政治教育机制的，强调在一定目标、理念的指导下，在一定过程的驱动下，在一定运行规则的作用下，使之协调，实现思想政治教育目标的工作运行方式。基于此，面对差异性的教育对象以及需要调适的诸多差异现象和差异问题，思想政治教育只有建构适度的工作运行方式，才能保障其理念的有效落实、逐步实现。我们可以从

---

① 中国社会科学院语言研究所词典编辑室编：《现代汉语词典》第 7 版，商务印书馆 2016 年版，第 600 页。
② 陈秉公：《21 世纪思想政治教育工作创新理论体系》，吉林教育出版社 2000 年版，第 120 页。
③ 石瑛：《思想政治教育过程机制研究》，博士学位论文，吉林大学，2008 年，第 38 页。

运行过程的角度出发来研究在实现思想政治教育差异理念过程中各种构成要素的相互关系和相互作用，以反映思想政治教育如何有效地引导和调适人在发展中所遇到的差异及其矛盾。

由此，我们可以尝试性地对思想政治教育差异机制的概念予以界定，它是指思想政治教育以差异理念为核心，在引导、协调和推动差异及其矛盾的解决过程中，其内在要素因某种机理的作用而产生的趋向于保障和实现人的全面发展目标的因果联系和运行方式。这一定义表明，思想政治教育差异机制是具有系统整体性的范畴，研究思想政治教育差异机制既要明确保障和实现人的全面发展的构成要素，又要探讨诸多构成要素所发挥的作用以及与思想政治教育差异理念的辩证关系。建构该机制的实质在于通过一定的教育实践去促进人的发展，将思想政治教育理念转化为教育者和受教育者发展的目标、信念和意志。思想政治教育差异机制的建构与运行，既要回应个人对美好生活的现实诉求，引导和调节不同个体的多样性需求，又要激发人自身不断努力创造美好生活，这些有助于凝聚发展共识，引领发展方向，有助于保障个体发展的有序展开，有助于发挥人的主体性、积极性和创造性。以下，我们将从引导机制、调节机制、动力机制三个方面来具体阐述思想政治教育差异机制。

（一）思想政治教育差异的引导机制

思想政治教育实践是一种引导性的教育实践活动。从思想政治教育差异理念来看，思想政治教育要引导社会成员理性平和地面对和协调好诸多差异现象和差异问题，引导人们在社会实践活动中实现自身全面的发展。面对社会转型期所出现的差异及其矛盾，思想政治教育对社会成员的引导作用十分重要，我们有必要从引导的层面探讨思想政治教育差异机制问题。思想政治教育差异的引导机制是指通过开展多样性的思想政治教育活动促使教育者和受教育者理性平和地面对差异及其矛盾，在差异性实践中建构调适差异矛盾的有效机制，从而引导个体在多样性发展中实现自由而全面的发展。原则是指导人们行为的标准和准则。建构思想政治教育差异的引导机制，充分发挥这一机制的重要作用，有必要明确建构这一机制过程中应当遵循的基本准则。其中，尤为重要的就是坚持导向性原则。导向性原则是思想政治教育差异引导机制的根本原则，是必须始终坚持的准则。思想政治教育差异引导机制的导向性原则关乎培养什么人、怎样培养人、为谁培养人的根本性问题。在思想和价值观念多元的今天，特别是面对不同个体成长经历、实践能力、性格心理以及需求和发展目标的差异及其矛盾，坚持导向性原则能够体现和发挥思想政治教育差异引导机制的根本要求和重要作用，即唱响主旋律、适应社会发展的总体要求，凝聚不同职业、不同阶层、不同地区人们的发展共识，获得社会成员的普遍性认同和支持，从而引导人们为实现一定的理想目标而努力奋斗。具体而言，坚持导向性原则，一是坚持正确的政治方向。必须始终坚持以马克思列宁主义、毛泽东思想、邓小平理论、"三个代表"重要思想、科学发展观和习近平新时代中国特色社会主义思想为指导思想，坚决抵制指导思想的多元化，将政治方向贯彻始终。特别在社会转型的关键期，面对多元思想文化、多种社会思潮的激烈冲突，坚持导向性原则格外重要和紧迫。二是坚持思想政治教育差异理念的引导。个体在每一阶段的发展中都会遇到理想与现实之间的差异，这一差异因素或者促进、或者阻碍每一个个体理想的实现。面对此种影响，思想政治教育差异的引导机制要引导人们正确面对自身理想与现实之间的差异，以共同理想为价值导向，将是否坚持共同理想与个人理想相结合作为引导机制的评价标准，使不同个体自觉将共同理想转化为自身的追求目标，从容理性地面对自身理想与现实之间的差异。当前，一些社会矛盾的产生与一部分人没有处理好人与人、个人与社会之间的差异及其矛盾有着直接联系，思想政治教育差异的引导机制要帮助和引导人们理解党的理论和路线、方针、政策，区分是非黑白，辨明善恶美丑，使个体能够看到国家利益、集体利益与个人利益的一致性。

（二）思想政治教育差异的调节机制

思想政治教育差异理念的实现是一个十分复杂的系统工程，个体既要实现人的主体性、多样性的发展，又要注重在一定的道德规范以及社会发展合规律的范围内实现自身的价值目标。思想政治教育为了保障个体在差异性发展中保持正确的方向，就需要建构思想政治教育差异的调节机制，以适时对人的社会实践和发展过程加以调控。思想政治教育差异的调节机制是指针对教育者和受教育者在多样性发展中可能存在的思想和行为某些不协调状况而建构的调节机制，从而实现一种合规律性、合目的性和有序的发展。建构和运行思想政治教育差异的调节机制需要坚持规范性原则。面对一些人在发展过程中出现的错误和局限，坚持规范性原则能够彰显思想政治教育差异调节机制的重要作用，对有悖于人和社会发展要求的言行、现象予以调节，帮助社会成员纠正偏离正确方向的思想和行为，把握发展趋势和发展规律，从而提高自身的思想道德素质，改造自己的世界观、人生观、价值观、利益观、道德观等，保障社会成员沿着正确的方向实现多样性发展。

坚持规范性原则，一是规范教育者和受教育者在社会发展规律和社会进步的趋势下活动。教育者和受教育者的发展都受到特定社会生产方式和社会发展状况的规定和制约，社会生产方式决定着人的发展的现有水平和未来趋势。如果教育者和受教育者都在一定的社会发展规律范围内进行社会实践活动，理性看待当前我国生产力发展的不充分不平衡以及由此产生的诸多差异现象和差异问题，人的全面发展理念就会得以实现；反之，如果教育者和受教育者任性地、肆无忌惮地发展，阻碍和干扰社会的稳定有序，就会影响人的全面发展理念的实现。规范性原则就是要约束人的不协调、错误的思想和行为，化解利益冲突，保障人们在和谐有序的社会环境中实现全面的发展。二是坚持道德规范导向和法律规范导向。教育者和受教育者都生活在错综复杂的社会环境中，如果错误的思想观念影响了他们的思想和行为，就会导致一些人逐渐失去道德标准，甚至为了追求个人利益而触犯法律法规，将社会规范抛之脑后。在此种情况下，坚持规范性原则就要加强遵纪守法和道德规范教育，预防、抑制违背社会道德、法律法规的行为，帮助人们正确认识经济社会发展与道德、法律之间的内在关系，从而使人们能够自觉地处理好与他人、与社会之间的差异及其矛盾，在提升个体行为、规范自律能力中实现合目的性的、有序的发展。

（三）思想政治教育差异的动力机制

思想政治教育差异的动力机制是指思想政治教育要建构一种能够鼓励、促进、发掘人的发展潜能与活力的有效机制，以确保人们在追求多样性、协调性发展中实现人的全面发展目标。"我国思想政治教育的根本目的是提高人们的思想道德素质，促进人的自由全面发展，激励人们为建设中国特色社会主义，最终实现共产主义而奋斗。"[①] 归根结底，做好思想政治教育工作必须充分调动人的积极性，激发人的自主性，从而凝聚和协同社会发展合力。我国思想政治教育工作之所以被广大社会成员认同和接受，也是由于它始终关心着人和社会的发展需要，既保障国家社会发展目标的实现，又满足个体的发展目标和需要。当前，思想政治教育要想调适人们在发展中面对的诸多差异及其矛盾，鼓励、探寻、发掘个体多样性发展的动力资源，促进人的协调、平衡性发展，就要以满足人民群众的发展需要为出发点和落脚点，促使人们自觉认同国家和社会的发展目标，在实践中将个人发展需要、目标与社会的发展需要、目标统一起来，促使社会成员的行为朝着社会所期望的方向，即向实现人的自由全面的发展前进。

保证动力能够在实现人的全面发展过程中充分发挥的原则，一是激励性原则。激励包括奖励和惩罚。奖励是激励的重要方法之一，即通过肯定受教育者的思想和行为，促使其保持和强化正确

---

① 陈万柏、张耀灿主编：《思想政治教育学原理》（第三版），高等教育出版社2015年版，第79页。

的思想和行为,以激励个体发展的积极性和创造性。如霍曼斯交换理论中的"刺激命题"所提到的,"相同的刺激可能会带来相同或相似的行为"①。这一命题试图预测周围环境对人的行为活动的影响。这表明,对个体的正向行为给予正向激励,就会达到促进受教育者积极性的目的。惩罚是指通过对人的错误思想和行为进行批评、否定,以促使受教育者消退错误的行为动机。因此,坚持激励性原则,既要发挥模范、典型的激励作用,培育人们奋勇向前的勇气,又要让人们明确其责任和使命,将社会发展目标内化为个体发展的使命感、责任感,从而抑制个体的消极颓废,并且当出现错误的思想和行为时能够懂得及时止损。二是创新性原则。思想政治教育在为保障和实现人的全面发展而实施激励时,要注意不断更新奖励和惩罚方式。总是重复性地采用同一种方式,其激励效果就会减弱。坚持创新性原则就是要随着时间的推移、社会环境的变化、个体的发展等,创新保障人的发展的激励方式,使人们能够在多元、多样、多变的动力机制下发挥自身的主动性、创造性。总之,思想政治教育差异的动力机制只有坚持和遵循激励性原则和创新性原则,才能够将其自身的作用发挥出来,即培育人们树立正确的价值观念,提高人们参与社会实践的各种能力,为实现人的物质利益提供重要条件,激发内驱动力,实现个体的多样性发展。

二 思想政治教育差异机制的基本特征

(一) 目标性

思想政治教育差异机制的目标性是指通过建构和运行思想政治教育差异的引导机制、调节机制、动力机制,能够保障促进人的全面发展的思想政治教育差异理念达到目标。思想政治教育本质上是一种塑造人、培育人、完善人、发掘人的教育实践活动,以"现实

---

① 贾春增主编:《外国社会学史》(第三版),中国人民大学出版社 2008 年版,第 244 页。

的个人"为出发点,以促进人的发展为目标。这就使其在彰显发展的凝聚性、统一性的同时,也要重视个体的多样性、能动性、创造性的发挥,以保障实现人的全面发展为目标。该机制的目标性价值在于,它不仅确定了思想政治教育差异机制的运行方向,引导着思想政治教育理论和实践工作的发展方向,还规定着思想政治教育应该达到的结果。尤其在社会价值日趋多元化的时代背景下,人的个体性得以进一步彰显,人的发展需要和价值取向也更加复杂多样,思想政治教育更应当协调好人自身的理想与现实、人与人、个人与社会之间的关系,在调适这些差异及其矛盾时发挥更多的作用,逐渐引导个体理性平和地面对发展中的差异现象和差异问题,释放积极差异的发展效能,逐渐使个体意识到自我发展、自我完善与社会发展、社会完善的重要性。这就要求教育者在引导、协调和推动差异及其矛盾的解决过程中,以保障人们能够实现合目的性的、有序的、多样性的发展为目标指向,从差别性的教育对象的思想和行为实际出发,针对不同个体的不同情况、问题采取具有针对性、层次性的方式方法。通过提升个体自身素质,调动人的主体意识,激发人的创造创新潜能。

(二) 自驱性

思想政治教育差异机制具有保障其理念得以实现的引导、调节能力和运行动力。建构和运行思想政治教育差异机制是一个不断促使和实现人在发展中有限片面的差异性现状—和谐共同性发展—最高层次的自由而全面发展的过程。这一过程中人的发展逐渐走向了自我调整、自我约束、自我完善的自行内在性发展,即体现了思想政治教育差异机制的自驱性特点。习近平总书记在全国学校思想政治理论课教师座谈会上强调:"要坚持价值性和知识性相统一,寓价值观引导于知识传授之中。"[①] 这表明,对人的发展进行价值引领是思想政治教育工作的重要内容。思想政治教育差异机制在促进人的

---

① 《习近平谈治国理政》第三卷,外文出版社2020年版,第330—331页。

发展具有自驱动力的过程中，不仅强调要进行深入的知识理论上的传授，还要重视对受教育者的价值引领，进行世界观、人生观、价值观的教育，激发主体的内在驱动力，使人们能够自觉接受积极的教育影响，形成主体意识、主体能力、主体人格，为促进人的发展注入永续动力。思想政治教育差异机制能否保障人们在实践中不断确证自我，形成主体意识进行自我教育、自我发展，这是衡量思想政治教育差异理念是否得以实现的重要标志。因此，思想政治教育差异机制的运行要关注人的内在性发展的实现。教育者要注重启发个体的自主意识，引导受教育者进行内省修养的自我教育，引导人们自觉反思现实的差异问题，对人生理想与目标进行科学选择，平衡好自身与他人和社会之间的关系，从而不断提升自身的思想道德水平，保障个体以完整的人格、健康的心灵从事多样性的实践活动，促进自身的持续性发展。

（三）适应性

建构和完善思想政治教育差异机制是一个随着人的思想观念、道德品质和客观环境变化而不断深化完善的过程，在这种适应—不适应—更高层次的适应中不断发展。这一过程不仅符合唯物辩证法的基本精神，还彰显着差异机制的适应性特点。思想政治教育差异机制的适应性是指机制的建构和运行对思想政治教育差异理念的适应。为了保障差异理念的实现，思想政治教育差异机制要在运行中不断完善。只有不断完善、不断更新、不断变化，思想政治教育差异机制才能保持自身的有效性，才能在变化发展的环境和关系中掌握发展方向、实现创新发展、取得有效性。这也说明，适应性是建立在动态性之中的，以实现理念和机制的相互适应。正如当前社会不断发展，人们的思想观念和时代的客观环境也发生着变化，思想政治教育要面对个体发展中不同阶段、不同时期、不同特征的差异现象和差异问题，当原有的机制无法再适应差异理念时，新机制就要代替旧机制。在思想政治教育差异机制不断完善、更新，以适应思想政治教育差异理念的过程中，一是要求教育者始终坚持思想政治教育差异理念的指导，坚定自身工作任务和要求，注重不同阶段、不同时期教育方式方法的变化，增强工作的连贯性和衔接性，致力于促进人的全面发展。二是增强机制的长效性，保障思想政治教育持续稳定地发挥作用，在引导、调节和推动差异及其矛盾的解决过程中具有持续生命力。

（四）动态性

思想政治教育差异机制的动态性是指机制的不断创新与发展，从而适时地发挥自身作用。一方面，动态性表现为在促进人的发展过程中，差异机制的引导、调节、动力要素自身的不断变化。这些要素根据社会发展的客观条件以及人的思想道德品质的变化而变化，以适应人不同阶段、不同时期下的发展需要。另一方面，动态性表现为思想政治教育差异机制内容、形式始终处于发展变化的状态中，以积极主动地应对社会发展中不同形式、不同表现、不同内容的差异及其矛盾问题，以及由此产生的消极社会心理和不良舆论环境。不符合时代发展要求的机制内容、形式等要予以剔除、改变，符合和顺应时代发展的机制内容、形式等要予以继承、借鉴和学习，不断推进机制的发展。由此，其动态性意蕴在于，思想政治教育差异机制要不断向目标理念迈进，通过机制的良好运行和创新发展，促进其理念在动态中发展和实现，不断保障和实现人的全面发展，从而在动态过程中不断寻求差异理念与差异机制的相互适应、相互调适。差异理念与差异机制的互动共进是促进人的发展的重要条件。只有保持差异机制的不断创新变化，保障差异理念与差异价值的相互调适，思想政治教育差异机制才能有效引导人们适应社会的变化发展，完善和提升自身的人格与境界，实现自我超越、自我发展、自我完善。

第三节　思想政治教育差异理念及其机制的辩证统一

思想政治教育差异理念与思想政治差异机制是两个存在密切联

系的范畴，两者之间的联系主要表现为：第一，思想政治教育差异理念指导着其机制的建构、运行和完善。机制的建立、运行和完善是以思想政治教育差异理念为目标指向的。无论多么有效的方法机制，如果缺乏了理念的指导，它的功能和作用也难以发挥出来。第二，思想政治教育差异机制保障着思想政治教育差异理念的实现。只有在良性的差异机制保障下，思想政治教育差异理念才能得以实现；否则，差异理念就无法有效地达成。认识和明确了思想政治教育差异理念后，就需要通过相应的差异机制予以运行，在运行中逐步实现目标理念。由此，只有将思想政治教育差异理念与思想政治教育差异机制的相互作用充分发挥出来，思想政治教育才能更好地保障个体实现多样性的全面发展。

一 思想政治教育差异理念及其引导机制的辩证统一

当前思想政治教育要引导人们正确认识和面对诸多差异现象和差异问题，如人自身的理想与现实之间、人与人之间、个人与社会之间的差异，这些差异及其矛盾在一定程度上会影响人的思想和行为。有的差异要素是正向的，有助于激发人的进阶性发展；有的差异要素则会给人的思想行为带来负向影响，阻碍人的发展和进步。由此，保障和实现人的全面发展内在蕴含着引导人们理性平和地面对和调适差异和矛盾，释放正向差异的发展效能，规避和阻碍消极差异的任性发展。蕴含这一发展要求的差异理念对思想政治教育差异引导机制的建构和运行具有指导性作用。思想政治教育差异的引导机制要以引导人们释放正向差异、规避负向差异为目标，建构和运行调适差异及其矛盾的有效机制，从而引导人们实现自由全面的发展。同时，为保障思想政治教育差异理念的实现，思想政治教育差异的引导机制也要与之相适应。

（一）运行政策引导机制

政策的引导能够清晰明确地告诉人们发展的标准和方向。运行好政策引导机制要做好以下几方面的工作：一是做好满足需要的工作。重视人的需要是思想政治教育秉承人文关怀精神的重要方面，也是引导人们实现全面发展的必要途径之一。马克思指出："任何人如果不同时为了自己的某种需要和为了这种需要的器官而做事，他就什么也不能做。"① "他们的需要即他们的本性。"② 按照马克思的观点，人的需要是人内在的必然的需要，是人的本性。那些抑制人的需要得以满足实现的行为是违背人性自由的。当然，人的需要也并非都是合理的、正当的。满足人的需要并不是无限制地、一味地给予，而是要实现个人需要与社会需要之间的相互契合、相互协调。那些脱离现实条件、超越社会的个人需要是不合理、不适当的，那些不顾、抛弃个人需要的社会需要也是不健康的。只有两者相互依存、有机统一，人的需要才具有合理性、适当性。对于那些合理的人的需要，政策要予以肯定和鼓励，这不仅有助于促使人们在社会发展目标的指导下能够按照自己的意愿去实践，实现自身利益需要和发展目标，还有助于引导和培育人们强烈的主体意识和社会责任感，增强人们自我反思、自我批判、自我建构的能力。二是做好引导需要的工作。特别是对那些合理正当但也会产生一定差异及其矛盾的个人需要予以正向引导。正如，不同职业、阶层、地区的个体之间具有差别性的需要，在差异性的发展中可能也会产生一些冲突和矛盾。思想政治教育首先要引导人们正确认识和理性处理不同个体之间的需要，以及有可能产生的利益冲突和矛盾，从实际出发，通过合理正当的劳动满足自身的需要，并通过制定相应政策做好平衡发展的工作。可以用具有针对性、多样性、差别性的需要，对不同地区、不同阶层、不同职业的个体予以补偿，保持人们内心的理性平和，防止出现由于需要无法满足所产生的失衡心理，还要防止那些有可能转化为不合理的个人需要的情况。长期以来，我国通过不断地努力和实践，致力于让每个个体的尊严和基本生活都能得到

---

① 《马克思恩格斯全集》第3卷，人民出版社1960年版，第286页。
② 《马克思恩格斯全集》第3卷，人民出版社1960年版，第514页。

保障，并持续性地获得社会发展所带来的实惠，共享社会发展成果，在此基础上，尊重和包容不同个体生存发展的多样性，使每个人都能实现自己的价值，获得归属感、安全感、幸福感。三是做好提升需要内容和层次的工作。弗洛姆曾说："人在满足其动物的需要之后，又受到其人性的需要的推动。"[①] 实际上，人不仅依赖于物质需要，还需要社会生活和精神生活方面的满足。马克思恩格斯指出，人的全面需要就是"人以一种全面的方式，就是说，作为一个完整的人，占有自己的全面的本质"[②]。这表明，人的需要越是丰富多样，人的发展越是全面、自由，那么思想政治教育保障和实现人的全面发展的成效也就越显著。对此，政策要进一步引导人们提升需要的内容和层次，从而提高个体需要和发展的自觉性，使个体的发展随着需要的不断丰富而逐渐提升，只有这样，人们才能树立更高层次的需要和远大的发展目标，形成强大的发展动力。

综上，政策引导机制有助于引导人们面对和调适发展中的差异及其矛盾，保障和实现人的全面发展，其作用的发挥主要表现为：其一，有利于引导人们正确面对和有效处理其与社会之间发展需要的差异，实现两者的相互结合和相互协调。其二，有利于帮助人们认识到人自身的理想与现实之间的差异及其矛盾，要根据现实条件调整和选择合理的、正当的个人需要。其三，有利于引导人们理性面对和看待不同个体的发展需要，将差异转化为发展的动力，释放正向差异的积极作用，使人们在生活和工作中充满活力，激发个体力求上进的激情和欲望。

（二）运行利益引导机制

利益和需要是个体从事社会实践活动的直接动力，是人类社会发展的原动因，也是保障和实现个体多样性发展的内在动力。人在

[①] ［美］埃里希·弗洛姆著，黄颂杰主编：《弗洛姆著作精选——人性·社会·拯救》，上海人民出版社1989年版，第277页。

[②] 《马克思恩格斯文集》第一卷，人民出版社2009年版，第189页。

发展中所遇到的差异现象和差异问题，实际上与人们的利益观有着直接联系，因此，调适这些差异及其矛盾，首先就必须要引导人们具有共同的价值认同，培育社会成员树立正确的利益观。正确的利益观是思想政治教育引领人们在实践中处理和调节各种利益矛盾，实现多样性发展的基础。利益引导机制是指思想政治教育对人们利益追求的方向性引导，构建一个培育人们树立正确的利益观，调适利益关系的差异及其矛盾的有效机制，从而使各方利益达到合理与平衡，帮助人们理性地面对和调适诸多差异和矛盾。

正确的利益观就是以马克思主义利益观为指导。马克思主义利益观的精神实质是坚持把人民的根本利益作为一切工作的出发点和落脚点。马克思坚决批判和反对资本主义社会剥削多数人的不合理的社会制度，坚持以工人阶级和全人类利益为鲜明立场，为大众立言。马克思恩格斯指出："过去的一切运动都是少数人的，或者为少数人谋利益的运动。无产阶级的运动是绝大多数人的，为绝大多数人谋利益的独立的运动。"① 这句话蕴含着两层含义：一是工人阶级与广大群众具有共同利益，坚持人民群众的根本利益，即建立新型的社会制度，摆脱人民被压迫、被剥削的地位，使人民的需要和利益能够逐渐得到满足。二是"无产阶级的运动"是为绝大多数人谋利益，在资本主义社会中所存在的人与人之间对抗性的利益矛盾会消失，将实现共同利益与个体利益的统一。马克思进一步指出，在共产主义实现之前，还要经历社会主义这一过渡阶段。因此，不仅要强调人民群众在根本利益上的一致性，也要承认和重视现实生活中利益上的差异性和多样性。正如列宁所说："不关心个人利益，是不会得到什么结果的。"② 按照列宁的观点，无产阶级政党要为广大人民群众谋利益，在把人民利益放在首位的同时，正确处理集体利益与个人利益之间的关系。在当代中国，建立社会主义市场经济体

---

① 《马克思恩格斯文集》第2卷，人民出版社2009年版，第42页。
② 《列宁全集》第36卷，人民出版社1959年版，第574页。

制的背景下,"个人利益和集体利益是统一的,局部利益和整体利益是统一的,暂时利益和长远利益是统一的。我们必须按照统筹兼顾的原则来调节各种利益的相互关系"①。可见,正确的利益观在肯定个人正当合法利益的同时,也要求每个人把国家人民的利益放在更为重要的位置上。个人利益只有在不违背国家人民利益的前提下,才能是合情合理、合规合法的。习近平总书记指出:"检验我们一切工作的成效,最终都要看人民是否真正得到了实惠,人民生活是否真正得到了改善。"② 这表明,不仅要在思想上坚持为人民服务的宗旨,更要在效果上真真切切地为人民谋利益。这些都充分体现着人民利益、集体利益与个人利益的统一。

当前,随着我国经济社会的不断发展,社会各方面的利益格局发生深刻变化,在人民群众根本利益一致的同时,也出现了不同领域、不同方面、不同层次的利益矛盾,表现为人自身的理想和现实之间、人与人之间、个人与社会之间的利益差异及其矛盾。这些利益矛盾本质上仍绕不开贯穿古今的"义利之辨",即对道德行为与物质利益关系问题的争辩。早期儒家的论断奠定了"义重于利""义先于利"的基调,对于中国传统的义利观具有深远影响。在现代社会中,人与人、个人与集体利益矛盾凸显,更促使人们反思"义利之辨"。尤其在重视个体性价值、个体利益的现代性背景下,有学者认为,将"义利"和"公私"区别待之,"把儒家的义利之辨理解为普遍利益(公利)与个体利益(私利)的对立",是一种普遍性的误解。③ 这一观点强调要在公义的范围内来实现私利,然而,将"义利"等同于公利、私利,有可能会抑制个体利益的实现。针对这类观点,有学者认为,这对于全面理解义利之辨有启发意义,但仍可以从公私之辨的角度来讨论义利之辨,因为两者的本质意义都

---

① 《邓小平文选》第二卷,人民出版社1994年版,第175页。
② 《习近平著作选读》第一卷,人民出版社2023年版,第212页。
③ 陈乔见:《公私辨:历史衍化与现代诠释》,生活·读书·新知三联书店2013年版,第123页。

"在于指导人们在社会公共生活中,如何去认识在义与利、公与私之间的度量、取舍问题"①。同样,对于思想政治教育而言,就是要引导人们实现义与利、公与私的平衡,既尊重个体的多样性发展,又重视社会的全面和谐发展。

在马克思主义利益观的指导下,思想政治教育必须以人民群众的根本利益作为工作的出发点,把满足和维护人民的根本利益作为落脚点和核心内容。在思想政治教育活动中,教育者自身首先要具备正确的利益观,从而引导和培育受教育者树立正确的利益观,引导人们坚决反对唯利是图、见利忘义、损人利己等极端利己主义和极端个人主义的错误行为,正确处理自身利益与国家利益的关系、局部利益与全局利益的关系、长远利益与眼前利益的关系等,营造积极健康的社会氛围,使各种利益矛盾能够得以调适、利益得以兼顾,使差别性的个体都能获得满足感和归属感。同时,也要引导人们在思想和行为上实现义与利的辩证统一,既要良性竞争也要友善合作,既要追求效率也要实现公平,既要追求物质利益也要提高思想境界,等等。总之,当前思想政治教育要立足现实情况及其变化,从调适利益关系出发,引导人们在以需要为动力的前提下,确立利益追求的合理方向,树立正确的利益观,使人们理性平和地面对和调适利益矛盾,自觉将利益差异及其矛盾转化为促进发展的动力,更要防止出现由于利益矛盾没有得到有效调适而阻碍了人的发展。只有在释放动力和规避阻碍的双重作用下,才能更好地保障和实现人的全面发展。

二 思想政治教育差异理念及其调节机制的辩证统一

促进个人实现合目的性有序的发展,是保障和实现人的发展的内在要求。作为一项调节性很强的社会实践活动,思想政治教育在满足个体发展需要、促进个体在正确的方向上实现价值目标等方面

---

① 朱承:《义利之辨与儒家公共性思想的展开》,《哲学动态》2019年第5期。

发挥着重要作用。促使人们实现一种合规律性、合目的性和全面发展，既是思想政治教育差异理念得以实现的重要体现，也是对建构和运行调节机制的重要指导。思想政治教育差异的调节机制要以帮助社会成员纠正偏离正确方向的思想和行为为实践指向，建构和运行与之相适应的调节机制，从而促进人的发展。

（一）运行政策调节机制

政策是方向性问题，不仅具有引领作用，还具有调节功效。政策调节是指在思想政治教育开展过程中为了调节有悖于人和社会发展要求的行为、行动，而确立与教育实践活动相关的各种政策、决定、标准、条例、章程等。政策调节机制就是通过制定一系列合理有效的组织领导、监督管理、反馈评估的政策，以确保人的发展合规律、合目的、合规范。政策调节机制是思想政治教育差异调节机制有效运行的重要保障。只有政策调节得好，思想政治教育保障和实现人的全面发展的效果才能有所保证。

其一，从组织领导来看，政策调节首先就是要坚持党对思想政治教育的全面领导。"加强党对教育工作的全面领导，是办好教育的根本保证。"[1] 坚持党的领导是开展思想政治教育活动需要坚持的政治方向，以牢牢掌握思想政治教育的领导权和主动权。在社会转型时期，个体思想活动的差异性、多变性、独立性显著增强，一部分人无法理性面对和有效调适利益差异及其矛盾，由此出现价值观念迷茫、理想信念淡漠等诸多思想困境。在这样的历史条件下，思想政治教育面临着复杂形势以及必须要承担的艰巨任务。对此，党的各级组织要把思想政治教育工作放在重要位置，在各级党委的领导下，统一部署和调节，加强思想政治教育合力建设，调动人们参与的积极性、主动性，通过科学有序的职责分工，确保沿着正确方向调节和纠正一些人的错误思想和行为。因此，思想政治教育部门和

---

① 习近平：《在全国教育大会上强调 坚持中国特色社会主义教育发展道路 培养德智体美劳全面发展的社会主义建设者和接班人》，《人民日报》2018 年 9 月 11 日第 1 版。

教育者都必须牢固树立党的领导观念，坚持在党的全面领导下制定、完善和实施相关政策。思想政治教育工作者对政策越理解、越认同，他们对政策的执行也就越高效、越积极。

其二，从监督管理来看，对思想政治教育全过程进行督促与管理，有助于确保个体朝着正确方向有序地实现自身发展。一方面，运行有效的监督机制。这就要号召和动员社会各方面，充分发挥各自的督促、管理作用，对社会中发生的错误行为和消极现象进行适当的揭露、批评和纠正，帮助人们树立正确的是非观、善恶观、成败观、道德观等，进而改造人们思想道德品质中的消极成分，自觉提升自身的道德品质。另一方面，运行有效的管理机制。我国思想政治教育管理的对象是广大人民群众，是社会的主人，要通过启发、沟通、说服、教育、引导、激励等方式进行民主平等化的管理。毛泽东指出："群众的意见与经验一定要作为我们政策的基础。因为人民能教给我们许许多多事情。"① 制定相关的管理政策要坚持群众路线，尊重群众的首创精神和无穷的创造活力，集中人民群众的意见和经验。这样才有助于发动群众关心国家和社会发展，调动群众的积极性，贡献智慧、献计献策。

其三，从反馈评估来看，思想政治教育政策调节要想发挥成效，需要通过建立反馈系统和运行评估机制予以实现。评估的前提和基础是有效的信息反馈，没有及时、准确、详细的反馈信息，就难以对思想政治教育过程展开调节。思想政治教育工作单位和部门要建立信息反馈上报的制度，通过对信息的充分把握，科学评估思想政治教育内容和方式方法的效果。思想政治教育效果的评估，是一项政策性很强的工作。建立和运行思想政治教育差异的政策调节机制，首先要明确评估的标准。思想政治教育差异机制要保障思想政治教育差异理念的实现，因此，政策调节机制要以是否促进调节人的思

---

① 《毛泽东年谱（1893—1949）》中卷（修订本），中央文献出版社2013年版，第576页。

想和行为某些不协调状况，以保障人们实现合规律性、合目的性的有效发展为标准。同时，还要明确阶段性的评估内容和要求。思想政治教育在调节个体思想和行为的过程中，要注重总结经验、吸取教训，在此基础上制定和明确下一阶段的工作目标，明确发展方向。

（二）运行目标调节机制

个人具有差别性的利益需要和发展目标，社会、群体组织也有不同的发展需要和追求目标。因此，思想政治教育在调节过程中，就要协调好人自身的理想与现实之间的差异、个体目标与社会目标之间的差异。只有将这些差异性的目标及其相互关系处理好，个体才能实现一种科学规范、和谐有序的多样性发展；相反，如果处理不当，不同目标之间的差异就会引发矛盾和冲突，甚至会出现两败俱伤的现象。思想政治教育在调节和平衡不同个体利益需要的过程中，应该注重发挥目标调节机制的作用，在实现共同性发展目标的同时，满足个体合理正当的差异性发展需要，力求实现个人理想与现实的统一、个体目标与社会目标的统一，以更好地促进个体发展。

一方面，调节好理想目标与现实之间的差异及其矛盾。保障和实现人的全面发展，需要帮助受教育者克服在发展中产生的焦虑不安心理。这种焦虑多来源于人们自我意识的矛盾运动，即个体对自身未来发展的预期与现实之间存在的差异及矛盾。人们要想实现合目的性的有序发展，归根结底要通过调适内在的思想矛盾来实现。换言之，只有平衡和调节好自身理想目标与现实之间的矛盾，才能促进个体自我意识的进步和发展，以此指导个体从事更加积极向上的实践活动。调节人们理想与现实之间的差异，需要教育者深入了解受教育者的内心向往和发展需要，对于那些符合实际情况的发展目标要予以肯定和鼓励，对于那些与实际发展要求不符的发展目标要予以恰当的调节，指导受教育者树立正确的理想观、发展观，使受教育者对自身以及对现实有正确的认知、评价和调节。随着个体逐渐认识到理想与现实的统一，人对未来发展的目标就会转化成为激发个体实现自我价值的内驱动力。

另一方面，调节好个体目标与社会目标之间的差异及其矛盾。人生活在社会中，是社会的细胞和组成单位。要想促进人的发展，就需要在人与社会的相互促进、相互适应中，实现个体发展目标与社会发展目标的统一。思想政治教育是调谐个人目标与社会目标之间差异的重要途径，调节个体以自我为中心的错误思想和行为、培育社会意识以及协调好人与人之间的关系是其保障和实现人的全面发展的重要内容。其一，调节自我为中心的错误思想行为。自我为中心是指个体在发展中只顾及自己的利益需要，而不考虑他人利益或是社会的发展需要。马克思指出："如果一个人只同自己打交道，他追求幸福的欲望只有在非常罕见的情况下才能得到满足，而且决不会对己对人都有利。"① 可见，以自我为中心的思想和行为对于人和社会的发展都是有危害的。教育者要对这类错误的思想和行为进行否定和纠正，帮助个体树立正确的发展目标，引导人们在奉献社会、服务他人的过程中不断实现自我发展。其二，培育社会意识。受教育者具备正确的思想行为和发展目标是其实现自身进步发展的重要保障。面对个体目标与社会目标之间的差异，思想政治教育要培育人们具有强烈的社会意识，将社会共同发展目标、社会集体需要转化为个体的发展目标，使受教育者自觉接受一定社会要求的思想观念、政治观点和道德品质，确立符合现实又超越现实的个体目标。只有人们广泛地接受先进的共同发展理论，并转化为自身的行为和目标，个体才能自觉地实现有序的、健康的发展。其三，协调好人与人之间的关系。平衡不同个体的思想观念、利益关系，促进个体间的理解、交流与合作是保障和促进人的发展的重要条件。通过建立友好交往、互帮互助的人际关系，调适人们的心理状态，消除人们内心的隔阂不满，化解矛盾纠纷，有效解决个体自主性发展与社会化要求之间的矛盾。

---

① 《马克思恩格斯文集》第 4 卷，人民出版社 2009 年版，第 292 页。

（三）运行过程调节机制

思想政治教育过程是促使社会成员将一定社会的思想观念、政治观点、道德标准内化为自身的思想品德的过程，是教育者和受教育者相互作用的过程。促进人的发展的过程就是教育者调节人的发展与受教育者能动地实现合规律性的、有序的发展相结合，使其成为内在统一的过程。对这一过程的调节，主要针对其中出现的矛盾和冲突，即人们在追求自身利益需要和个体发展过程中，由于没有调适好诸多差异现象和差异问题，而出现了理想与现实、人与人、个人与社会等矛盾。过程调节机制就是要建构这样一种调节机制，能够对思想政治教育保障和实现人的发展过程进行规范、纠错，以防止矛盾冲突的出现与恶化。其对思想政治教育过程的调节作用主要表现为两方面。

一是调节教育者和受教育者在保障和实现人的全面发展目标的导向下活动。思想政治教育要想保障和实现人的发展，就要使人们在积极主动、没有束缚和压力的状态下接受教育影响。但在实际工作中，少数教育者过于强调自身的主导作用，无形中造成与受教育者之间的不平等关系，一定程度上压抑了受教育者能动性的发挥，与现代思想政治教育强调的"坚持主导性与多样性的辩证统一"[1]相悖。事实上，受教育者的自觉探索、主动认知往往比被动接受的效果更好。因为主体性是人的本质属性，个体自发自觉的选择才会使其树立独立的人格、增强责任意识和反思批判能力。正因如此，面对多样化、多元化的发展趋势，教育者和受教育者都要明确保障和促进个体多样性发展的重要意义。对于教育者而言，要采用个性化、多样化的教育方式方法，对不同类型的群体进行具有针对性的教育；对于受教育者而言，要发挥自身的能动性、主体性、创造性，积极投身于社会实践，在实践中实现自我调节、自我发展、自我完

---

[1] 张耀灿、郑永廷、吴潜涛、骆郁廷等：《现代思想政治教育学》，人民出版社2006年版，第200页。

善。如果将教育对象看作千人一面的人，不考虑教育对象的实际需要和发展诉求，也没有认识到思想政治教育是一个促进人的全面发展的过程，那么教育活动的方向就会迷失。在此种情况下，建构和运行过程调节机制就是要约束、规范教育者和受教育者，使他们摆脱传统思想政治教育观念的影响，防范和抵制错误思想的影响，以促进人的全面发展为目标，确保个体的多样性发展具有正确合理的方向。

二是调节各要素之间的关系。思想政治教育过程是教育者、受教育者、教育介体、教育环境互相制约、互相依赖、互相作用的过程。要素之间会产生矛盾而导致教育过程没有达到预期的效果，使教育目标的实现期限被拉长。过程调节机制就是要调适思想政治教育过程中各要素之间的关系及其矛盾，合理规划和制定教育目标内容、方式方法等，形成推进思想政治教育过程的发展合力。处理思想政治教育过程各要素之间关系及其矛盾要遵循普遍性和特殊性的辩证关系。一方面，共性存在于个性的"规定"之中。为了说明普遍性存在于特殊性之中，毛泽东以斯大林对帝国主义矛盾的普遍性和沙俄帝国主义矛盾的特殊性之分析予以说明，即沙俄帝国主义矛盾的特殊性中包含了帝国主义矛盾的普遍性。另一方面，共性离不开个性，共性也包含着部分的个性，正如列宁指出："任何一般只是大致地包括一切个别事物。任何个别都不能完全地包括在一般之中。"[①] 由此，从普遍性与特殊性相互包含的关系来看，两个事物有共性，也就意味着它们之间存在不同，而两个事物有差别时，也就意味着它们之间有相同之处，把握事物之间的关系既要注重共性，也要看到它们之间存在的不同。由此，处理思想政治教育过程要素的关系，要在考虑社会的统一性发展要求的同时，也要考虑受教育者不同的思想品德状况。如果将普遍、统一与特殊、差异割裂开来，

[①] 《列宁专题文集：论辩证唯物主义和历史唯物主义》，人民出版社2009年版，第150页。

就会出现两种错误：一种是只注重统一而忽视多样的虚无主义，使得不同个体的思想品德状况和发展要求被忽视与无视；另一种是只讲差异而不讲统一的放纵主义，过分扩大和强调个体的思想品德状况和发展要求。

三 思想政治教育差异理念及其动力机制的辩证统一

如前文所述，人在发展中会遇到诸多差异现象和差异问题，思想政治教育要帮助人们调适好由此产生的焦虑、迷茫、恐慌等负面社会心理，坚持激励性原则和创新性原则，培养人们以积极健康、自信乐观的心态投入社会实践中，充分鼓励、发掘、激发个体的内在驱动力，确保人们在追求自主性、多样性的发展中实现自由而全面发展的目标。这既是思想政治教育差异理念的重要体现，也是对建构和运行其差异动力机制的重要指导。同时，激励人们实现多样性发展，需要相应的动力机制予以保障，包括需要动力机制、竞争创新机制以及情感认同机制等。

（一）运行需要动力机制

动力源自人的需要。由于人是社会的存在者，人的需要就不仅仅来自个人的心理和主观方面，更主要的是来自社会需要，受社会因素的影响。黑格尔在《法哲学原理》中阐述到需要的社会属性，他认为：“需要和手段，作为实在的定在，就成为一种为他人的存在，而他人的需要和劳动就是大家彼此满足的条件。……这种普遍性，作为被承认的东西，就是一个环节，它使孤立的和抽象的需要以及满足的手段与方法都成为具体的，即社会的。"① 在他看来，人的需要应该通过他人的所有物和劳动才能达到满足，呈现出个体需要的社会普遍性，而这种社会普遍性在不同的社会形态中，又具有差别性的表现形式。马克思恩格斯从历史唯物主义的视角也多次谈

---

① ［德］黑格尔：《法哲学原理》，范扬、张企泰译，商务印书馆1961年版，第207页。

到需要问题，他们指出："为了生活，首先就需要吃喝住穿以及其他一些东西。因此第一个历史活动就是生产满足这些需要的资料。"① 人们正是在这种满足需要的生产中形成了各种社会关系。而社会关系以及社会的发展程度就决定着个人需要的提出、需要的满足与需要的实现。正如恩格斯在举例说明需要对科学发展的动力作用时指出："社会一旦有技术上的需要，这种需要就会比十所大学更能把科学推向前进。"② 这进一步表明，人的多样性的需求和选择并不是随意的、任性的或偶然的，而是由一定社会的发展程度、水平所决定和引导的。人的需要对社会生产、科学技术等的动力作用，是在社会实践活动中实现的，同时，对人的需要的满足也是由社会实践活动来实现的。

由于社会实践活动是丰富多彩的，从事社会实践活动的个体就具有多种多样的需要。按照需要的类型划分，人的需要既包括物质需要，也包括精神需要。物质需要是人在生存发展中最基本的需要，当物质需要有了保障时，精神需要就会逐渐占据主导地位。无论是物质需要，还是精神需要，都是调动个体发展动力的重要因素。从需要的层次性来看，人的需要既包括人类生理和繁殖的最原始、最基本的需要，也包括社会关系（人与人、人与社会的关系）的需要，即实现自我、得到他人、集体、社会尊重和认可的需要。对此，美国心理学家马斯洛提出，人拥有五个层次的需要，即生理的需要、安全的需要、爱与归属的需要、尊重的需要和自我实现的需要。他认为："人类的需要构成了一个层次体系，即任何一种需要的出现都是以较低层次的需要的满足为前提的。"③ 马斯洛的五层次需要就是从人的本能需要到社会关系需要的表现。

需要是人实现进阶性发展的动力，满足人的需要的过程就是激

---

① 《马克思恩格斯文集》第一卷，人民出版社2009年版，第531页。
② 《马克思恩格斯文集》第10卷，人民出版社2009年版，第668页。
③ ［美］马斯洛：《马斯洛人本哲学》，唐译编译，吉林出版集团有限责任公司2013年版，第26页。

发、促进个体实现进步发展的过程。面对人的多层次、多样性的需要，思想政治教育的职能就是帮助人们理性认识自身的合理需要，并在满足个体需要的过程中激发人的思想和行为动机及其创造性。思想政治教育激发个体发展的内在动力，本质上就是对需要动力的开发。需要动力是指人的需要对人从事的一切活动及社会发展所产生的推动力量。就思想政治教育的本质属性来说，它不是通过直接满足人的物质需要去激发人的内在动力，而是通过提高人的思想觉悟，树立正确的世界观、人生观、价值观以及理想信念去激励人的发展，是通过开发人的精神动力而不断实现人的物质需要。只有充分激发人的精神动力，个体在实践活动中才能逐渐形成坚强的意志动机和行动毅力，并在工作、学习和从事各项活动中，对所遇到的差异现象和差异问题进行理性认识和判断，调整自己的思想和行为，自觉地为实现自身发展而发挥能动作用。值得注意的是，由于每个人的合理需要也是具有特殊性的，因而在探寻开发人的需要动力时，同样要注重根据不同个体的需要去激发不同个体的内在驱动力。

(二) 运行竞争创新机制

竞争创新机制是指思想政治教育为充分激发个体的内在驱动力，保障和实现人的全面发展而建构的一种引导和促进人们进行良性竞争和持续性创新的动力机制。竞争和创新都是鼓励和激发个体发展的实践行为和实践活动。为充分激发人的潜能和内驱动力，促进人的全面发展，一方面，要建构和运行好竞争机制。竞争是社会生活中不可缺少的一种动力。马克思恩格斯从保证生产力发展的角度对竞争作了这样的论述："只有当交往成为世界交往并且以大工业为基础的时候，只有当一切民族都卷入竞争斗争的时候，保持已创造出来的生产力才有了保障。"① 这一观点包含着两层含义：一是竞争能够保证生产力的发展，它是调动一切潜能的动力；二是竞争与合作之间是相辅相成、密不可分的。作为一种动力，竞争能够促进个体

---

① 《马克思恩格斯文集》第一卷，人民出版社2009年版，第560页。

实现多样性的发展，个体发展也需要竞争动力的唤醒和激发。思想政治教育在保障和实现个体发展的过程中，要培养人们具有正确的竞争观，在合作与竞争中实现其发展。其一，要培育人们认识到只有健康向上的良性竞争，才能推动人的多样性的、充分全面的发展。竞争为人的发展提供了不断前进的动力，创造了许许多多的发展可能和空间，是一种挣脱"稳固"形态的动力机制。因为在良性竞争下，人们自我实现、自我发展的需要更加强烈，战胜阻碍、取得胜利的意志信念更加坚定，从而开发自身的潜能和创造活力。但是，如果个体没有树立正确的竞争观，那么社会中就会出现许多不良的竞争现象（如不诚信、不道德、不透明、不正当、不公平的竞争等），这些反而会增强矛盾冲突的对抗性，危害人的健康发展、阻碍社会的正常运行。其二，要引导人们正确处理竞争与合作的关系，在竞争中扬长避短，提升自身竞争力。只有竞争没有合作，竞争就缺乏发展潜能；只有合作没有竞争，合作也缺少动力。只有正确处理好两者的相互关系，人们才能在竞争中不断提升自己。因为，在竞争中包含着合作，能够促进人们彼此间相互学习、相互借鉴，取长补短，既能进一步认识自身优势和能力，又能弥补自身缺陷。在竞争与合作中，人们才能获得持续性的进步，不断提升个人竞争力，实现进阶性的发展。

另一方面，建构和运行好创新机制。创新从哲学上说是一种人的创造性实践行为。当这种创造性实践行为作用于人自身时，创新是人的自我超越性的发展，是实现人的全面发展的重要途径。创新能够促进人的发展，人的发展需要创新才能实现。对个体多样性发展的尊重和鼓励，实际上，就是对个人富有创新性、创造性的尊重和张扬。思想政治教育要促进人的创新发展，就要培育人们具有独立思考的能力，具有持之以恒的创新精神。其一，人的创新要符合社会发展规律，为社会进步作出贡献。富有创新活力的人是社会永葆生机的条件。如果社会中的人都是陈旧不变的或千篇一律的，社会必然会成为一潭死水。人的创新发展的合理性在于，应使人成为具有自主意志、创造能力且能将自身发展置于国家和人民的事业中的人，而绝非成为那种自私守旧、不切实际、脱离社会责任和义务的人。可见，只有将人的创新性发展与国家、人民的发展紧密相连，人的价值和理想才有实现的可能。思想政治教育激发人的创新精神和创造能力，就不仅仅在于完善个体的发展，更重要的是将个体的创新性发展与社会发展相统一，形成人与社会的和谐共同发展。其二，要注重将创新和继承相统一。创新并不是将原有的东西全部抛弃，而是一种批判性继承，继承与创新是联系在一起的，相互促进、辩证统一。思想政治教育在激发个体创新精神时，要引导人们既保持、继承、发扬好优秀传统文化中的思想品质、优良品德，又要摒弃、改造不合规律、不健康、不正确的思想和行为，始终坚持解放思想、实事求是、与时俱进的原则，根据时代发展的新情况、新需要、新问题，发展和完善自身，使自身发展符合社会和时代的发展规律，更具生命力。

（三）运行情感认同机制

在心理学中，情感是人对客观事物是否满足自己的需要而产生的态度体验。它是一种主观态度和主观体验，属于意识范畴。从主观意识对客观存在的反映看，所谓情感认同就是指人对一事物有了全面的认知和了解后产生积极的、肯定的情感和态度，进而转化为自身的内在需要和驱动力。那么，思想政治教育要想引导人们协调好差异问题、保障和实现人的全面发展，一个重要前提就是要培育受教育者正向情感，如自信感、责任感、正义感、荣誉感等，让人们充分感受到爱与尊重，以积极向上的态度和热情追求自身多样性的发展。当人们对实现自我发展充分肯定、赞同、认可时，他们就会树立合理正向的价值追求，采取积极的行动面对和解决发展中的各种矛盾问题，在调适差异及其矛盾的过程中实现个体的多样性发展。相反，如果一个人对现实以及对自我发展表现出十分冷淡、漠不关心的态度，他就失去了激发自身发展的内驱动力，也就无法转化为外在的行动力。基于此，为强化个体协调和平衡差异问题的情感认同,其一,要在个体与社会之间的相互认同、相互接纳中帮助人们确立情感认同。确立情感认同其实是个体与社会相互建构的过程,个人内心中爱与尊重的需要表现出对社会的依赖、信任、尊重的感受,是个体与社会相互作用的结果。在两者相互建构的过程中,社会的变化影响着主体的情感变化,同时,主体情感认同的程度的变化又对认同社会的发展产生影响。因而,思想政治教育要引导人们在情感上接受和认同个体与社会之间的作用关系,从而培养人们以积极向上的心态投入到社会实践活动中,确保人们能够理性平和地协调差异问题,在追求多样性的发展中实现自由而全面的发展目标。

其二,要对受教育者给予肯定的情感认同,增强他们的自信心、责任意识、意志信念等,激励人们直面现实问题,在平衡诸多差异现象和差异问题的过程中促进自身发展。人的价值观念的形成是知、情、意、信、行辩证发展的过程。试想没有充分的认知,就无法形成深厚情感,没有情感的积累就难以形成坚定的理想信念,没有对意志信念的坚守,也就无法转化为自身的实际行动。思想政治教育要想引导人们协调和平衡差异问题、激发个体实现多样性发展的行动力,就要通过对受教育者的进步、能力、成就等的承认和肯定来满足他们对爱和尊重的需要,使受教育者对自我实现、自我完善、自我发展有积极认知,并对自我发展的社会贡献、社会价值产生深切情感,进而对自己的能力、理想追求充满信心斗志,坚定和强化积极实践的意志信念。当人们具备了正确的理想信念,并能自觉坚守时,人的内在认知和情感就会转化为一种实现自身进步发展的实际行动,激发出人的无限创造力。

其三,要善于把握受教育者的情感变化规律,激发个体的积极情感,抑制和转变消极情感,促使人们理性从容地协调和平衡现实发展中的差异与矛盾,从而激发个体的积极性、创造性。把握受教育者的情感变化,就要善于利用恰当的时机,在深入的情感沟通中,逐渐提升受教育者对主体意识的认同,特别是要激励受教育者以积极乐观的情感面对发展中遇到的困境难题、从容自信地迎接挑战。作为教育者，既要保持更加热情、主动、积极、乐观的情感去激励、感染受教育者，转变受教育者消极懈怠的负面情绪，还要从心底尊重、热爱每一个受教育者，创造轻松、活泼的教育氛围，认真倾听受教育者的诉求和心声。随着人的情感认同的确立，人的安全感、自信感、成就感才会随之产生，成为实现人的发展的重要要素。不难发现，人的情感认同过程实际上是一个主客观因素相互作用的过程。

综上所述，在人的发展中，差异理念是个体的差异发展的起点，它将外化为多样的差异行动，这就要有不同的机制予以保障。本章试图通过考察思想政治教育差异理念及其差异机制之间的辩证关系，系统呈现出促进人的全面发展的总的精神规定和运行方式，以建构促进人的发展的方法路径。这部分内容可以看作思想政治教育差异理论架构的第一个方面，那么还需要进一步针对现实实践中个体的差异发展所形成的差异结构以及发挥的差异功能，来探索相应的结构与功能的协作机制。

第五章

思想政治教育差异的结构与功能

思想政治教育差异是保障和实现人的全面发展的重要方式，尤其处于社会转型时期，其在引导和调适发展中的差异及其矛盾方面发挥着重要功能。物质的功能由其结构决定，同时，物质的功能又反作用于物质的结构。因此，思想政治教育差异结构决定着其差异功能，只有明确和把握正确的差异结构，思想政治教育在调适矛盾、引导人的发展上才能有效地发挥作用，进而产生良好的教育效果，更好地发挥思想政治教育在关注并引导社会成员协调好发展实践中的诸多差异现象与差异问题，培育理想信念坚定、价值观念正确、道德品质高尚的个体，促进人的全面发展中的积极作用，以使思想政治教育差异结构和差异功能更有效地激发人的创造活力，为实现人的全面发展提供必要的精神动力。这亦是思想政治教育适应新时代社会发展变化，自觉承担教育责任的现实诉求。

第一节　思想政治教育差异结构

要探讨思想政治教育差异的结构与功能，首先要对这一结构的相关概念、内容等予以具体解读，以明晰该结构的内在逻辑关系。

一 思想政治教育差异结构的概念与意义

结构是指系统内部各个要素之间的相互联系和搭配组合，它需要回答：一事物由哪些要素组成；这些要素的质量如何；各个要素是按照怎样的方式完成搭配组合的。对思想政治教育结构的理解，研究者们也是从结构的这一概念出发进行阐述的。"思想政治教育结构是指构成思想政治教育系统的各个要素之间相互联系、相互作用的方式。"[①] 同样，研究思想政治教育结构也要解决好上面研究结构时所提到的三个问题。基于此，在调适差异及其矛盾、保障和实现人的发展的过程中，思想政治教育差异作为一个由多种要素组成的复杂系统，其内部构成要素通过一定的搭配、组合方式相互联系以形成合理的结构。这些要素之间相互联系、相互作用的方式就是思想政治教育差异结构。该定义的要点有三个：其一，要明确该系统由哪些要素构成；其二，构成要素的作用和位置；其三，诸多要素之间的搭配、组合方式。系统中构成要素的组合方式十分重要，因为组合方式决定着构成要素在系统中的作用和位置，也影响着要素之间的相互关系。

具体来说，思想政治教育差异结构具有以下意义和作用：一是思想政治教育差异结构对构成要素的聚合作用。一方面，聚合作用是指思想政治教育差异结构将系统中的构成要素聚集在一起。孤立、分散的构成要素是无序的，在思想政治教育中也发挥不了相应作用。要素之间按照一定方式进行搭配和组合才能形成结构。当思想政治教育差异结构将相互联系的要素聚合在一起的时候，各个要素才能在不同的位置上发挥出差别作用。另一方面，聚合作用是指思想政治教育差异结构能够协调好要素之间的关系。各构成要素之间也会发生矛盾，影响彼此间的相互作用。差异结构的正常运转就是要发

[①] 张耀灿、郑永廷、吴潜涛、骆郁廷等：《思想政治教育学前沿》，人民出版社 2006 年版，第 144 页。

挥好调和作用,保证要素之间的和谐关系,使得各个要素能够发挥好各自的作用。不仅如此,在差异结构的运转中,构成要素的质量也会逐渐得到提高。二是思想政治教育差异结构对思想政治教育差异功能的决定性作用,进而促进功能对结构产生积极的反作用,形成思想政治教育差异结构及其功能之间的双向互动。功能是系统与外部环境相互作用时所表现出来的能力。结构和功能是一对矛盾范畴,两者是相互联系又相互制约的。一方面,结构决定功能。如果结构合理,功能发挥的程度就高;反之,如果结构不合理,功能发挥的程度就低。另一方面,功能反作用于结构。积极的反作用表现为功能推进结构的运转,促成新结构的产生;消极的反作用表现为功能发挥不当就会导致结构受损,阻碍结构运转。正因如此,我们要把握好思想政治教育差异结构和差异功能之间的辩证统一关系,选择和形成最合理的差异结构,发挥出功能的最佳效果。研究差异结构就是要建构该系统中构成要素之间的良好联系,以增进差异功能的有效发挥。与此同时,在其功能发挥的过程中,不断优化差异结构,促成双方良好的作用与反作用。

二 思想政治教育差异结构的构成要素

要素和结构是相互依赖的。其中,要素是最基础的,要素之间按照一定方式组成了结构。研究思想政治教育差异结构就要首先把握好其构成要素。这一结构是由该系统中的教育主体、教育客体、教育介体和教育环境四要素相互作用、共同构成的动态性结构。

(一) 教育主体

思想政治教育差异系统中的教育主体是指保障和实现人的发展的组织者、发动者、实施者,是对教育客体实施教育活动的群体或个人。在思想政治教育差异系统的诸多要素中,教育主体发挥着主导性作用,对其他要素进行主导和支配。主导性是指教育主体有责任帮助教育客体提高自身的思想道德水平,在引导和调节诸多差异问题、激发个体差异性发展时所表现出的能动性、创造性和超越性。教育主体在差异系统中的主导性具体表现为以下几点：其一，正确认识和把握教育客体的个体性、独特性，明确自身工作的方向和目标，即引导人们直面和调适发展中的差异及其矛盾，特别是调适好个体需要、发展目标与社会的需要、发展目标之间的差异及其矛盾等，防止矛盾被放大或激化，释放差异的动力作用，激发个体能够释放自身优势与潜能。其二，全面掌握社会规范，并针对社会发展的要求以及不同个体的状况和特点，对社会规范进行整合、创新，形成适合差别性教育客体的教育内容和教育方法。其三，积极开发和利用不同类型、不同特点的教育环境，从具体的环境和条件出发开展教育活动，特别是协调好个体之间的关系，创造和谐的人际关系氛围，不断优化思想政治教育环境，为保障和实现人的全面发展创造更好的条件。由此，教育者能否真正成为教育主体，就在于是否在差异系统中发挥自身的主导性作用，即便身为教育者，若没有履行相关职能，发挥主导性作用，也就不能承担教育主体责任。

（二）教育客体

差异系统中的教育客体是指思想政治教育在保障和实现人的全面发展过程中所引导和作用的对象。教育客体在教育主体的作用、影响和塑造下，具备差异性思维，能够理性平和地面对理想与现实、自身与他人以及个人与社会之间的差异与矛盾，逐渐形成适应多样化发展的良好思想品德。在与差异系统的其他构成要素的作用中，教育客体不是纯粹的被动者，而是具有主体性的客体，其主体作用在差异系统中具有以下几方面的表现：其一，由于教育客体具有明显的差异性，教育客体的"主体性"就要求教育者要从教育客体的实际情况和不同特点出发，开展差异化、多样性的教育实践活动，关心教育客体内在的发展需要，引导和激发教育客体的主体性、能动性，使教育客体以积极向上、健康理性的心态投入到社会实践活动中，在与教育者的良好互动中实现个体的多样性发展。其二，教育客体主动参与到思想政治教育过程中，根据自身发展需要，对教育内容和教育方法予以合理性的选择，实现自我教育和自我提升。例如，面对发展中存在的差异现象和差异问题，教育客体要在自我认识和自我教育的过程中，主动认识和把握差异及其矛盾存在的合理性，并能够发挥自身能动性将差异与矛盾转化为发展的驱动力，而不是以消极心态去面对这些问题，甚至将这些差异问题激化为激烈的矛盾，阻碍自身的发展。其三，教育客体的思想品德受教育环境的影响和作用，在实践活动中逐渐得到发展，与此同时，教育客体根据自身条件和需要在教育环境的选择和适应上、教育氛围的营造上也发挥着主动性。

（三）教育介体

思想政治教育差异系统中的教育介体是指思想政治教育在保障和实现人的全面发展过程中，使教育主体与教育客体相互联系、相互作用的中介要素，如教育活动的各种方式方法和一定社会所要求的思想观念、政治观点、道德规范和法律意识等。在思想政治教育差异系统中，教育介体是教育主体、教育客体、教育环境相互联系、良性互动的桥梁，发挥着中介性作用，承担着引导、调适、反馈等职能。没有思想政治教育介体，教育主体就无法引导受教育者树立差异性思维，无法帮助人们理性平和地调适发展中的诸多差异及其矛盾，更无法反馈阶段性的教育效果。教育方法是教育介体的重要形式，是保障教育过程顺利开展并取得积极成效的重要保障。教育主体要想与教育客体形成良性互动，就要借助于一定的方式方法。教育中介又来自教育主体的实践活动，是教育主体与教育客体相互交往、相互作用的产物。总之，教育介体是否存在、是否合理有效，直接影响着思想政治教育效果的发挥，影响着思想政治教育目标的实现，即能否保障和实现个体规约有序的多样性发展。

（四）教育环境

该系统中的教育环境是指与思想政治教育引导和调节个体的差异性发展活动相关的，以及对受教育者健全人格的塑造和培育产生影响的一切外部因素及外部条件的总和。教育环境是思想政治教育得以引导人们实现主体性的差异化发展的重要条件,在思想政治教育差异系统中发挥着条件性作用。其一,对教育主体而言,其主体性活动的开展并不是随意、任性的,而要受到一定社会环境、人际环境、工作学习环境等诸多要素的制约,这些教育环境要素影响着教育主体的教育决策和教育实施。正如,社会主义市场经济的快速发展,不仅为思想政治教育创造了有利条件,也产生了负面因素,出现了很多不道德、不合规律、不合规范的现象。对此,受复杂的教育环境的影响,教育主体要做出正确的教育决策,对社会成员的发展予以积极的引导和合理的规范,并组织开展行之有效的教育活动。其二,教育环境影响和促进了教育客体思想行为的变化。教育环境不仅仅为教育客体接受教育提供客观条件,其自身也履行着重要的教育职能。为纠正个体错误的思想和行为,保障人们实现一种有限度的多样性发展,一定的制度规范、价值观念、风俗习惯、社会风气等教育环境要素就发挥着重要的教育引导、教育规范的作用。其三,教育环境影响着教育介体的多样性选择。教育环境是多方面、多类型的,并共同作用于思想政治教育活动,使得教育活动的方式方法等多种多样、丰富多彩。同时,随着教育环境的历史性变化,教育内容和方法也得以不断改革和更新。

综上,在思想政治教育差异系统中,教育主体、教育客体、教育介体、教育环境相互依存、相互制约,既不能割裂内在联系,也不可废弃其中一方,要从构成要素的相互作用出发,组成和构建起具有内在逻辑联系且合理正当有效的差异结构。

三　思想政治教育差异结构的类型

探究这一结构,除了要厘清构成思想政治教育差异系统的诸多要素,还要从不同视角对构成要素之间相互联系、相互作用的不同方式,即多种类型的思想政治教育差异结构予以研究。

(一) 差异性存在结构与差异性发展结构

从构成要素的静态性和动态性联系出发,其类型可划分为差异性存在结构和差异性发展结构两种。

1. 思想政治教育的差异性存在结构

思想政治教育的差异性存在结构是指该系统中差异性存在的诸要素之间相互联系和相互作用的存在方式。该结构是研究思想政治教育差异系统中四个差异性存在的要素形成的整体性的存在结构。要研究这一内容，首先就要正确认识和把握构成要素的差异性。差异作为一种社会现象，存在于不同的具体历史条件下；不同个体存在于不同的社会环境中，就造成了差异。在差异系统中，教育主体、教育客体、教育介体、教育环境是具体的、现实的、历史的，因而都是体现差异性的存在。

一方面，教育主体、教育客体都是现实的、具体的个人或由一个个人所组成的现实群体，具有明显的多样性、差异性。教育主体的性格和心理特点、能力与素质、成长经历和发展需要等各不相同；教育客体的年龄、职业、地域、收入、文化程度、社会地位也有明显之别。正如前文所述，思想政治教育活动开展的基本前提是具有差别性的现实个体。在思想政治教育过程中，不同的教育主体要准确把握教育客体的差异性、特殊性、自主性，开展具有针对性、层次性、有效性的教育实践活动。

另一方面，教育介体、教育环境的运用和选择也具有针对性、层次性、差别性，需要从具体的、现实的实际情况出发，有的放矢地针对不同教育客体及其所要面对的复杂多样的差异现象和差异问题，选择和运用具有差别性的教育介体和教育环境。从教育介体来看，其差别性表现为：一是根据不同的教育客体的思想道德水平和发展特点运用教育介体，做到因人而异。社会越发展，社会生活越复杂多样，教育客体的层次性、差别性就越突出，就越需要具有针对性、层次性、实效性的教育方法和教育内容。二是根据具体的教育目标来选择不同的教育介体。教育介体是实现教育目的的手段，这就要针对不同层次、不同要求的教育目的和任务，选择恰当的教育介体。在保障和促进人的发展的过程中，教育介体既要为调节差异及其矛盾服务，也要为激发个体发展责任，以便有针对性地采取不同的教育介体解决不同问题。当然，将教育方法和教育内容分为不同层次、不同类型，也只是为了使思想政治教育工作具有针对性，能够发挥更好的教学效果，而并非划分等级或是区别对待。从教育环境来看，其差别性表现为不同类型、不同层次的教育环境，如自然环境、社会环境，国内环境、国际环境，物质环境、精神环境，宏观环境、微观环境，积极环境、消极环境，等等。这些复杂多样、动态多变的教育环境之间相互联系、相互作用，共同对思想政治教育活动产生影响。总之，这一结构分为教育主体的差异性存在、教育客体的差异性存在、教育介体的差异性存在、教育环境的差异性存在。在该差异系统中，教育主体、教育客体、教育介体、教育环境分别发挥着主导性作用、主体性作用、中介性作用、条件性作用，在要素间的相互联系、相互作用下构成了一个相辅相成的有机统一体。

2. 思想政治教育的差异性发展结构

思想政治教育的差异性发展结构是指思想政治教育差异系统中差异性发展的诸要素之间的相互联系和相互作用的发展方式。这一结构主要从动态的角度研究差异系统中教育主体、教育客体、教育介体、教育环境四个要素之间的相互作用，以形成整体的多样性的发展趋势。马克思对认为"环境和教育起改变作用的唯物主义学说"进行了批判，并指出："环境的改变和人的活动或自我改变的一致，只能被看做是并合理地理解为革命的实践。"① 人和环境之间不是单方面的谁决定谁的问题，而是互相创造、互相发展的。两者统一的基础只能是"人的革命的实践"，也就是人合理的、能动的实践活动。人与环境的这种相互关系在思想政治教育过程中就表现为，教育主体、教育客体与教育环境、教育介体之间的相互联系、相互作用，从而促进教育主体、客体与教育环境、介体双方的相互促进、相互发展。

具体而言，一方面，教育主体和教育客体之间的互动改变和促

---

① 《马克思恩格斯文集》第一卷，人民出版社 2009 年版，第 500 页。

进着教育介体和教育环境的多样性发展。从诸多要素的相互关系来看，教育主体和教育客体之间具有内在一致性，表现为人们对思想政治教育差异理念，即实现人的自由全面发展的内在需求和主动实践。两者的交往与互动过程就是主体客体化与客体主体化相统一的过程。主体客体化过程这里指教育主体对教育客体的影响和作用，教育主体先要接受教育，言传身教，注重教育客体的差别性，将所要传授的内容、意图反映到教育客体身上，使教育客体的思想、行为达到教育主体所预想的变化。客体主体化过程这里指教育客体对教育主体的影响和作用，教育客体发挥主观能动性，加强自我学习和自我修养，将其自身塑造成教育主体所设想的意向对象，转化成为思想政治教育主体。在教育主体和教育客体的相互作用中，个体不断培育和增强自身形成面对各种差异及其矛盾的科学思维和调适能力，发挥主体性作用，不断促进自身发展。同时，教育介体和教育环境在教育主体和教育客体的双向互动过程中也得以优化和更新。一是教育主体、教育客体促进教育介体的发展。教育主体是采取教育方法、传输教育内容的发起者、承担者；教育客体是教育方法和教育内容所指向的对象。教育中介的选择要为教育主体和教育客体服务，特别是教育客体，随着教育客体的成长变化，教育介体也要不断更新和优化。二是教育主体、教育客体促进教育环境的发展。教育环境是教育者和受教育者共同面对的客体，被教育主体、教育客体认识、利用和改造。对此，要反对那种认为人的思想、行为完全是由环境所决定，并肆意夸大环境作用的观点，正确认识人与环境之间的相互关系。

另一方面，教育介体和教育环境的创造和运用也影响着教育主体和教育客体的良性互动，进而促进教育主客体的多样性发展。教育介体和教育环境之间相互联系、相互作用。教育介体的改进有助于建构和创造更优化的教育环境，有效的教育介体能够及时对教育环境所发挥的作用和功效予以反馈，激发教育环境的潜在能量，保障教育环境与教育主体、客体之间形成良性互动。同时，教育环境也制约着教育介体的选择。教育内容、教育方法是从一定的教育环境中产生的，是教育者在遵循社会发展规律和人的思想品德形成规律下予以运用和开发的。教育环境在一定程度上影响并决定着教育内容选择和教育方法运用的客观性。在教育介体和教育环境的相互作用中，两者共同进步、相互促进，为实现教育主体和教育客体各自的多样性发展提供了有利的基础和保障。一是教育环境是制约教育主体和教育客体各自的多样性发展的重要因素。在外部环境中，和平稳定的世界发展格局，欣欣向荣、蒸蒸日上的国家发展局面，以及崇高的社会道德环境、理性平和的社会氛围，有助于取得较高水平的思想政治教育成效，在良好的教育环境的感染下，个体更能够发挥自身优势，促进自身的发展。在内部环境中，教育主体能否有效开发、利用和创造良好的教育环境，发挥教育环境育人的正向功能，防止和阻断教育环境的消极作用，同样是影响育人质量的重要因素。尽管人能够对环境发挥其主观能动性，但也要重视社会存在对社会意识的决定性作用，反对那种认为社会存在、教育环境无关紧要的错误观点。二是教育介体在保障教育主体和教育客体的双向互动上发挥中介性作用。中介是对立面双方联系、融合、统一的环节，是客观事物发展变化的中间环节。教育主体和教育客体的互动离不开一定的中介，一定程度上，教育介体反映着教育主体和教育客体相互关系的状态、性质和发展水平。教育内容和教育方法共同作为思想政治教育差异系统中的中介要素，要实现两者的有机结合。教育内容要借助一定的教育方法、载体，将教育主体和教育客体联系起来；教育方法也要承载一定的教育内容和信息，实现教育主体和教育客体的良性对接，发挥合力作用，共同促进教育主体和教育客体的发展。总之，在思想政治教育差异系统中，教育主体和教育客体在具体的、历史的特定环境中，借助相应的教育介体，开展思想政治教育活动，在四个要素的相互关系和相互作用下促进人的全面发展。

（二）调节差异结构与激发差异结构

在构成要素的动态发展过程中，思想政治教育差异结构又可分为调节差异结构和激发差异结构两种类型。

1. 思想政治教育的调节差异结构

思想政治教育的调节差异结构是指思想政治教育差异系统中通过调节诸要素之间的相互联系和相互作用以促进主客体之间多样性发展的组合方式。这一结构研究的是调节在教育主体、教育客体、教育介体、教育环境的相互关系中所发挥的作用。

一方面，调节体现于教育主体、教育客体的相互联系及其对教育介体和教育环境的影响，具体表现为：其一，教育主体和教育客体在交往、互动的动态过程中相互调节，促使双方实现有序的、合规律的发展。一是从教育主体对教育客体的调节来看，个体的发展不是任性的发展，而是一种合目的、合规范、合规律的发展。对此，教育主体要对教育客体的错误思想和行为予以纠正、约束和规范，使教育客体内化社会发展要求的思想观念，外化多样性发展的合理行为，以积极向上、自尊自信的社会心态投身于社会实践活动中。二是教育主体培育、调节教育客体的过程，也是自身接受教育、被调节的过程。面对多元的价值取向以及教育客体主体意识的增强，教育主体要进行自我学习、自我教育、自我管理，认识和改造自身思想、行为以及工作上的缺点和短板，提高自身的思想品德，认识到完全循规蹈矩、整齐划一、唯书唯上的教育模式和方法已经无法适应千差万别的实际情况，要根据教育客体的实际情况调节和开发具有多样性、针对性的教育实践活动。其二，教育主体、教育客体对教育介体的调节。在社会转型期，面对着越来越多的差异现象和差异问题，一部分人无法正确认识和把握这些差异及其矛盾，因而陷入迷茫状态，找不到人生的发展方向，这实际上加剧了他们对自身发展的破碎感，感知不到个体自主性、多样性发展的收获与满足。对此，教育主体要基于社会发展要求和教育客体成长发展的现实需要来调节教育介体，保留合理正当的部分，剔除消极负向的部分，使教育介体既能反映社会需要,又能重视教育客体的多样性发展。一是调整和更新教育内容,科学构建关乎于教育客体发展需要以及实现个体多样性发展的相关教育内容,激发教育客体发掘自身优势和潜能;二是开发和创造具有针对性、层次性的教育方法,最为关键的是要进行精准分类,把握好教育客体的不同类型,根据不同层次的需要选择适合的教育方法,确保所运用的教育方法有的放矢、对症下药。其三,教育主体、教育客体对教育环境的调节。具体表现为:一是教育主体和教育客体的良性互动能够有效认知、排除、调节、改造教育环境的消极影响;二是教育主体主动配合、开发、调和、利用教育环境,对教育客体施加积极的教育影响。

另一方面,调节体现于教育介体、教育环境之间的配合与运用及其对教育主体和教育客体的影响,具体表现为:其一,教育介体和教育环境之间相互调节,吸取精华、剔除糟粕,共同进步和优化。调控教育环境离不开对教育介体的优化和更新,合理的方式方法有助于对教育环境进行调控,克服社会环境中负向差异的消极影响,即防止差异的扩大化、防范消极差异现象的出现、破除固化的差异因素等,以保障教育环境发挥积极作用。与此同时,教育环境也对教育介体予以调节,教育方法和内容要秉持好指导性和服务型的原则,由单向灌输转化为双向互动,由追求形式转向追求效益上,使教育介体与教育环境相辅相成、相得益彰、协同推进。其二,教育介体调节着教育主体和教育客体之间的互动交往。由于教育主体和教育客体之间存在着思想、行为上的差异,两者在教育活动中所处的地位和发挥的作用又不尽相同,这些都决定着教育主体和教育客体之间的交往互动无法自始至终保持稳定良好的状态。教育介体作为沟通教育主体和教育客体之间的桥梁,在调节两者之间的交往上能够发挥重要作用。面对复杂多样、活跃多变的教育客体,教育主体只有不断更新、变革、优化教育介体,运用和选择有效的教育介体,才能满足教育客体的多样性需要,应对教育客体的变化发展,开展具有针对性的教育实践活动,促进教育主体和教育客体的良性交流互动。其三,教育环境对教育主体、教育客体多样性发展的调节。马克思恩格斯指出:"人创造环境,同样,环境也创造人。"①可见,对教育主体、教育客体多样性发展的调节离不开教育环境这一重要因素。优良的、代表社会发展方向的教育环境能够以其正向、健康、积极的因素对个体的发展予以调节,具体表现为:一是对个体发展进行潜移默化的影响,在秩序井然、和谐有序的社会环境中,人们能够接受积极的教育影响,自觉形成良好的思想和行为习惯,投身于丰富多彩的实践活动中;二是约束、规范个体的差异性发展,社会主义核心价值观以及诸多社会规范能够对人的发展行为加以规范,使人们形成正确的发展观、理想观、价值观;三是对个体合理、正当的多样性发展进行强化,如果个体的发展能够得到肯定,就会巩固和加深对个体的实际教育影响。

2. 思想政治教育的激发差异结构

思想政治教育的激发差异结构是指思想政治教育差异系统中通过激发和调动诸要素之间的相互联系和相互作用以促进主客体多样性发展的组合方式。这一结构主要研究的是激发在教育主体、教育客体、教育介体、教育环境的相互关系中所起到的作用。

一方面,激发反映在教育主体、教育客体的相互联系及其对教育介体和教育环境的作用。其一,教育主体和教育客体之间相互激励、相互创造,为促进彼此的多样性发展注入动力。从教育主体对教育客体的激发来看,教育者通过开展一定的教育实践活动帮助教育客体自觉地进行自我完善、自我修养,引导教育客体尊重、包容和协调自身与他人、自身与社会以及自身发展中理想与现实之间的差异问题,培育教育客体以积极向上、自立自强的社会心态投身于差异性社会实践活动中。从教育客体对教育主体的激发来看,教育主体要引导、激发和调动教育客体,首先要提升自身面对差别性教育客体的能力和素质,适应社会发展的客观要求,在教育实践活动

---

① 《马克思恩格斯文集》第一卷,人民出版社 2009 年版,第 545 页。

中充分激发自身优势和潜能,以身示范地进行教育实践活动,从而使教育主体和教育客体在双向互动中共同进步、成长,调动个体发展的主动性、积极性。其二,教育主体和教育客体对教育介体的激发。促进教育介体的更新、优化要将教育主体的导向性作用与教育客体的现实状态、实际情况、心理发展特征相结合。教育主体在开发教育介体时,既要从社会需要的角度出发,又要注重教育客体差别性的发展需要,深入了解教育客体的内在需要,创造和确立具有针对性、可操作性强的教育介体,如此教育主体、教育客体才能不断激发教育介体的更新和发展。其三,教育主体和教育客体对教育环境的激发。尽管教育主体不能改变社会大环境,但却可以通过改变身边的小环境不断强化对社会大环境的积极影响,抑制和消除消极影响。教育主体要想引导教育客体实现全面的发展,就要积极主动地改变和创造教育环境,创造有利于释放个体自身潜能、有利于平衡诸多差异现象和差异问题的良好教育环境。特别是,要根据新时代社会发展要求以及教育客体多样性的发展要求营造优良的教育小环境,如家庭环境、社区环境、单位环境、学校环境等。只有不断激发优良环境的产生,才能为教育实践活动创造更好的条件。

另一方面,激发反映在教育介体、教育环境的相互关系及其对教育主体和教育客体的作用,具体表现为:其一,教育介体和教育环境之间相互激发,形成教育优势,增强发展合力。一是教育介体对开发优良教育环境的激发。有效的教育介体能够通过合理的方法、载体开发教育环境中的积极成分,促使教育环境中有用的内容、信息传递给教育主体和教育客体,保障教育主体和教育客体的多样性发展。二是教育环境对优化、创造教育介体的激励。教育环境具有动态性,总是处于不断的变化当中。如随着我国社会的发展,教育环境持续性地发生巨大变化,既有激发个体多样性发展的有利环境,也有因市场经济发展不完善而出现的负面现象和因素。这样复杂多变的教育环境要求教育主体在实践活动中不断变革、创造教育介体,从而激发教育介体中新内容、新方法、新形式、新载体的产生和发展。只有教育环境与教育介体之间相符合、相适宜、相一致,才能共同发挥合力作用,促进教育主体和教育客体的差异性发展。其二,教育介体对教育主体、教育客体的激发。教育介体不是一蹴而成的,经历着从传统到现代、从简单到复杂、从单一到多样的发展过程。不断更新的教育介体是激发、调动教育主体与教育客体良性互动的重要因素。不断更新变化的、合理恰当的教育介体能够遵循个体发展的要求和多样性发展规律,尊重教育客体的实际利益,激发教育客体接受思想政治教育的主动性,从而使教育主体与教育客体之间进行有效互动。其三,教育环境对教育主体、教育客体的激发。教育主体和教育客体的多样性发展是在一定环境的影响和制约下展开的,自然环境是个体发展的物质基础,社会环境是激发个体发展的决定性因素。对此,教育主体要根据具体的教育环境来认识和把握教育客体的思想行为特点,只有这样才能有针对性地激发个体的多样性发展。

第二节 思想政治教育差异功能

任何功能都不会是凭空而来的,它的出现基于一定的科学根据,即结构。上文梳理了思想政治教育差异系统的四个要素,以及思想政治教育的差异存在性结构、差异发展性结构、调节差异结构、激发差异结构四大结构。这些内容有助于我们进一步厘清思想政治教育差异功能的概念与内容。

一 思想政治教育差异功能的概念与内容

探究思想政治教育差异功能,首要的就是理解何为"功能"。在《现代汉语词典》中,功能的定义是"事物或方法所发挥的有利作用;效能"[①]。这一定义是将功能与作用等同看待的,对于思想政治

[①] 中国社会科学院语言研究所词典编辑室编:《现代汉语词典》第7版,商务印书馆2016年版,第454页。

教育功能概念的解读，也有学者将思想政治教育的功能理解为思想政治教育的作用，具有代表性的观点如陈万柏等认为，"思想政治教育功能是指思想政治教育对受教育者和社会生活所能发挥的积极的有利的作用或影响"①。另外，仓道来也认为："思想政治教育功能是指思想政治教育所发挥的效能和它具有极其重要的社会作用。"②依据以上功能与作用同等视角来理解思想政治教育功能的观点，我们可以初步对思想政治教育差异功能进行概述，即思想政治教育差异功能是指思想政治教育对促进教育主体、教育客体的全面发展所发挥的正向作用和影响。思想政治教育差异功能发挥的程度，直接影响着思想政治教育保障和实现人的全面发展的效果，影响着思想政治教育差异结构的自我优化和自我调整。将思想政治教育差异功能发挥好、协调好、发展好，有助于引导人们理性面对发展中的诸多差异现象和差异问题，做到尊重差异、包容差异、协调差异，使教育者和受教育者通过开展差异性的实践活动更好地促进自身多样性的发展。实际上，在不同的历史时期、不同的社会结构以及社会发展程度下，思想政治教育差异的功能会有很多不同的呈现方式，但从一般性的视角出发，思想政治教育差异的功能突出表现为以下几个方面：一是诉求功能；二是调节功能；三是激励功能。只有厘清了思想政治教育差异功能的主要内容，才能更加深入地探讨思想政治教育差异结构与思想政治教育差异功能之间的辩证统一关系和协调促进问题。

（一）思想政治教育差异的诉求功能

思想政治教育差异的诉求功能是指思想政治教育在保障和实现人的全面发展中所发挥的反映和满足教育主体、教育客体内心价值诉求、希望和理想的作用。思想政治教育差异的诉求功能由思想政

---

① 陈万柏、张耀灿主编：《思想政治教育学原理》（第三版），高等教育出版社2015年版，第63页。

② 仓道来主编：《思想政治教育学》，北京大学出版社2004年版，第49页。

治教育差异系统的差异性存在结构决定，主要体现为：

其一，引导和满足教育主客体从现实出发去追求理想目标的诉求。人的实践活动的存在方式总是具有一种源于现实又超越现实的理想性实践向度。然而，受现实性发展水平和发展能力的局限，人自身的理想与现实之间总是存在一定的差异。正如，在现实生活中，"民众对美好生活需要现状与想象之间差距最大"①，人内在的理想与现实之间的差异问题展现出负向价值。据统计，"有45.1%的受访党政干部、57.8%的受访公司白领和55.4%的受访知识分子认为自己是'弱势群体'"②，并在社会中蔓延着一种弱势心态。这种弱势心态与个体内在所面对的理想与现实之间的差异问题密切相关。以党政干部为例，想要有所作为，做出让老百姓满意的民生工程，但在现实中却困难重重，这种理想与现实之间的差异让不少官员倍感心力交瘁，更有一些贫困地区的公务员工资有限，面对物价尤其房价的压力，深感"弱势"。为了避免这种差异转化为激烈的社会矛盾和冲突，同时，为了能够将此差异转化为发展的不竭动力，思想政治教育就要对个体的理想与现实之间的差异诉求加以引导和协调。对此，思想政治教育要引导社会成员正确认识和接纳自身的理想与现实之间的差异，使人们在面对现实和发展困境时，能够毫不动摇地坚定理想信念，在理性把握、有效协调理想与现实差异的基础上，改变现实、超越现实，为个体的选择性、超越性发展提供可能。

其二，满足教育主客体个人与社会协同发展的诉求。马克思主义语境下的"人"是真实存在于社会发展中的实践主体。个体的成长与发展离不开社会有机体的活动范围，并受社会发展水平和程度的制约与影响。因此，要满足教育主客体实现自身发展的诉求，就要保证个人与社会之间的有序有度、和谐发展。然而，受新自由主义、极端个

---

① 王俊秀、刘晓柳、刘洋洋：《人民美好生活需要的层次结构和实现途径》，《江苏社会科学》2020年第2期。

② 孙立平：《积极社会管理：应对复杂挑战良方》，《廉政瞭望》2012年第6期。

人主义等西方不良价值观的影响，人们的思维方式和行为模式发生变化，表现为一部分人集体主义观念、社会责任感的淡薄，参与社会实践活动的主动性、积极性降低，导致社会不和谐的因素产生，引发个人与社会之间的差异及其矛盾，在一定程度上阻碍着个体发展目标和诉求的实现。对此，思想政治教育要在化解个人发展和社会发展的矛盾上发挥作用，促进人与社会的和谐统一发展。教育主体要运用多种多样的方式和手段弘扬和传播社会主义核心价值观，为推进社会各项事业发展建构价值共识，引导社会成员理性对待个体发展与社会发展的差异及其矛盾，提升社会成员对国家发展、社会主义事业、社会主义制度的认同，用主流意识形态引导和带领人们不断前进，以保障和满足个体自我价值与社会价值的协同实现。

（二）思想政治教育差异的调节功能

思想政治教育差异的调节功能是指思想政治教育在保障和实现人的全面发展中所发挥的调节主客体差异发展中各种矛盾的作用。思想政治教育差异的调节功能由思想政治教育差异系统的差异性发展结构和调节差异结构所决定，主要体现为：

其一，调节错误的思想以及失范的行为。随着社会的快速发展，经济、政治、文化等方面的制度、体制、机制发生深刻变革，社会成员在生产、生活中无时无刻都面对着人与人之间、个人与社会之间、理想与现实之间的差异现象和差异问题。由此，导致人们的思维方式和思想观念也发生巨大的变化。一部分人能够以尊重、包容的态度面对这些差异，将其看作激励自身发展进步的动力，促进个体的多样性发展；但是还有一些人选择用消极、悲观的心态去理解和面对这些差异，无限放大差异问题的消极面，堆积内心的焦虑和不满，进而在实践活动中萌发出错误的发展思想，滋生出越轨的实践行为。这就亟待思想政治教育纠正个体看待差异的错误观点，规范个体差异性实践中的失范行为，使社会成员自觉提升思想道德素质、养成良好的行为习惯，从而实现个体合理有序的多样性发展。一方面，思想政治教育调节错误的思想，主要指教育主体通过开展耐心细致的思想教育、广泛深入的启发引导，帮助人们正确认识和把握差异的客观性存在，树立科学性思维方法，使教育客体内心中达成思想认同，由被动说服转化为主动信服，以崇高的理想追求和坚定的人生信念为指导来面对诸多发展中的差异及其矛盾。这对于促进人们合规范、合规律的多样性发展，增强社会发展的凝聚力具有重要意义。另一方面，思想政治教育能够养成人们良好的行为习惯。规范行为就是在达成思想共识的基础上，明确自身差异性发展的行为规范，避免因失衡心理和错误思想而导致行为越轨。教育主体通过榜样示范、关怀激励等方式，培养人们形成合乎社会道德要求和法律规范的行为习惯，使社会成员在发展时自觉遵守各种社会规范和法律纪律。

其二，调适利益冲突和社会矛盾。改革开放和市场经济建设以来，我国经济社会快速发展，人们获得了更多的物质利益、精神利益，但与此同时，也形成了各种复杂的利益关系，造成了利益上的差别和分化，然而，一旦利益鸿沟无法弥合，就会引发激烈的利益冲突和社会矛盾。就引发社会冲突的原因而言，除经济发展不平衡、利益分化等物质性原因外，功能冲突论的代表人物科塞认为更要重视非物质性的原因，即"价值观和信仰的不一致"，他认为，非物质性原因源于"社会合法性的撤销"，即"人们对现有制度怀疑并缺乏信心，不再接受现有制度的合理合法"[1]。这说明，利益的严重冲突、社会矛盾的恶化与人的思想、价值观的冲突息息相关。为了防止出现严重的社会冲突，消除潜在的社会风险，要对社会成员的思想观念、价值取向进行有效引导和调节。历史和现实都证明，思想政治教育在协调利益冲突、化解社会矛盾上发挥着重要作用，具体表现为：一方面，通过价值认同实现利益差异共识。面对个人利益与社会利益、当前利益与长远利益、局部利益与全局利益的差异及

---

[1] 贾春增主编：《外国社会学史》（第三版），中国人民大学出版社2008年版，第220页。

其矛盾，人们需要一种正确的利益观作为指导。思想政治教育能够坚持社会主义的利益观，帮助社会成员正确认识合理性利益，处理好个人利益与集体利益、国家利益的关系，最大限度地凝聚不同群体的利益共识，实现和谐的共同发展。另一方面，通过平等沟通反映利益诉求。思想政治教育能够通过民主的、和风细雨式的对话和交流来了解不同阶层和群体，特别是弱势群体的利益诉求，让社会成员能够畅通地表达自身需要，也能促进不同利益群体之间的对话沟通，保障不同利益群体的合法权益，有效调整利益关系，调控失衡情绪，以此消除人们的心理障碍，主动化解人民内部矛盾。

（三）思想政治教育差异的激励功能

思想政治教育差异的激励功能是指思想政治教育在保障和实现人的全面发展中所发挥的激励主客体实现自身多样性发展目标的作用。思想政治教育差异的激励功能由思想政治教育差异系统的差异性发展结构以及激发差异结构所决定，主要体现为：

其一，激发教育主客体的自身优势和潜能，引导个体充分发挥积极性、主动性来参与实践活动，实现个体的多样性发展。社会环境决定着人的发展水平、方向、质量。在不同的社会历史时期，人们所处的整体社会环境是有差异的，现代社会比古代社会能够为人的发展提供更加优越的条件。在同一个社会历史时期，不同的人所处的地域、家庭、交往环境也具有差别性，使人们按照不同的方向、速度发展。当前，我们所处的时代和社会环境，虽然还不是马克思恩格斯所讲的共产主义，但是物质财富的丰富、科技的进步、文化的发展、闲暇时间的增加，为更多的人实现自我完善和发展提供了可能和条件。同时，我国正处于重要的历史转型期和发展机遇期，政治、经济、文化等社会结构发生巨大变化，经济社会的发展以及生产力的提升都需要人们充分发挥自身的聪明才智、特长优势，需要更多社会力量的积极参与。尽管激发和凝聚群众才智和力量的方式有很多，但是通过思想政治教育对群众进行激励和调动无疑是重要途径之一。正如有学者认为："激励是价值创新的重要手段，社会的进步离不开对人的激励,激励功能是思想政治教育最直接、最现实、最本质的功能之一。"① 具体来看,一是激励主客体增强自我意识,发掘自身潜能。自我意识弱的人习惯性地将自己看作他人生活的一部分,缺乏独立意识,无法发掘和释放自身的发展力量;自我意识强的人,他们更能够去完善自己,不断发掘自身的潜能和活力,去追求自我价值。思想政治教育"是以自我完善为目的,是一种完善人格的教育"②,教育主体通过榜样激励、目标激励、情感激励、信任激励、竞争激励等方式引导教育客体明确人格完善的方向,将自己的需要和发展与社会的需要和发展有机集合起来,不断发掘自身的特长和优势,以积极健康的人生态度实现自身的全面发展。二是充分调动人的积极性、主动性,提升个人的综合素质。全面建设社会主义现代化强国需要广大人民群众的积极参与,通过思想政治教育活动的开展来提高个体的能力和素质,坚定个体的理想信念,增强个体的自信心,使人们能够充分调动自身的主动性和积极性,在多样性发展中共同实现人生目标。

其二,调动教育主客体的创新性,进行创新性的实践活动,实现更高层次的全面发展。党的十九届五中全会提出:"坚持创新在我国现代化建设全局中的核心地位,把科技自立自强作为国家发展的战略支撑。"③ 这表达了创新在经济持续性发展尤其是全面建设社会主义现代化国家过程中的引领地位和核心地位,是我国着眼于世界发展趋势和未来发展所做出的重要战略部署。创新本身就是一种深度的挖掘和促进,创新发展能够开发和发掘人的更高层次的多样性发展,为人的差异化实践提供推进力和持续力。因此,思想政治教育要保障和促进个体的多样性发展,就要关注和重视激发个体的创新性和创造性,在激发教育主客体的创新精神、开展创新性活动方

---

① 申来津:《思想政治教育的激励功能》,《理论月刊》2002年第2期。
② 陈秉公:《思想政治教育学原理》,辽宁人民出版社2001年版,第3页。
③ 《中共十九届五中全会在京举行 中央政治局主持会议 中央委员会总书记习近平作重要讲话》,《人民日报》2020年10月30日第1版。

面发挥作用。当然，思想政治教育培育人的创新精神，并不是直接传授科学文化知识，也不是增强人们相关的专业能力，而是激励人们能够在奋斗过程中排除一切困苦磨难、干扰杂念，以顽强的意志、崇高的理想和内在强大的精神动力进行创新性活动。只有这样，教育主客体的多样性发展才能走向新的和谐共同发展，从而为全面建成社会主义现代化强国提供更深度的发展动力和活力。

二 思想政治教育差异功能的特征

基于以上对思想政治教育差异功能科学内涵的分析可以看到，思想政治教育差异功能必然有着生成、发挥的特定标志和特点。具体来看，思想政治教育差异功能具有这样一些基本特征：第一，客观性。思想政治教育在保障和实现人的全面发展中所展开的活动是客观存在的，这就决定了思想政治教育差异功能的客观性，具有不以人的意志为转移的客观本性。因此，人们可以影响功能的发挥、优化和发展，但是却不能无视或是消除它的存在。第二，条件性。思想政治教育差异功能的生成、发挥、优化、协调并非自发的，需要具备一定的主客观条件，教育主体要明确自身的工作任务和要求，在教育实践活动中充分利用教育介体，在一定的教育环境中对教育客体施加教育影响。实际上，思想政治教育差异系统内部要素以及外部因素都会对思想政治教育差异功能的发挥造成影响。第三，多样性。思想政治教育差异功能不是单一性的，而是多样性的，这是由思想政治教育差异系统中的多种构成要素及其之间所形成的多样性结构带来的。其中，教育主体和教育客体的差异性存在和多样性发展发挥着决定性作用。例如，当教育主体要面对具有差别性的教育客体及其追求和理想时，思想政治教育差异表现为诉求功能；对于一个在追求差异性发展而思想和行为出现偏差的个体，思想政治教育差异表现为调节功能；对于一个缺乏主动性、积极性，没有健全人格的人，思想政治教育差异表现为激励功能。教育者在促进个体的多样性发展中所强调的重点不同，发挥的差异功能就不同。为了发挥多样性的差异功能，教育主体就要采取多种多样的教育方式方法，与差别性的教育客体形成良好的互动。第四，发展性。思想政治教育差异功能并不是静态的、孤立不变的，而是不断更新变化的，随着社会的发展、人的发展、思想政治教育的发展，功能也不断变化发展，表现为：一是思想政治教育差异功能得以优化。从理论上讲，差异功能整体性的发挥能够对促进人的发展产生最佳效果，但是实际中，这种整体性作用的发挥是十分困难的，根本上在于影响和制约思想政治教育差异功能生成的各个构成要素没有发挥到位，或是要素之间的作用效果欠佳，造成思想政治教育差异功能的发挥存在缺憾。然而，教育主体、教育客体、教育介体、教育环境又是处于动态发展中的，因时因势不断得以优化发展，这些优化了的要素之间相互作用就导致了功能的优化和发展。二是思想政治教育差异功能的整合度不断提高。差异功能之间按照一定的秩序相互耦合，才能发挥出功能的整体性作用。随着差异功能的不断优化，功能之间的配合度也最大限度地得以增强。三是有可能出现新的思想政治教育差异功能。教育主体、教育客体在面对新的差异环境和差异问题时，还会生成新的差异性结构，促使新功能的产生，以保证思想政治教育在促进人的全面发展过程中具有旺盛生命力和持续影响力。总之，正确认识这些思想政治教育差异功能，有助于教育主体明确自身职能和工作任务，有助于更好地发挥思想政治教育在保障和实现人的全面发展中的积极作用。

第三节　思想政治教育差异结构及其功能的辩证统一

如前文所述，思想政治教育差异结构和思想政治教育差异功能具有辩证关系，两者相互关系、相互影响。一方面，明确思想政治教育差异系统的构成要素及其相互作用，有助于教育主体认识和把握思想政治教育差异的功能，促进功能的有效发挥；另一方面，思想政治教育差异功能的发挥，促进着差异系统中构成要素的自我调整、自我协调、自我优化，以达到功能发挥的最佳效果。因此，探究思想政治教育差异结构和差异功能之间的辩证关系，既有助于生成和发挥合理有效的思想政治教育差异功能，也有助于协调、优化思想政治教育差异系统中的构成要素及其相互作用，只有将思想政治教育差异结构和差异功能有机结合起来发挥作用，思想政治教育才能更好地保障和实现个体的多样性发展，最终实现人的自由而全面发展。

一 思想政治教育差异结构及其诉求功能的辩证统一

思想政治教育在保障和实现人的发展的过程中，要满足教育主客体的理想和价值诉求。这既需要充分把握思想政治教育差异系统中构成要素的相互作用，发挥出思想政治教育差异的诉求功能，还需要加强和促进要素间相互关系的自我调整和优化。

（一）差异结构决定诉求功能的生成与发挥

结构与功能密切相关，思想政治教育差异系统中构成要素之间的联系和作用决定着思想政治教育差异诉求功能的生成和发挥。这一功能的发挥表现为，在一定的教育环境中，教育主体通过选择和运用相应的教育介体，对教育客体施加教育影响，从而保障教育主客体的内心价值诉求、希望和理想能够得以实现。为进一步理解和把握思想政治教育差异结构对差异诉求功能的决定性作用，我们以教育介体和教育主客体的相互关系为例予以分析。

教育介体蕴含和呈现着一定的社会价值观念。代表着社会主流价值方向的教育介体，对教育主客体的思想和行为产生重要影响，受到一定教育影响后的主客体又反过来促进着教育介体的更新和发展。诚如14世纪时，随着工场手工业和商品经济的发展，资本主义生产关系在欧洲封建制度内部逐渐形成，新兴资产阶级期望冲破教会神学的束缚，借复兴古希腊罗马文化实现从"神"到"人"的观念变更。这一"复兴"实际上正是一次社会价值观念的变迁。人们开始从对神的关注转向对人的关注,从对彼岸世界的关注转向对此岸世界的关注,逐渐形成了欧洲文艺复兴的"人文主义"价值观。进步的思想家抨击封建主义、宗教神权对人们思想和精神的禁锢,宣扬个性解放,追求人的多样性发展,重视现世生活;提倡科学文化,崇尚理性和知识,反对蒙昧主义。人文学者要求实施尊重人的价值的教育内容和教育方法,要让所有人都关注自身的生活、自身的发展。一方面,价值观念的变迁以及人文主义教育的广泛传播,使得人们的思想和行为发生深刻变化,它影响着每一个人,鼓励着每个个体的差异发展和差异追求,而不拘泥于神学简单而"大一统"的生活模式。这些尤其表现在文艺复兴时期的作品及其制作方法上。类似于达·芬奇这样的文艺复兴艺术家"受到之前英国和法国在继承古代希腊科学传统基础上的科学实践的影响"[1],在从事绘画和雕塑的同时也从事工程师的工作,使艺术与科学相互影响。达·芬奇在研究光的折射现象时,就在笔记上写道:"通过这种方法你可以做无数的实验。并且得出你的定理。"[2] 可见,在"人文主义"价值观的影响下,达·芬奇深刻认识到绘画必须以科学知识为基础,以科学理解绘画,充分发挥个体的创造性来观察和研究客观现实中一切物象的真与美,并通过自己独特的艺术表达形式在作品中展示自身对人文主义差异性、独特性的理解,以及对人的个性解放的艺术表达,正因此达·芬奇创造出了一个个经典巨作,如《岩间圣母》《最后的晚餐》《蒙娜丽莎》等。另一方面,人们的思想和行为在受到一定价值观念的教育影响后,又会发挥自身的主体性和创造性作用,进一步促进价值观的发展、影响和扩散,使这种观念更加深入人心。在文艺复兴思想家、艺术家们的影响下,人文主义价值观进

---

[1] 何平、刘永志:《文艺复兴运动起源和意义的再反思》,《贵州社会科学》2016年第6期。

[2] [英]麦克尔·怀特:《列奥那多·达·芬奇——第一个科学家》,阚小宁译,生活·读书·新知三联书店2001年版,第210页。

一步表现出丰富多彩、张扬个性和差异性的发展成就。例如，文学著作中但丁的《新生》和《神曲》，薄伽丘的《十日谈》，莎士比亚的《哈姆雷特》《李尔王》，等等，绘画作品如《犹大之吻》《最后审判》《哀悼基督》《埋葬》《圣母画像》《圣家庭与圣约翰》等。这些丰富多彩、个性化的艺术表达，使人文主义价值观进一步得到传播和扩散。尤其是对科学领域的影响，兼任工程师的艺术家们崇尚科学，追求个性创造，他们的作品以及制作方法深深影响着近代初期欧洲的科学先驱，如伽利略就是借助实验来探究物理运动规律的。

通过上述对文艺复兴时期人文主义价值观念与艺术家相互关系的举例分析，我们可以清晰地看到，作为教育介体的人文主义价值观及宣传方法，与作为教育主客体的社会成员们是相互影响、相互促进的，在这种相互关系中产生出一种反映和满足教育主体、教育客体内在价值诉求的功能。一方面，在一定的社会环境中，教育介体产生出肯定和宣扬人文主义价值观的诉求；另一方面，教育主体和教育客体在教育内容、方法的影响下，也产生进一步发展人文主义价值观的诉求。当教育介体与教育主客体的希望与目标达成一致时，诉求功能就得到生成和发挥。由此可见，在思想政治教育差异系统中，当教育介体和教育主客体都产生实现自身全面发展的希望和诉求时，即在面对教育主客体多样性发展诉求时，教育介体也能够自我调节、自我优化以充分发挥保障和实现人的全面发展，思想政治教育差异的诉求功能就能够生成和发挥出来。

(二) 诉求功能促进差异结构的优化与协调

思想政治教育差异诉求功能的发挥对思想政治教育差异结构具有反作用，差异诉求功能发挥得好，会促进差异结构的完善，即优化和协调教育主体和教育客体之间、教育介体与教育主客体之间、教育环境与教育主客体之间的相互关系。从教育介体与教育主客体的关系来看，思想政治教育差异的诉求功能对差异结构的优化和协调体现在以下两个方面：

一是诉求功能会促使教育主体和教育客体之间形成良好的互动沟通,以产生优质的教育效果。正如,改革开放之后,我国从计划经济转型为社会主义市场经济,社会发展的价值诉求和人民群众的诉求都发生了很大转变。为了突破计划经济时期的陈旧、僵化的"社会主义观念",转变为社会主义市场经济价值观,邓小平对社会主义本质第一次作出了新的阐释。他指出:"社会主义的本质,是解放生产力,发展生产力,消灭剥削,消除两极分化,最终达到共同富裕。"① 这一概括正是一次价值观的新转变,它形成了对社会主义本质的全新认识,促使着党中央和广大人民群众之间形成良好的双向互动关系,表现为:第一,社会主义的本质反映了人民的利益诉求和时代的发展要求,澄清了与时代进步和社会发展规律不相符合的僵化观念和模糊认识。党中央和广大人民群众解放了思想,摆脱了长期拘泥于传统模式而忽视社会主义本质的错误倾向,明确了坚持社会主义公有制又完善和发展公有制的正确方向。第二,我们党不仅把实现共同富裕作为一种价值追求,而且将其看作一种实践导向。改革开放后,我国实行先富带动后富、逐步实现共同富裕的政策,党中央带领广大人民群众创造了世所罕见的经济发展奇迹,社会生产力和人民生活水平得到明显提高,"我国脱贫攻坚战取得了全面胜利,现行标准下9899万农村贫困人口全部脱贫,832个贫困县全部摘帽,12.8万个贫困村全部出列,区域性整体贫困得到解决"②。同样,思想政治教育在促进人的发展的过程中,如果能够将思想政治教育差异的诉求功能发挥好,引导人们从现实出发实现理想和内在诉求的和谐统一,那么,教育主客体之间的关系就会愈加和谐、优化。教育主体能够在引导个人发展的过程中充分发挥导向性作用,引导教育客体发挥自身主动性去追求自身理想和目标。试

---

① 《邓小平文选》第三卷,人民出版社1993年版,第373页。
② 习近平:《在全国脱贫攻坚总结表彰大会上的讲话》,《人民日报》2021年2月25日第2版。

想，如果诉求功能无法得到实现或是发挥不当，那么教育主体和教育客体之间就会产生误解和隔阂，不利于产生良好的教育效果。

二是诉求功能的发挥决定着差异结构中教育介体的自我调节、自我优化，从而在教育实践活动中充分发挥中介性作用。正如，社会主义本质的提出促使着教育内容和教育方法的自我调节和自我优化。从教育内容来看，共同富裕是社会主义本质的目标要求，是社会主义区别于资本主义的重要标志，也是中国共产党的重要使命。党的十九届五中全会审议通过的《中共中央关于制定国民经济和社会发展第十四个五年规划和二〇三五年远景目标的建议》提出"全体人民共同富裕取得更为明显的实质性进展"，强调"扎实推动共同富裕"[1]，都体现了以习近平同志为核心的党中央坚持以人民为中心的根本立场，自觉推进共同富裕。党中央提出"共同富裕"的重要思想和实施目标，在社会生活中形成了全民价值观的共识，各级党组织和社会机构在响应党中央的号召中，开展了轰轰烈烈的"精准扶贫"以及大力推进乡村振兴战略，为全面建设社会主义现代化强国而努力奋斗。

综上可见，在思想政治教育过程中，反映和满足教育主客体内在价值诉求的功能发挥得好，也会反过来促进要素的优化以及要素之间相互关系的协调，从而为教育主客体提供良好的互动桥梁，共同为保障和促进教育主客体的发展诉求而助力。

二 思想政治教育差异结构及其调节功能的辩证统一

思想政治教育要想促使人们实现一种合理有序的发展，就要引导人们正确认识和理性调适发展中的各种差异及其矛盾。对此，思想政治教育差异系统中的各个要素要协调配合以充分发挥调节作用，同时，在思想政治教育差异的调节功能得以生成和发挥的过程中，

---

[1] 《中共十九届五中全会在京举行 中央政治局主持会议 中央委员会总书记习近平作重要讲话》，《人民日报》2020年10月30日第1版。

构成要素之间的结构性关系也要实现优化发展,以确保思想政治教育差异结构与思想政治教育差异的调节功能能够持续性地互相促进。

(一) 差异结构决定调节功能的生成与发挥

结构决定着功能的生成和发挥,从发挥功能的效用来看,系统要素相互作用的稳定性、有序性、协调性,决定着功能的有效发挥。由此,要想生成和发挥思想政治教育差异的调节功能,就要正确把握思想政治教育差异系统中各种构成要素之间的相互作用,保持要素之间的积极作用和良性互动,从而有效调节教育主客体错误的思想以及失范的行为,并通过差异性的教育实践活动调适好各种利益冲突和社会矛盾。在此,以教育环境与教育主客体相互调节的结构性关系为例,对调节功能的生成和发挥予以分析。

在"人与环境"的关系中,恩格斯指出,自然主义的历史观"认为只是自然界作用于人,只是自然条件到处决定人的历史发展,它忘记了人也反作用于自然界,改变自然界,为自己创造新的生存条件"[①]。通过恩格斯的这一批判可知,人与自然环境之间是相互作用、相互改变、相互调节的。人与自然环境的关系如此,作为教育主体、教育客体的人与教育环境的关系也同样如此。在思想政治教育活动中,教育主客体与教育环境相互调节、双向互动,这种调节差异结构决定着思想政治教育差异调节功能的生成和发挥,具体表现为:

一方面,教育环境能够调节教育主客体的发展。从教育环境的性质看,它可以分为良性环境和恶性环境,不同性质的教育环境发挥着不同的调节作用。其一,良性的教育环境能够发挥其自身的积极因素,调节教育主体和教育客体错误或消极的思想和行为,并感染和促进个体实现健康有序的差异性发展。以经济环境为例,保持良好的经济秩序、建立和谐的利益关系是思想政治教育活动顺利开展的前提和基础。其中,营造良好的经济环境离不开合理的分配制度。习近平总书记指出:"要建设体现效率、促进公平的收入分配体

[①] 《马克思恩格斯文集》第 9 卷,人民出版社 2009 年版,第 483—484 页。

系，实现收入分配合理、社会公平正义、全体人民共同富裕，推进基本公共服务均等化，逐步缩小收入分配差距。"① 这说明，我们要在做大"蛋糕"的同时，通过更加合理、更具包容性的分配制度将"蛋糕"分好，特别是要提高最低收入标准，建立健全社会保障体系，解决农民工、被征地农民、残疾人等弱势群体在住房、教育、医疗等方面的实际困难，让低收入普通劳动者也能分享更多的发展成果，得到公平的发展机会和平台。在良好的经济环境中，社会成员受到教育环境中积极因素的影响，不断提升自身的思想道德品质，规范和调节经济行为，从而自觉调适好发展中的利益矛盾，促使教育主客体实现一种正向积极的多样性发展。其二，恶性环境对个体具有提醒、警示、告诫作用，敦促教育主客体自觉调整自身的思想和行为，以保障个体实现正向积极的发展。恩格斯早就告诫世人："我们不要过分陶醉于我们人类对自然界的胜利。对于每一次这样的胜利，自然界都对我们进行报复。"② 当前，新冠疫情向全世界举起了警示牌，这可能是大自然的告诫，人类可以认识和探索自然，但却不能以此沾沾自喜，盲目乐观地认为取得了征服自然的巨大胜利。如果不及时调整这种错误的思想和行为，自然界对人类的"报复"将会愈演愈烈。同样，在思想政治教育活动中，恶性的教育环境也警示和调节着教育主客体的思想和行为。在社会转型和发展社会主义市场经济的过程中，人们会面对许多教育环境中的消极因素，如经济发展的不平衡、利益分配的不平衡等。在这些消极因素的警示和调节下，教育主客体要不断提升自身面对问题和解决问题的能力。尤其作为发挥导向性作用的教育主体，要引导教育客体自觉纠正有悖于道德、法律以及社会发展规律的思想和行为，形成坚定的意志品质，树立符合社会发展要求的人生规划和理想信念，并在此指导下充分发挥个体优势投身于多样性的实践活动中。

---

① 《习近平谈治国理政》第三卷，外文出版社 2020 年版，第 241 页。
② 《马克思恩格斯文集》第 9 卷，人民出版社 2009 年版，第 559—560 页。

另一方面，教育主客体的差异发展、差异实践对教育环境具有调节作用。马克思恩格斯曾指出："只有人能够做到给自然界打上自己的印记，因为他们不仅迁移动植物，而且也改变了他们的居住地的面貌、气候，甚至还改变了动植物本身。"[①] 在看待人与环境的相互关系时，我们既要看到环境对人的调节和制约，也要看到在合理的范围内人所发挥的主动性和主体性。当然，人对环境的主动性调节不是一种破坏性的力量，也不是站在人类中心主义的立场上，认为人类是纯粹地对自然进行掠夺和奴役，而是达成一种双向服务价值，促进环境与人的融合性发展。由此，在思想政治教育差异系统中，教育环境与教育主客体之间的调节性结构，需要准确发挥教育主客体改造教育环境的积极性、主动性。面对社会急速变迁所引发的各种矛盾和冲突，教育主体不能消极坐等良好教育环境从天而降，而是要充分发挥主导性作用推动教育环境的优化，特别是对家庭环境、学校环境、社区环境、同辈群体环境中的消极成分进行调节。同时，教育客体也要发挥好自身的主体性作用，积极配合教育主体，充分调动自己的聪明才智，通过个体的差异性实践将教育环境中的消极因素转化为积极因素。总之，在思想政治教育差异系统中，构成要素之间能否形成良性的调节结构，决定着调节功能的生成与发挥，要素间的调节关系越紧密，越有助于调节各种利益冲突和社会矛盾，保障个体实现自身的发展。

（二）调节功能促进差异结构的优化与协调

思想政治教育差异的调节功能也会反过来影响思想政治教育差异结构。调节功能发挥得好，会进一步促进构成要素之间形成稳定、有序、和谐的状态；如若调节功能发挥不当，就会导致混乱的结构关系。以教育环境与教育主客体的相互调节为例，调节功能对差异结构的作用表现为：

一方面，调节功能的发挥决定着差异结构中教育主客体能够自

---

① 《马克思恩格斯文集》第9卷，人民出版社2009年版，第421页。

觉规范和约束自身思想和行为，在差异发展中调适好各种矛盾。人与环境的相互作用是一种实践关系，人所发挥的主体性作用是通过实践完成对自然、社会和自身的改造。思想政治教育正是一种具有调节功能的教育实践活动。由于思想政治教育是面对具有差别性、特殊性的现实个体，而不同社会阶层、不同社会成员的思想难免会出现差异及矛盾，思想政治教育要想保障和实现人的发展，就要发挥调节各种矛盾的功能，妥善处理复杂的差异关系，尊重个体的利益诉求，以减少由于差异及其矛盾所产生的冲突和摩擦，促进个体之间的交往与合作。对于教育主客体来说，教育环境中的法律、道德、各种社会规章纪律，无一不发挥着调节功能，使教育主客体自发地规范自己的行为，自觉付诸正确的行为方式，形成合乎社会道德要求和法制纪律规范的思想认知和实践行动。

另一方面，调节功能会促进差异结构中教育环境的自我优化、自我调节，在保障和实现教育主客体发展的过程中发挥好条件性作用。马克思恩格斯在论述人与环境的相互关系时曾指出："既然是环境造就人，那就必须以合乎人性的方式去造就环境。"[①] 据此可以认为，人与环境的相互调节同样能够促使环境得以改善和优化，换言之，人的发展也需要社会环境与时俱进地随之发生革新与变化，以更好地"合乎人性"。同样，思想政治教育要想保障人们实现差异性的发展，就要形成良好的社会风气和规范的社会秩序，创造良性的教育环境。然而，社会发展中难免会出现贪污腐败、食品安全、环境污染等消极负面现象，对此，要充分发挥思想政治教育差异的调节功能，帮助人们正确认识发展中所遇到的差异现象和差异问题，使人们在实践中保持良好的心理状态，妥善处理人民内部矛盾。同时，也要促使反腐制度、食品安全制度、生态环境保护制度等社会制度的建立与完善，对社会环境进行相应的调整和优化，营造良好的社会秩序。只有将调节功能充分发挥出来，差异结构中的教育环

---

① 《马克思恩格斯文集》第一卷，人民出版社2009年版，第335页。

境才能进一步得到优化,将环境中的负向因素调整为正向因素,形成良好的教育环境。综上,思想政治教育差异调节功能的发挥,影响着差异结构的发展和调适,使要素间在和谐有序、规范有度的社会关系中实现调节,为保障和促进人的发展提供更高质量的服务。

三 思想政治教育差异结构及其激励功能的辩证统一

思想政治教育差异结构与思想政治教育差异的激励功能相互作用,思想政治教育差异系统中各个构成要素的结构性关系决定着激励功能的生成和发挥,激励功能的发挥和优化又反过来促进结构性关系的构建。思想政治教育要想保障和实现人的全面发展,就要注重和把握好差异结构和激励功能之间的良性互动关系,以激励教育主客体在多样性的发展中实现自身的发展目标。

(一) 差异结构决定激励功能的生成与发挥

发挥思想政治教育差异的激励功能是指在一定的教育环境中,教育主体通过选择和运用相应的教育介体,实现与教育客体的相互激励,从而不断激发教育主客体自身的优势和潜能,调动教育主客体的创造性,使其投身于更高层次的发展实践中。在构成要素相互激励的结构中,教育主体和教育客体的相互激励发挥着主导性和主体性作用,对此,我们以教育主客体的激励性结构关系为例,来分析差异结构对差异激励功能的决定性作用。

主体和客体之间是相互激励、相互促进的。以作为主体的社区成员与作为客体的社区为例,两者在构建社区治理共同体的过程中是相互激发和相互促进的。习近平总书记指出,要"打造人人有责、人人尽责的社会治理共同体"①。社区是社会治理的基本单元,社区成员在社区中生存、生活以及行使权力,共同构建一个社区治理共同体。同时,和谐、温暖的社区又能够激励人的互助感、亲情感、安全感、价值感。在新冠疫情期间,这种人与社区相互激励、相互

---

① 《习近平谈治国理政》第三卷,外文出版社2020年版,第353页。

资助的紧密联系表现得尤为明显。同样，教育主客体的关系也是如此。在思想政治教育活动中，教育主体与教育客体相互激励、相互促进。这种激励差异结构决定着思想政治教育在鼓励、激发教育主客体的多样性发展上能够发挥重要作用。

一方面，教育主体激发着教育客体的多样性发展。主体对客体具有激励作用，从社区成员与社区的关系来看，具有公民意识和公共意识的社区成员，能够积极、主动地参与到社区治理过程中，共同促使社区在治安秩序、公民参与、文化营造、生活环境等多方面取得进步和发展。同样，在思想政治教育活动中，这种教育主体对教育客体的激励作用表现为，面对不同个性特点、认知方式、价值选择的教育客体，教育主体通过开展差异性的教育实践活动，满足教育客体多样性、多层次、多方面的发展需要，鼓励和激发教育客体能够实现更加高层次的多样性发展。一是教育主体要让教育客体认识到自身的责任感和使命担当，不断增强教育客体的责任意识，使其在面对各种差异及其矛盾时，能够主动缓解和调适这些社会问题。二是教育主体要注重开发教育客体的学习能力、创新能力、协作能力，培育教育客体的主体能力，使其能够在差异实践中开拓创新，实现更高层次的发展追求。

另一方面，教育客体激发着教育主体的多样性发展。如上文所述，在看待社区成员与社区之间的互相激励时，我们既要看到作为主体的社区成员在建设社区共同体时所发挥的激励和促进作用，又要看到社区作为客体对社区成员的激励作用。正如，作为主体的社区成员在促进社区生活垃圾分类的过程中发挥激励性作用，同时，社区生活环境的改善又促进和培育着社区成员的社会资本。美国学者帕特南认为：“社会资本是指社会组织的特征，诸如信任、规范以及网络，它们能够通过促进合作行为来提高社会的效率。”[1] 从这一

---

[1] ［美］罗伯特·D. 帕特南：《使民主运转起来——现代意大利的公民传统》，王列、赖海榕译，中国人民大学出版社2015年版，第216页。

视角来看,社区生活环境的改善进一步加强了社区成员间普遍性的信任、完善了社区相关制度和规范、激发了主体间的互动沟通,从而对实现社区成员的和谐共同发展起到积极向上的调动作用。实际上,在思想政治教育活动中,教育客体在接受教育影响的同时也对教育主体发挥着激励作用,即教育客体激发和增强着教育主体的社会资本,从而保障教育主体实现自身发展。一是激励教育主体不断建构与教育客体之间的信任与合作。教育主客体之间的信任是开展思想政治教育活动的黏合剂。在信任水平较高的主客体关系中,教育客体能够普遍信任社会成员都会团结起来促进社会的进步和发展,从而在差异性实践中充分调动自身优势、潜能和发展活力。简言之,信任度越高,教育主客体就能获得更好的教育效果。二是激励教育主体自我规范、自我提升、自我改造。教育客体能够在开放的教育过程中认识和判断教育主体的水平和能力,并借助于自身的知识、经验、能力,与教育主体之间形成积极的教学相长的关系。正如马克思所说:"教育者本人一定是受教育的"①,这是教育主客体之间实现和谐共同发展的内在动力。三是激励教育主体加强组织网络的构建。教育主体间广泛密切的网络互动,能够将教育内容更好地传播出去。因此,教育主体所组成的网络规模越大、互动越频繁,达到的教育效果就越好。

综上所述,在思想政治教育差异系统中,构成要素之间能否互相激励,形成激发差异结构,决定着思想政治教育差异激励功能的生成与发挥。只有形成和促进要素之间的相互激励,才能更好地激发教育主客体发挥自身的创造性、能动性和参与性。

(二)激励功能促进差异结构的优化与协调

思想政治教育差异激励功能的发挥对思想政治教育差异结构具有反作用。激励功能发挥得好,会进一步促进教育主体、教育客体、教育介体、教育环境之间形成和谐有序的优化结构;反之,激励功

---

① 《马克思恩格斯文集》第一卷,人民出版社2009年版,第500页。

能发挥不当，结构关系就会混乱失序。从教育主体与教育客体的结构关系来看，激励功能对这一结构的反作用表现为：

一方面，激励功能的发挥决定着差异结构中教育主体能够全面、客观地认识教育客体，自觉展开多样性的教育实践活动。正如，在社区成员与社区环境相互激励的作用下，社区成员能够逐渐对社区环境治理加以正确认识，自觉改变以往那些给社区生活环境带来不良影响的错误观念和行为，并积极投身于自觉维护生活环境的实践活动当中。我们可以从中发现，在主客体之间良好关系的激励作用下，主体能够自觉发挥能动性作用，对事物加以准确把握，并转化为正向的行为。由此，在思想政治教育差异系统中，通过教育主体和教育客体的良性互动和双向激励，作为主体的教育者会充分发挥主导性作用，全面把握、客观分析不同教育客体差别化的个性特点、认知水平、思维方式、价值取向等，选择尊重、鼓励以及有助于发挥教育客体多样性发展的教育内容和教育方法，以避免在教育介体的选择和运用上犯"一刀切"的错误，进而注重通过开展多样化、差异性教育实践活动来肯定和激发教育客体的主体性和创造性。

另一方面，激励功能的发挥决定着差异结构中教育客体对实现人的全面发展的价值认同，从而激发自身差异实践、差异发展的积极性和自觉性。正如前文所述，思想政治教育差异是一种指向人的全面发展的价值追求，它表达的是在我国全面建设社会主义现代化国家的发展要求和每个个体的需要，即需要发挥人的主观能动性，重视个体的协调发展和共同发展。如果教育客体不能认同这一内容，不能认识树立尊重差异、包容差异、协调差异的差异性思维的重要性，也不能理解在行动中形成符合差异实践、差异发展的品质，就必然会以消极、被动的态度和心理面对社会发展中出现的差异现象和差异问题，甚至在极度消沉的状态下激化社会矛盾。对此，发挥好思想政治教育差异的激励功能，保障教育主体和教育客体之间形成良好的互动激励关系，就有助于引导教育客体尊重、协调、平衡差异性存在与发展，并且，通过持续性地发挥和优化激励功能，教育客体将逐渐进入到自我激励、自我发展的状态中，这也是教育客体实现全面发展的必然趋势。由此，发挥好思想政治教育差异的激励功能，能够优化思想政治教育差异结构，激励教育主体、教育客体、教育介体、教育环境在良性互动关系中发挥更大的作用，积极推进人的自主性、创造性、全面性发展。

综上可知，作为理论架构的第二个方面，思想政治教育差异结构及其差异功能具有辩证关系，两者相互联系、相互影响，为促进人的发展探寻了教育主体、教育客体、教育介体和教育环境四要素之间的良好联系及所发挥的正向作用，进而在引导和教育个体理性地调节差异与矛盾、激励个体实现合理的发展目标等方面发挥重要作用。同时，需要注意的是，引导个体实现合理有序的发展并非一劳永逸，还要求个体认识到只有在遵循一定规约的基础上才能满足和追求自身合理的差异诉求。由此，探究思想政治教育差异诉求及其差异规约之间的内在逻辑和辩证关系，也必然成为理论架构中不可缺少的内容。

第 六 章

思想政治教育差异的诉求与规约

在《现代汉语词典》中，诉求作为名词是指"愿望；要求"[①]，规约作为名词是指"经过相互协议规定下来的共同遵守的条款"[②]。在事物的发展中，诉求与规约之间是相互作用、密不可分的，追求诉求需要一定规范的约束，而确定规约同样要考虑诉求的变化。由前文可知，个体的差异性发展是在合规律、合目的、合规范的前提下进行和实现的。那么，思想政治教育在引导和教育人们协调诸多差异问题以及促进人的全面发展的过程中，既要重视个体的差异化诉求，又要引导和教育个体在追求自身诉求时，遵守一定的规约原则和要求。只有这样，个体的差异性发展才不至于成为一种无序的、混乱的发展。由此，我们既要把握好个体的差异诉求，又要明确调控保障和促进个体多样性发展的规约原则，从而寻求思想政治教育差异诉求及其规约的协调和统一。

---

① 中国社会科学院语言研究所词典编辑室编：《现代汉语词典》第7版，商务印书馆2016年版，第1247页。

② 中国社会科学院语言研究所词典编辑室编：《现代汉语词典》第7版，商务印书馆2016年版，第491页。

第一节　思想政治教育差异诉求

一　思想政治教育差异诉求的概念与意义

思想政治教育差异诉求是指思想政治教育在保障和实现人的全面发展中，所要反映和满足教育主客体多样性、多层次、多方面的内在需要、希望和追求。从这一定义来看，一方面，它强调人的诉求的丰富性、发展性。"人以其需要的无限性和广泛性区别于其他一切动物。"① 动物的需要主要是维持其自身的肉体生存，而人的需要则更多样、更广泛，从类别上看主要包括物质需要、精神需要。不仅如此，人的需要还是不断拓展的，人们能够通过自身的劳动、实践而不断认识世界、改造世界，在多样化的实践与认识中满足自身诉求，又在诉求的驱动下不断产生新的诉求，激发个体展开新的实践来满足新的诉求，以此构成了一个产生广泛、丰富诉求的进阶性动态发展过程。因而，人的诉求是丰富多样、发展变化的，思想政治教育对不同个体差异诉求的反映和满足，应该从多样性、层次性、发展性的角度上考虑，而不是从某一个诉求上去理解。另一方面，思想政治教育差异诉求强调促进人的发展与满足差异诉求是内在统一的。人的需要和诉求能够调动个体参与实践的动力和积极性，同时人的诉求也是在其多样性的实践中不断得以满足的。在这一关系中，思想政治教育发挥着满足个体差异诉求和调动个体多样性发展的功能，对差异诉求的反映和满足达到什么程度，其发展也就达到什么程度。个体的差异性诉求不仅关涉个体实现其自身发展的质量，也关乎培育创新型人才和社会高素质的建设者。对此，思想政治教育在反映和满足人的多样性内在诉求，促进个体实现更高层次的发展、培养出高素质人才等方面，具有不可替代的重要作用。

---

① 《马克思恩格斯全集》第 38 卷，人民出版社 2019 年版，第 11 页。

明确思想政治教育差异诉求具有重要意义，其一，对于教育者来说，明确思想政治教育差异诉求是开展多样性教育实践活动的前提和基础。随着社会主义市场经济体制的建立和完善，人的个性化的需要和追求越来越强烈，这使得我们在开展思想政治教育活动时，必须考虑到教育对象的差异性及其差异诉求。对此，教育者要充分发挥自身的主导性作用开展差异化的教育实践活动，在强调共性、凝聚共识的同时，也要更多关注个体的不同需要，关注人的多样性发展，立足于差别性个体的思想以及他们的现实需要，根据社会发展要求来具体落实好多样化的教育活动。其二，对于受教育者来说，明确现实性的差异诉求有助于激发个体在实践中不断发展自身、不断完善自身的动机，使得个体能够不断增强和探索自身发展的主动性、积极性和创造性，促使个体实现进阶性的发展。愿望和诉求本身就具有超越性和动力性，诉求的产生就意味着对现状的超越意向，由此转化为思想和行为上的动机和欲望。思想政治教育要想保障个体实现多样性、全面性的发展，教育者就要引导受教育者正确认识和把握自身合理化的多样性诉求，这有助于个体将其诉求与需要转化为行动的动力，在实践中不断激发自身潜能和优势来满足诉求，为社会的发展进步贡献多样性的发展力量。当个体的多样化诉求得到满足时，新的诉求又会产生，人与社会的发展就是在诉求的不断满足和超越中得以实现的。

二　思想政治教育差异诉求的主要内容

马克思认为，随着人类历史的发展和演进，人的需要和诉求会由低层次向高层次发展，构成诉求的历史序列，人的自由而全面发展是人的发展的最高形态，它适用于生产力发展水平更高的阶段。因而，保障个体实现自由而全面发展就要注重发掘个体的差异诉求，提升人的诉求层次，彰显人的诉求的超越性。在这一意义上，思想政治教育差异诉求是个体物质诉求、精神诉求与社会诉求多样性的统一体。

（一）物质诉求的差异

物质诉求，是人维持自身生存的最基本的需要，是对实物性产品的需要。马克思恩格斯认为，人类生存的前提，即"必须能够生活。……首先就需要吃喝住穿以及其他一些东西"[①]。人是自然存在物，对物质资料的需要具有较强的依赖关系，即人对物的依赖。同时，现实生活中的人也总是处于一定的社会关系之中，客观存在着差异性的利益追求，并且随着社会的发展，人们思想观念的变化，不同个体的差异化利益追求和物质诉求也会发生变化。因此，我们要从纵向和横向两方面来把握物质诉求的差异。

一方面，从纵向来看，物质诉求的差异是指人的物质诉求是不断发展和更新的，表现为不同社会发展阶段、不同历史条件下的物质诉求的差别。马克思恩格斯认为："已经得到满足的第一个需要本身、满足需要的活动和已经获得的为满足需要而用的工具又引起新的需要。"[②] 这就是说，人是具有意识的、自觉能动的主体，通过生产劳动取得各种物质资料，由于人的物质诉求是同生产实践耦合在一起的，人的物质诉求由生产而不断满足和更新，因此，物质诉求是不断生成和变化的，一旦满足了一定的诉求，又会产生和创造出新的需要。正如，从20世纪60年代的"四大件"即手表、自行车、缝纫机、收音机，到20世纪80年代的彩电、冰箱、洗衣机、空调，再到现如今的电动牙刷、扫地机器人和智能马桶，等等。随着社会的不断发展，人们越来越追求更高品质的物质生活，不断产生和创造着不同的物质诉求。

另一方面，从横向来看，物质诉求的差异是指个体之间对物质需要的不同追求，表现为个体之间不同的物质生产诉求和不同的物质消费诉求。其一，物质生产诉求是指满足个体生产物质生活资料的诉求。由于个体的思想理念、价值标准、综合素质等方面的不同，

[①] 《马克思恩格斯文集》第一卷，人民出版社2009年版，第531页。
[②] 《马克思恩格斯文集》第一卷，人民出版社2009年版，第531页。

个体从事生产实践的能力水平、积极性、创新性也截然不同，这就造成个体所创造的物质财富和对物质利益的追求也不尽相同。这种物质生产诉求的差异在不同职业、不同地域、不同阶层中表现得尤为突出。例如，从事服务业的人和金融、科技领域的从业人员，他们之间的物质生产诉求是有很大差异的。当然，个体的独特性也决定着即便从事相同的职业，个体的物质生产诉求也会有差别。其二，物质消费诉求是指满足个体的物质生活需要和物质消费需要。由于个体的家庭氛围、所接受的教育、朋友同事等方面的差别，人们会形成不同的消费观念和生活方式，造成个体在物质消费诉求上存在差别。正如，有的人形成了合理适度的消费理念、养成了健康多样的生活方式，而有的人却崇尚"奢侈品牌至上""好看比实用重要""只要贵的不要对的"等消费理念，过度追求物质消费和娱乐享受。这就形成了个体之间不同的物质消费诉求。对此，在思想政治教育活动中，教育者要引导受教育者产生和形成积极向上、合理正确的物质诉求，并注重引导受教育者正确面对物质诉求的差异，避免产生消极失衡的社会负向心理，培育个体树立差异性思维，将自身合理化的物质诉求转化为促进其发展的驱动力，发挥自身的创造性、能动性和自主性，在发展中不断满足自身物质诉求、缩小发展差距。

（二）精神诉求的差异

精神诉求是指个体在精神方面的需要，如对政治、文学、艺术、宗教、道德、法律等方面的需要。人作为一个生命体的存在，首先要满足自身生存的物质需要，在此基础上才能从事更高级的活动，特别是精神活动。因此，我们不能脱离物质生活而纯粹地追求精神上的需要。正如马克思恩格斯指出："某一民族的政治、法律、道德、宗教、形而上学等的语言中的精神生产"，"是人们物质行动的直接产物"。① 这表明，个体的精神诉求不是凭空想象出来的，它与物质诉求一样，产生于人的生产实践活动，与人们的物质交往紧密

---

① 《马克思恩格斯文集》第一卷，人民出版社 2009 年版，第 524 页。

相关。换言之，物质交往关系是构成人们的精神交往关系的现实基础。因此，个体的精神诉求并非在任何生产关系中都能得以满足和实现。例如，在资本主义生产关系中，工人的自由活动被生产劳动所取代，全部的休闲时间被劳动时间所占据，他们的生活是枯燥的、痛苦的，身心是备受摧残的，这种情况下，个体是无法追求和实现自身的精神需要的。对此，恩格斯明确指出："在所有的人实行明智分工的条件下，……每个人都有充分的闲暇时间去获得历史上遗留下来的文化——科学、艺术、社交方式等等——中一切真正有价值的东西。"① 可见，只有在平等公正的生产关系中，人才能进行满足需要的自由活动，展开自由平等的精神交往，从而生成和追求自身的精神需要。同时，个体的精神需要也会不断更新和发展，那么，我们有必要从纵向和横向两方面来理解精神诉求的差异。

一方面，从纵向来看，精神诉求的差异是指精神诉求不断进步发展，即不同时期、不同社会发展阶段下所产生的精神诉求是有差别的。习近平总书记在文艺工作座谈会上指出："随着人民生活水平不断提高，人民对包括文艺作品在内的文化产品的质量、品位、风格等的要求也更高了。……要跟上时代发展、把握人民需求。"② 这充分表明，随着改革开放的纵深推进，人民的精神生活日益丰富多彩，对审美、艺术、音乐、文化等的精神追求也趋向于多样化和高品质。人们逐渐从对知识、教育、情感等基本的精神诉求，提升到对理想追求、人生意义、精神信仰等方面的精神追求，不断更新和创造出新的、有品质、先进的精神诉求。先进的精神诉求是坚持马克思主义的指导地位，发展社会主义先进文化，以实现人的全面发展为价值目标的，表现为个体能够利用自由时间实现自我超越、自我教育，不断提升自身的文化艺术修养、道德品质和工作能力。例如，阅读优秀著作来陶冶道德情操，培养高雅艺术兴趣来提高审美

---

① 《马克思恩格斯文集》第3卷，人民出版社2009年版，第258页。
② 《习近平谈治国理政》第二卷，外文出版社2017年版，第315页。

情趣,等等。

另一方面,从横向来看,精神诉求的差异是指同一历史时期差别性个体在精神方面的不同需要,表现为不同的精神享受诉求和不同的精神生产诉求。其一,精神享受诉求是指个体对精神财富的占有和追求。个体的精神享受诉求需要充足的休闲时间,休闲是人所必需的生命存在方式,是一种理想的生活状态。对此,马克思将人的休闲时间比作"人的发展的空间"①,"这种时间不被直接生产劳动所吸收,而是用于娱乐和休闲,从而为自由活动和发展开辟了用武之地"②。个体在休闲时间内发挥着各自的爱好特长、聪明才智,追求着多样化的精神享受诉求。其二,精神生产诉求是指个体对精神文化产品整理、传播、创新的需要。以艺术创造为例,艺术是通过塑造具体的形象去诠释世界、反映社会生活的,那么,从事不同社会实践活动的个体,对于社会生活的理解就会有差别,进而在绘画、雕塑、文学、音乐、戏剧、舞蹈、建筑等艺术创造中,彰显出不同的精神生产诉求,共同为人类社会创造出优秀的、多样化的思想文化成果。总之,面对精神诉求的差异,作为思想政治教育者,要教育和引导社会成员们尊重、包容、欣赏多样化的精神诉求,从而释放出丰富多彩的精神诉求的发展活力。

(三)社会诉求的差异

社会诉求的差异是指现实的个人通过社会交往和联系来产生和满足各自的差异性需要。个人是社会存在物,个人的生存需要在社会化的过程中成为了一种社会性的个人需要,现实中的人在各自需要的驱动下,进行着一定的社会交往,形成一定的社会关系,并通过社会关系来满足个体的差异化社会诉求。恩格斯在批判马斯·卡莱尔的宗教神学时指出:"人只须认识自身,……真正依照人的方式

---

① 《马克思恩格斯全集》第37卷,人民出版社2019年版,第161页。
② 《马克思恩格斯全集》第35卷,人民出版社2013年版,第229页。

来安排世界，这样，他就会解开现代的谜语了。"① 按照恩格斯的观点，个体要按照自身的需要参与到社会关系中来满足自身的差异性社会诉求。对社会诉求的差异的理解，可以从两方面来把握：一方面，社会关系的差别制约和产生着每个人不同的发展诉求。"各个人的出发点总是他们自己，不过当然是处于既有的历史条件和关系范围之内的自己"②，每个人的诉求是有差异的，这种差异受到社会关系的制约，这种制约体现在对差异诉求产生和实现的过程中。另一方面，社会关系的不同又满足和促进着个体实现各自不同的诉求，换言之，个体在各自的社会关系中实现个性化的诉求。对此，我们基于马斯洛的"五个层次的需要"来理解社会诉求的差异，实际上，马斯洛所提出的五种需要都是建立在一定的社会关系中，因而，处于不同社会关系的个体的诉求是有差别的。第一，从生理的需要来看，社会关系的不同使得人们产生不同的生理需要，个体又在不同的社会关系中满足和实现各自的生理需要。生理需要"是人类为了生存必不可少的需要"，它包括"吃饭、穿衣、住宅、医疗等"③，这种基本的需要在社会关系中才能满足，需要依靠他人才能产生和完成，个体是无法单独自我满足的。家庭是社会的基本细胞，是人类历史发展过程中的一个重要社会关系，人们通过这种关系产生和满足各自的生理需要：一是在社会的婚姻制度中繁殖延续后代；二是形成一定的夫妻、子女、父母的关系，使其相互依赖、相互满足，满足家庭成员的饮食起居、教育、医疗的需要。第二，从安全的需要来看，人在社会中形成共同体，保护着自身的安全。马斯洛认为："人们需要远离痛苦和恐惧，需要有规律地生活以感到世界是井然有序的。"④ 这

---

① 《马克思恩格斯全集》第 3 卷，人民出版社 2002 年版，第 521 页。
② 《马克思恩格斯文集》第一卷，人民出版社 2009 年版，第 571 页。
③ ［美］马斯洛：《马斯洛人本哲学》，唐译译，吉林出版集团有限责任公司 2013 年版，第 27 页。
④ ［美］马斯洛：《马斯洛人本哲学》，唐译译，吉林出版集团有限责任公司 2013 年版，第 27 页。

种"有规律地生活"要通过组成社会群体才能实现,不同个体在各自的关系中产生和实现着自身的安全需要。例如,对于儿童来说,如果缺失安定和谐的家庭关系,就会变得焦躁不安,而每个儿童又生活在不同的家庭关系或是学校环境中,这就使得他们产生和实现着差别化的安全诉求。对于成年人来说,处在不同社会关系中的人们,需要通过多样化的方法途径、实践活动来满足各自对劳动保障、固定住所、稳定待遇、养老等方面的诉求。第三,从爱与尊重的需要来看,不同个体在各自的社会关系中实现着彼此之间的信任、理解和给予,达成不同的爱与被爱的诉求。试想,个体在自身的社会交往中如果无法建立起良好和谐的人际关系,无法满足自身爱与被爱的诉求,那么就会产生一种孤独和疏离的感觉,因此,人们要通过各自的实践去追求各自爱与尊重的社会诉求。第四,从尊重的需要来看,个体在社会关系中产生和实现着各自对知识、实力、成就、独立、名誉、声望等方面的差异化诉求。个体要想满足自我尊重和尊重他人的诉求,就要建构和谐的社会关系,在这些社会关系中,建构着一种对成就、名誉和声望的评价体系和认可体系,形成了一种荣誉体系。个人在社会实践中获得了这些成就,也就获得了社会的认可和声望,因此得到了社会的尊重。现代社会的发展、科技的进步,为构建多样性的社会关系、满足人的尊严需要打下良好基础,但也带来了负面影响。正如互联网的发展改变着传统的人与人之间的交往方式,使得人与物(机器)之间的关系削减了人与人之间的交往频次,造成社会中人际关系的冷漠化。这种情况下,有的人会对自信、价值、适应性等方面的体验下降,产生无助感、自卑感。对此,恩格斯指出:要使人"按人的方式同物发生关系"[1],也就是说,个体要发挥主体性和超越性来构建良好的社会关系,在复杂多样的人际交往中做好本职工作,树立人的生命尊严,尊重他人也自我尊重。第五,从自我实现的需要来看,社会关系的不同使得人们

---

[1] 《马克思恩格斯文集》第一卷,人民出版社2009年版,第190页。

产生多样性的自我实现的需要。自我实现的需要是建立在社会关系中的，个体要在社会关系中成为自己想要成为的样子，形成自己的追求或奋斗的目标。马克思指出："活动和享受，无论就其内容或就其存在方式来说，都是社会的活动和社会的享受。"① 人作为社会的存在物，应然地获得促进其自我实现的社会"享受"，即在差异化的实践中获得提升自身能力的锻炼机会，从而创造着自身价值。马斯洛认为，在所有的需要中，自我实现的需要在"个体间的差异是最大的"②，如有的人想要成为出色的辩论高手，有的人想要在美术、音乐上取得成就，有的人想要成为杰出的商人，等等。由此，通过对这五种需要的分析可知，每个人的诉求都是根据自身的社会关系提出来的，受一定社会关系的制约，并且不同的社会关系又促进着每个人展开差异化的实践，实现差异化的社会诉求。

综上所述，个体存在于不同的社会关系中，对现实的诉求也是有差别的，其中最根本的是社会关系诉求的差异，它是产生所有差异诉求的主要原因。不同的历史时期、不同的文化、不同的实践活动，所建构起来的各种社会关系具有独特性，个体在不同的社会关系和具体的社会境遇中进行生产、生活，构成了人的本质实现的历史性。在这一作用下，现实的个人还各自发挥着主观能动性和创造性，以此不断地更新着自身诉求，并通过差异化的方式方法和实践活动满足自身的差异化诉求。

第二节 思想政治教育差异规约

一 思想政治教育差异规约的概念与意义

思想政治教育差异规约是指教育主体和教育客体在实现自身发

---

① 《马克思恩格斯文集》第一卷，人民出版社2009年版，第187页。
② [美] 马斯洛：《马斯洛人本哲学》，唐译译，吉林出版集团有限责任公司2013年版，第29页。

展中，所要遵循的一定规范和原则，从而保障个体实现合目的、合规律的多样性发展。尤其面对现代社会的多变性、差异性、复杂性等特征，思想政治教育在促进人的发展的过程中，要对偏离方向、目标的思想和行为予以调控和规约，充分发挥其规范作用，使个体的多样性发展符合思想政治教育的方向与目标。对此，个体的发展不仅要遵循一定的客观规律，而且要受到各种行为规范的制约。之所以一定的社会规范能够制约和调控人的思想、行为，是因为"确立规范不仅要考虑其价值如何，还要考虑它是否蕴含实现的必然性"①，也就是说，规范既是合目的的，也是合规律的。从这个意义上说，思想政治教育差异规约是为了更好地确保人的发展是合目的的、合规律的。

明确思想政治教育差异规约具有重要的意义。从规约的制约、促进功能来看，一方面，它强调个体的差异诉求和差异化发展要受到社会规范的制约，以保障个体的多样性、全面性发展能够有序进行。社会规范的合理性在于，它对对象和活动的反映是合乎规律、合乎目的的，按照这一规范的指示和要求，人们的错误思想和行为能够得到约束和调控，以保证人的实践活动达到预期效果。正如恩格斯在论述法律起源时指出："在社会发展的某个很早的阶段，产生了这样一种需要：把每天重复着的产品生产、分配和交换用一个共同规则约束起来，借以使个人服从生产和交换的共同条件。这个规则首先表现为习惯，不久便成了法律。"② 按照恩格斯的观点，规范的形成经历了从"习惯"到"法律"的发展阶段，目的在于遵循一定的规律，即"使个人服从生产和交换的一般条件"，可见，规范的确立是以合规律、合目的，并受多数人认可和遵循为前提的。面对有些人干扰和冲击客观规律与发展目标的思想、行为，社会规范就会发挥制约和调控的作用，保障人们的思想和行为是合乎规律、合

---

① 徐梦秋：《规范的基础和自由的中介》，《哲学研究》2001 年第 7 期。
② 《马克思恩格斯文集》第 3 卷，人民出版社 2009 年版，第 322 页。

乎目的的。正如，在生态文明建设过程中，有的人生态保护意识淡薄，出现违背自然规律的错误行为，对此，思想政治教育要充分发挥规范作用，通过一定的社会规范，即一系列保护生态环境的法律、规章制度来制约和规范个体的思想和行为，增强个体保护生态环境的自觉意识，调整一些人任意破坏生态环境的失范行为，从而促使个体在满足自身诉求、追求自身发展时能够符合社会发展规律和人的发展目标，使个体的差异性实践活动能够有序有效地开展。

另一方面，思想政治教育差异规约强调，社会规范能够促使个体主动、自觉地监督、管理和约束自身思想和行为，促进和鼓励个体的差异化诉求得以实现。"合规律与合目的统一就是自由"[①]，规范的目的是促进人们实现真正的自由。因此，保障个体实现多样性的自由发展就要引导和教育人们主动、自觉地遵守一定的社会规范，鼓励个体规范自身行为来追求合理化的差异诉求。在此，规约所发挥的促进与鼓励作用有两个基本要求：一是教育和引导人们认同一定的价值准则和行为规范；二是促使和激励个体能够自觉自愿地遵守这些准则与规范。正确的规范和要求，对于那些尚未认识到其合理性的人们来说，是强制性的，他们是在被动状态下接受规范的制约，进而实现自身发展的；但是当人们主动认同和接受正确的准则与规范时，就会从被动状态转变为主动状态，在实践中自觉遵守一定社会的价值准则和行为规范，培养自身良好的道德品质和行为习惯，逐渐达到自我激励和自我促进的阶段。对此，思想政治教育要充分发挥价值引领和行为规范作用，引导个体认同一系列社会规范的合理性，即这些规范之所以确立和运行的原因与根据，使个体主动、自觉地遵守各种规范，监督和约束自身行为，在实践中不断教育自己、锻炼自己，增强自身的理想信念和道德品质。只有这样，个体才能在规范的促进与鼓励下实现自我超越，满足自身的发展需要。

---

① 徐梦秋：《规范的基础和自由的中介》，《哲学研究》2001 年第 7 期。

二 思想政治教育差异规约的原则要求

原则是行事所依据的准则，原则本身就是制约、调控、促进、鼓励人的行为的一种规范。为了保障个体实现合目的、合规律的发展，教育者要在思想政治教育活动中引导和教育受教育者，在追求差异化诉求的时候，要具有规范意识，遵循一定的规范原则。只有这样，个体才能更好地协调和平衡发展中的差异问题，才能实现有序的、合规范的发展，促进人的全面发展。

（一）坚持主导性的规约原则

主导性的规约原则是规范个体行为的根本原则，是必须坚持的基本准则。坚持主导性的规约原则，就是指个体在多样性发展中，要认同和坚持社会主流意识形态，坚持正确的政治方向不动摇，即以坚持党的领导，践行社会主义核心价值观为主导。毛泽东明确指出："没有正确的政治观点，就等于没有灵魂。"[1] 主导性的规约原则直接关系着培养什么人和如何培养人的实质性问题，以此为指导能够为人的发展指明应当坚持的正确方向，从而统一人的思想，协调好个体的差异性实践活动。尤其面对当前社会中人的差异性、多变性、独立性的显著增强，以及利益诉求多元、价值观念多样、理想信念多变等诸多困境，坚持主导性的规约原则能够拨开人们的"价值迷雾"，使人们在面对诸多差异及其矛盾时能够坚持正确的主导方向。其一，必须坚定受教育者的政治立场。个体坚持什么样的政治立场和政治方向，就会用什么样的态度和方式来从事实践活动。在思想政治教育活动中，教育者要教育受教育者在其发展过程中，必须要坚持党的领导，坚定地站在无产阶级和广大人民群众的立场上，忠于党、忠于人民，全心全意为人民服务，以马克思列宁主义、毛泽东思想、邓小平理论、"三个代表"重要思想、科学发展观、习近平新时代中国特色社会主义思想为指导，自觉地在政治上与党

---

[1]《毛泽东文集》第七卷，人民出版社1999年版，第226页。

中央保持高度一致，与祖国发展同呼吸、共命运。只有引导和教育人们坚持正确的政治立场，才能培养出自觉遵守政治纪律、坚定政治信仰、积极投身于新时代中国特色社会主义伟大事业的时代新人。其二，要引导和教育受教育者坚持社会主义价值导向。一是要坚定共产主义理想信念。习近平总书记指出："只有理想信念坚定的人，才能始终不渝、百折不挠，不论风吹雨打，不怕千难万险，坚定不移为实现既定目标而奋斗。"① 教育和引导受教育者树立共同理想和共产主义理想信念，个体的发展就有了不竭的动力和正确的方向。有了坚定的理想信念，个体才能自觉地规范其行为，展现出多样化、丰富性的人生价值，协调好个体与集体之间的利益关系，为集体价值的实现奋斗拼搏，增进自身能力和品德意志，充分发挥自身的聪明才智。二是要培育和践行社会主义核心价值观。这是建设社会主义意识形态的根本内容，并在当前我国社会价值观念、价值结构、价值目标中处于统摄和支配地位，促使个体消除因价值观的迷失与混乱带来的行为冲突，使个体能够按照社会主义核心价值观的要求来展开差异化的实践活动。在思想政治教育活动中，教育者要引导和教育受教育者在情感认同、道德选择、价值定位等方面，认知和理解社会主义核心价值观，以保障和促进个体在差异化的实践中自觉维护集体利益，增进广泛的社会共识，形成培育和践行社会主义核心价值观的思想基础，以此引导个体的观念和行为，为个体的全面发展指明方向。

（二）坚持整体性的规约原则

整体性的规约原则是指个体在实现其发展的过程中，要实现个体与社会步调一致、和谐统一的发展，适应、符合、服从社会的整体发展。思想政治教育是实现个体化与社会化相统一的教育。保障和促进人的全面发展、实施多样性的教育实践活动，并不是要忽视

---

① 《习近平关于社会主义文化建设论述摘编》，中央文献出版社2017年版，第131页。

社会化教育，而是要实现两者的辩证统一。其中，个体的社会性是个体存在的基础，个体只有在社会性中，成为社会的一员，他才能存在；同时，由于每个个体作为主体，都有自己的追求和目标，因此个体的差异化发展既是个体自身发展的需求，又能够展示社会性中应有的多样性和丰富性。思想政治教育正是在促进个体化与社会化相统一的过程中来保障和促进人的全面发展的，使得人们能够在追求自身诉求的过程中具备正义、善良、崇高、慷慨等优秀品质。因而，思想政治教育在保障个体自身发展的过程中，必须要注重和强调个人发展需要、目标与社会发展需要、目标的协调共进，实现统一，否则只能是事倍功半。

然而，在个人的差异化实践中，有些人看不到个人发展与社会发展、个人利益与集体利益的一致性，将集体主义简单曲解为"个人服从集体"，导致一些人从损害他人、集体的活动中获得谋求自身诉求、实现个人利益，通过坑蒙拐骗、自私自利、损公肥私等行为索取不正当的个人利益。因此，为了规范和促进个体实现更好的发展，在差异化的教育实践活动中，教育者要引导和教育受教育者坚持整体性的规约原则，这种整体性不仅是个人层面的全面发展，还包括其与他人、社会的整体发展，实现个人利益与集体利益的辩证统一，使人们能够自觉协调成员间的人际关系、调适好利益矛盾，从而更好地实现自身差异化诉求。人类社会的每一个历史阶段都存在着个人利益、个人发展需要与社会利益、社会发展需要的矛盾，但在不同社会形态下，这种对立情形是不同的，解决和协调的方式也是不同的。在社会主义核心价值观的引导下，个体利益与集体利益之间不存在对抗性的矛盾、冲突，两者在根本上是一致的，是相辅相成的。首先，个体的差异诉求、利益的实现是不能离开社会的，同时，每个人的利益诉求又构成了社会共同利益。个体要想满足自身的差异诉求、实现多样性的发展，就要以集体利益为前提，离开了对集体利益的追求，个体的自我发展是无法实现的。是故，个体实现自身的发展、追求自身合理性诉求，都必须符合全体人民的整体利益，要将集体的、国家的利益放在首位。

（三）坚持有序性的规约原则

有序性的规约原则是指个体要遵守道德、法律、规章制度等社会规范，以保障人们在社会公平的基础上实现有序性和全面性的发展。在市场经济条件下，个体的差异诉求愈加明显，利益主体更加多元、分化，形成了复杂的利益网络。为了协调好各种差异问题和利益关系，保障个体能够充分实现有序性的发展，有必要采取制度化、程序化、法理化的方式，以促使个体的差异诉求、差异实践能够在法律法规、道德、制度的约束下有序进行。各种规章制度、社会规范之所以能够发挥规范作用，约束和促进人的发展，是因为构建合理的制度和规范本身就是为了追求和维护社会公平、正义，只有那些既从个体自身差异诉求出发，又能够普遍被社会成员认可和接受的行为方式，才能上升为一定的制度和规范，也就是说，这些制度是被人们的实践检验过的，是集体智慧的结晶，是能够保障社会公平、促进人的有序发展的合理制度。正如帮助、关心他人的行为值得提倡并转化为"助人为乐"的道德规范；偷盗行为危害社会和多数成员，形成了"切勿偷盗"的道德规范，以及制定了禁止和惩罚偷盗的法律规范。可见，某一类行为对社会和多数人有益，就会转化为风俗习惯或道德、法律规范，并予以提倡和鼓励；那些对社会和多数人有害的行为，就会转化为禁止性的相关规范。无论是鼓励性还是禁止性的规范，都是为了追求社会的公平发展，也都是集体成员智慧的结晶。又如，随着我国法治建设的不断深入，现代乡村治理着重强调法治，即通过体现群众意志和社会发展规律的法律制度来治理乡村，而不是单纯地依靠个人意志或上级主张进行治理，也不受单个人的阻碍和干预。从法治与人治的比较来看，制度是在一定领域内，通过参与主体的互动而内生的，充分彰显着主体平等、消除分歧、达成共识、纠正偏差、预期稳定等优势。在制度面前，集体中的个人是平等的，这种公平的社会氛围有助于实现个体的自我发展。因此，个体要想满足自身的差异化诉求、实现有序的差异化发展，就要在其从事实践活动的过程中遵守相应的制度和规范。如康芒斯所说："制度行动控制个体行动。"① 在制度、规范的作用下，个体的思想和行动能够得到限制、扩展和促进。反之，如果个体不遵守一定的制度规范，就会加大社会内耗，导致发展失衡或是不公平的现象，加剧部分人的焦虑感和被剥削感，从而引发一定的社会冲突和矛盾。因此，要想保障和促进人的全面发展，就要注重社会公平正义，不断缩小贫富差距，更具体、更扎实、更有效地推进共同富裕，这不仅需要制定合理的制度和良好的法律，即良法善治，还需要使人们普遍认同、遵守、服从已成立的法律，引导个体在合目的、合规律的范围内进行有序化发展。在这一过程中，思想政治教育要充分发挥自身的规约功能，教育者要通过开展差异化、多样性的教育实践活动，来教育和引导受教育者坚持有序性的规约原则，认同社会规范，遵守各项规章制度，纠正那些偏离正确方向的思想和行为，引导个体形成符合社会发展要求和自身合理诉求的思想观念，进而指导个体实现多样性的有序发展。

（四）坚持目标性的规约原则

目标性的规约原则是指个体以实现人的全面发展为目标，以此为原则来规范或促进人的发展。自由是人的主体性的充分体现，没有自由的发展，人就丧失了个体的意志自由，就不是合理的发展，更无法实现全面的发展。但是人的自由发展并不是肆无忌惮的，因为个体的差异化诉求有合理和不合理之分，如果个体的诉求是不合理的，如吸毒、酗酒、盗窃等，就有必要对这种不合理、不合法的行为诉求进行一定的制约。只有在一定规范、约束的作用下，才能满足个体合理性的差异化诉求，否则个体的发展就会包含着不合理的成分。然而，自由主义却将"自由"理解为任意、随性的，其本质是强调个人价值高于社会价值，这是对"自由"的误解。这种对

---

① ［美］康芒斯：《制度经济学》上册，于树生译，商务印书馆1962年版，第87页。

个人自由的绝对化追求，必然导致个体在实践中具有摆脱道德、法律和社会规范约束的倾向。这种自由观认为，不管自由是否合理、正确，都是神圣不可侵犯的，它是从人与人的孤立视角来理解人的存在和发展，即将自由理解为与他人不相关，也不受他人限制的行为权利。正如马克思指出，这样的自由"是人作为孤立的、自我封闭的单子的自由"①，"不是建立在人与人相结合的基础上，……是狭隘的、局限于自身的个人的权利"②。可见，人是社会关系的存在者，人的社会关系是个人实现自由的基本保障和必然性规约。个人并非离开社会关系的"单子"式的绝对自由，一旦失去了与他人的有机联系和相互约束，失去社会性力量的支撑和规范，他的存在将孤立无助，他的发展也将丧失根基。因此，要想保障个人实现真正意义上的多样性发展，就要坚持以实现人的自由而全面发展为目标，把握和理解正确的自由观，规范和促进个体的差异化实践。

在《资本论》中，马克思强调，共产主义社会是"以每一个个人的全面而自由的发展为基本原则的社会形式"③。从中反映出，马克思诉求着人的自由而全面发展，使个体的发展能够真正实现目的意义上的回归。实现真正意义上的自由而全面发展，就要树立正确的自由观。马克思主义自由观否定人的自由的无条件性、无根据性、无限制性，强调自由与必然的相互关系。对此，恩格斯从自然界的必然性界说自由："自由就在于根据对自然界的必然性的认识来支配我们自己和外部自然"④。在他看来，人的自由是有制约性和规定性的，不是任意的、为所欲为的，是要在某种规定性中才能实现。必然是一种规定，它既是自由的根据，也是自由的限制，即人在必然性的范围内展开多样性的自由选择。这就好比足球比赛是有比赛规则的，运动员只有在有效的规则中才能自由地发挥并充分展示自己

---

① 《马克思恩格斯文集》第一卷，人民出版社 2009 年版，第 40 页。
② 《马克思恩格斯文集》第一卷，人民出版社 2009 年版，第 41 页。
③ 《马克思恩格斯文集》第 5 卷，人民出版社 2009 年版，第 683 页。
④ 《马克思恩格斯文集》第 9 卷，人民出版社 2009 年版，第 120 页。

的球技，如果犯规就要被罚球和罚下场。在恩格斯观点的基础上，毛泽东将其概括为："'自由是必然的认识和世界的改造'——这是马克思主义的命题。"① 与此相似，认为自由具有规范性，要在必然性的规约下进行的还有斯宾塞。他提出了同等自由法，即"每个人都有做一切他愿做的事的自由，只要他不侵犯任何他人的同等自由"②。尽管斯宾塞的自由观具有资产阶级的局限性，即具有个人"单子式"存在的倾向，但他说明了一个人的自由是不能侵犯、妨碍另一人的自由，这就需要建构一个能够保障和促进大家共同实现自由的目标和规约。由此，从自由与必然的相互关系来看，规约就是一种行为的必然性。进行思想政治教育，要坚持目标性规约原则，以促进人的全面发展为目标，通过一定的社会规范来约束人的行为，使人在规范中去自由地实现和追求自己的目标和诉求，否则社会成员就无法向一个目标去共同努力，人也会因为肆无忌惮的"自由"发展而产生行为冲突和矛盾。

第三节　思想政治教育差异诉求及其规约的辩证统一

个体的差异诉求引起了人们满足诉求的不同实践活动，于是就需要有差异的规约予以有序的规范，只有将思想政治教育差异规约予以建构和完善，才能使教育者和受教育者在有序的规范中协调和平衡各种差异问题，逐步满足人们的差异诉求，实现自身的全面发展。思想政治教育差异诉求与思想政治教育差异规约是相互联系、相互作用的，即个体的差异化诉求生成和发展着思想政治教育差异

---

① 《毛泽东文集》第二卷，人民出版社 1993 年版，第 344 页。
② [英] 赫伯特·斯宾塞：《社会静力学》，张雄武译，商务印书馆 2009 年版，第 54 页。

的规约原则；思想政治教育差异的规约原则又制约和促进着个体的差异化诉求。因而，探究思想政治教育差异诉求与思想政治教育差异规约的辩证统一关系，既有助于建构和生成合理化的规约原则，使教育者通过差异化的教育实践活动教育和引导受教育者坚持一定的规约原则，又有助于保障个体的差异化诉求能够得以满足，并在实践中实现合目的、合规律的发展，最终实现人的自由而全面发展。

一 思想政治教育差异诉求及其主导性规约的辩证统一

思想政治教育要想反映和满足教育主客体多样性的内在需要、希望和追求，协调和平衡好发展中的差异问题，首先就要引导和教育人们认同和坚持社会主流意识形态，坚持正确的政治方向不动摇，坚持和遵循主导性规约原则。同时，主导性规约原则的构成在一定程度上也离不开个体的差异化诉求。随着人们生活水平的不断提高，人们对美好生活的向往，个体的差异化诉求也不断发展，这就促进着主导性规约原则的生成与发展。因此，在思想政治教育过程中，我们要把握好人的差异诉求和主导性规约原则的辩证关系，保障个体能够坚定政治立场、坚持社会主义价值导向，以实现自身更好的全面发展。

（一）差异诉求促进着主导性规约原则的生成

现实的个人反映和满足着各自的社会诉求，在差异化诉求的驱动下，形成不同的社会关系，也就使得不同利益主体产生差别化的思想、信念、信仰以及不同的世界观、人生观、价值观。因而，在思想政治教育中，我们有必要引导人们认识到，这种多样化的价值取向促使着价值导向一元化的产生。试想，假若人们的价值取向存在很大的差别，引发一定的冲突和矛盾，又没有一种主导性的价值来调适这些矛盾冲突，那么，人民的生活将难以安宁和谐，社会将难以有序运转，个体也就难以实现健康的、有序的发展。由此可见，个体的差异化诉求促使着主导性规约原则的生成与发展，具体而言：

一方面，积极的差异诉求肯定地促进主导性规约原则的生成。

尊重差异、包容差异、承认多样是社会发展的必然要求。随着我国社会的不断发展，人们的价值观念呈现多样化趋势，人们思想、行为上的自主性、差异性不断增强，这些积极的差异诉求代表着社会发展的先进性，它突破了社会原有陈旧的制度规约，预示着新的社会需求和社会未来的发展方向。一种新社会发展形式的到来，往往就是从一些个体新的差异诉求开始的，如改革开放初期，安徽小岗村农民对联产承包的差异诉求，打破了农村大锅饭的生产模式，催生了农村改革开放新制度的兴起，从而生成了今天农村承包的主导性规约。改革开放初期，福建55位厂长经理给省委、省政府写信，要求为企业松绑，增强企业活力，这封名为《请给我们"松绑"》的信经《福建日报》刊出后，迅速在福建省乃至全国引起热烈响应，推动了国有企业改革，生成了一系列的主导性政策，成就了经济体制改革的一段佳话。当前，中国经济正处于转型升级关键时期，实现高质量发展更需要主导性的政策和规约，对此，要充分调动和鼓励人们合理有序的多样化诉求，促使人们振奋精神、放开手脚，更要重视发挥积极的差异诉求生成主导性规约、主导性政策的重要作用，从而使积极的差异诉求能够更好地推进经济社会高质量发展。

　　另一方面，消极的差异诉求否定地促进主导性规约原则的生成。辩证的否定观是说通过否定来达到肯定，例如，很多科学发现就是通过失败来实现成功的。人的思想和行为亦是如此，通过纠正个体错误、消极的差异诉求，才能生成正确的主导性规范。随着经济全球化、技术信息化的快速发展，各种价值观念相互碰撞，对人们的思想观念产生深刻影响，尤其是西方社会思潮不断渗透，试图从思想、价值选择上来侵蚀和瓦解我们，使人们在一些重大问题上有模糊认识，尤其表现在青年学生群体中。以新自由主义思潮为例，新自由主义者们提倡个人自由至上，极力地否定集体主义、否定社会主义。哈耶克认为："形形色色的集体主义，如共产主义、法西斯主义等等"，"他们都想组织整个社会及其资源达到这个单一目标，而拒绝承认个人目的至高无上的自主领域"，"他们是极权主义者这个新词真正意义上的极权主义者"。① 同样认为社会主义限制了自由的还有布坎南，他认为："社会主义，作为一种组织结构必然对自由加以必要限制"，"以集体的或者国家的所有权取代了私人所有权"。② 自由主义者在"保卫自由"的名义下，反对国家干预、削弱国家作用，将"政府看作为一个手段，一个工具，既不是一个赐惠和送礼的人，也不是盲目崇拜和为之服役的主人或神灵"③。而在他们眼中，只有完美无缺的市场才能真正保障人的自由，如弗里德曼所说："广泛地使用市场可以减少社会结构的紧张程度，因为，它使它所进行的任何活动都没有顺从的必要。"④ 然而，事实证明他们的观点是站不住脚的。自由主义者试图将集体主义、共产主义和法西斯主义混为一谈，制造概念混乱，以得出诸如集体主义、公有制必然形成极权主义，个人完全没有自由，必将遭受奴役等错误论断。反观自由放任下的资本主义，也并非如他们所言，能够完全自愿地交换而组成自由社会，那些没有生产资料的广大劳动者往往为了生存而被迫进行雇佣劳动。如英国学者杰里米·吉尔伯特所说："在这一思想体系下，任何妨碍利润增长之举都会被抛弃，纵然受影响的对象如自然环境般脆弱，在'神圣'市场所创造的利润面前仍是无关紧要的，这就是（新自由主义）思想体系的唯一规则。"⑤ 可见，新自由主义思潮具有一定的迷惑性，要具有一定的辨识能力才能看清其本质。在这种错误思潮的影响下，部分学生极易产生市场经济只适合

---

① ［英］弗雷德里希·奥古斯特·冯·哈耶克：《通往奴役之路》，王明毅、冯兴元等译，冯兴元、毛寿龙、王明毅统校，中国社会科学出版社1997年版，第59页。

② ［美］詹姆斯·布坎南：《财产与自由》，韩旭译，中国社会科学出版社2002年版，第46页。

③ ［美］米尔顿·弗里德曼：《资本主义与自由》，张瑞玉译，商务印书馆1986年版，第4页。

④ ［美］米尔顿·弗里德曼：《资本主义与自由》，张瑞玉译，商务印书馆1986年版，第28—29页。

⑤ ［英］杰里米·吉尔伯特：《反新自由主义的模式：道德主义、马克思主义与21世纪的社会主义》，王瑶译，《当代世界与社会主义》2018年第6期。

资本主义，资本主义更加优越等错误认识，在一定程度上动摇了他们对马克思主义的信仰、对社会主义优越性的认同。这种错误的价值取向一旦在学生的思维中形成甚至固化下来，成为其内心信念，必然导致其产生消极的、不健康的诉求，不仅危害自身，而且会危害国家和民族。对此，为了能够有效应对错误价值观的冲击，我们必须坚持一元化的价值导向，即坚持和加强马克思主义在社会价值取向中的导向性作用，培育和弘扬社会主义核心价值观，坚持崇高的共产主义理想，进而帮助人们辨别真伪，摒弃错误思想，树立正确的价值观念。习近平总书记指出："如果一个民族、一个国家没有共同的核心价值观，莫衷一是，行无依归，那这个民族、这个国家就无法前进。"① 共同的价值观是我国发展的旗帜和导向，社会思想观念越是复杂多变，人的价值取向越是多样化，我们越是要明确和保证中国特色社会主义共同理想、社会主义核心价值观、社会主义意识形态是不能动摇的，走共同富裕的道路是不变的。综上，主导性规约原则的生成和发展，不仅与积极的差异诉求相关，也与所处时代所面临的复杂形势、社会道德出现的问题，以及由此产生的个体的消极思想和诉求密不可分。

（二）主导性规约原则保障和纠正着差异诉求

主导性规约原则在反映和满足个体差异诉求的过程中发挥着保障、引导和纠正、制约的作用，具体来看：

一方面，主导性规约原则能够保障和促进积极的差异诉求得以满足。思想政治教育对个体的社会主义核心价值观的培育践行，不仅是在观念层面加强对个体的思想政治教育，宣传社会主义核心价值观，还是一种实践层面的积极示范，充分调动社会、单位、家庭等多样性的思想政治教育主体，加深受教育者对"爱国""敬业""诚信""友善"等社会主义核心价值观的认同，使个体能够在差异化实践中遵循一定的主导性规约原则，更好地实现自身的差异诉求。

---

① 《习近平著作选读》第一卷，人民出版社2023年版，第239页。

从培育和践行敬业观来看,"敬业"是形成良好人际关系和促进社会平稳运转的精神纽带,要想构筑社会诚信的大厦,促使个体能够合理化地实现自身发展,共同承担社会责任,就要使个体具有高度的自觉。新时代"工匠精神"就是一种"敬业"的表现,我国正处于从工业大国向工业强国、从制造大国向制造强国迈进的关键时期,培育和弘扬具有"敬业"品质的工匠精神对于建设制造强国、推动社会发展具有十分重要的意义,对满足人民日益增长的美好生活的需要以及个人获得成功、实现自身多样化诉求具有积极作用。因此,教育者要引导和培养受教育者具备敬业精神,使不同行业、不同地域、不同阶层的社会成员达成"敬业"的价值共识和行为认同。试想,如果每一个社会成员都能遵循和践行敬业观,遵守职业道德,提升自身的事业心和工作的成就感与认同感,那么不同个体将在各自的岗位上释放自身的优势和潜能,从而保障和促进个体通过自身的努力满足差异诉求,促进人的全面发展。

另一方面,主导性规约原则能够纠正和制约消极的差异诉求。社会主义市场经济对个人和社会的发展都具有重要意义,但是,必须看到伴随着市场经济的发展,在一定程度上也加剧了物质主义的蔓延。据有关调查统计,"当代中国人的物质主义倾向普遍较高,同时在人口统计变量方面存在差异"[1]。物质主义是一种强调拥有物质财富重要性的个人价值观。[2] 尽管物质主义在激发个体追求成就、改善生活水平、促进经济繁荣等方面具有一定的社会作用,但是它主张人活着的唯一目的就是物质享受或感官快乐的价值观则具有很大危害性。在物欲横流的市场经济条件下,人们如果缺乏正确的价值观导向,那么就会在极度追逐物质利益的过程中逐渐丧失人的主体

---

[1] 王春晓、朱虹:《地位焦虑、物质主义与炫耀性消费——中国人物质主义倾向的现状、前因及后果》,《北京社会科学》2016 年第 5 期。

[2] Richins, Marsha L. and Dawson, Scott., "A Consumer Values Orientation for Materialism and Its Measurement: Scale Development and Validation", *Journal of Consumer Research*, Vol. 19, No. 3, 1992.

性，导致个人对主体真实的发展需要没有清楚的认识，对理想和现实之间的矛盾就不能做出准确的调适和化解，造成个人生命价值和意义的迷失，进而还会产生大量不和谐的社会现象，如社会道德紊乱、腐败现象滋生、食品安全堪忧等。因此，只有教育和引导个体遵循主导性的规范原则，才能有效制约这些消极的差异化诉求：一是要通过法律、道德来制约个体消极的诉求，因为合理的伦理道德、法律制度既能够为个人价值观的选择提供正确的价值和行为导向，又能制约那些错误的价值观以及消极诉求。二是要通过长期、耐心的社会教育和引导，使人们坚持价值导向的一元化，践行社会主义核心价值观，从而纠正消极的差异化诉求。社会主义核心价值观的"精神实质就是要重建当代中国人精神世界"[1]，要充分发挥社会主义核心价值观的引领性作用，批判导致物化个人、消极诉求的错误倾向，要让人们清楚地认识到，只有坚持正确的价值取向，个体才能在实践中处理和调适好理想与现实的矛盾，否则个体发展就会出现严重扭曲。

二 思想政治教育差异诉求及其整体性规约的辩证统一

要想保障个体的合理化差异诉求和多样性的发展能够得以满足和实现，教育者就要积极引导受教育者处理好个人需要和发展目标与社会及他人的需要和发展目标之间的关系，使他们正确认识自身的合理化需要，克服欲望无限膨胀的极端利己主义的思想和行为，坚持个人利益和集体利益、国家利益的一致性。同时，在思想政治教育活动中，还需要把握好个体的差异化诉求对整体性规约原则的作用，促进整体性规约原则逐步发展和深入，进而形成个体差异化诉求与整体性规约原则之间的良好互动关系。

（一）差异诉求促进着整体性规约原则的生成

在思想政治教育反映和满足个体差异化诉求的过程中，不同个

---

[1] 杨振闻：《中国人精神世界重建与社会主义核心价值观》，《求索》2017年第2期。

体的利益需要与集体、他人的利益需要之间的关系问题是极其重要的问题。只有使个人自觉地将自身利益与集体的利益有机地结合起来，才能妥善处理好各种利益关系，包括个人与社会、个人与他人之间的利益诉求关系。从这一意义上看，个体之间差异化的诉求促进着整体性规约原则的生成：

一方面，积极的差异诉求肯定地促进整体性规约原则的生成。随着我国生产力的不断发展，人民对美好生活的向往和需要更加多样、丰富，在这一过程中，满足和实现不同个体的多样性、差异化诉求以及促进社会的前进和发展，都离不开个体对集体利益的合理维护，离不开个体对社会整体性发展的适应和服从。这种对集体利益、国家利益和社会利益的维护，对社会发展所作出的贡献，正是由每一个个体的积极诉求产生和转化而来的。正如，在抗击新冠疫情的过程中，我国人民将各自对美好生活的向往转化为一种整体性的言行规约，凝聚成集体性的力量，全国各地听从党中央对防控的统一部署、严防死守、攻克难关，特别是在湖北省武汉市，采取了"封城"、限制流动、交通管制等必要措施，每一个人都尽到自己的一份义务，居家隔离、分开用餐、佩戴口罩、洗手消毒等，自觉转化并遵循整体性的规约，为疫情防控做出巨大贡献。

另一方面，消极的差异诉求否定地促进整体性规约原则的生成。整体性规约原则，最核心的问题就是个体在追求多样性发展的过程中，如何达成集体利益与个人利益、集体发展目标与个人发展目标的辩证统一。这一规约原则不是一个口号，而是在市场经济环境下，面对现实中的诸多矛盾关系、价值取向多元化日趋严峻，以及极端个人主义、功利主义盛行所生成和演变的一个具有现实性的规范个体行为、调适矛盾的方法。市场经济肯定个人正当利益的合理性，促使个体追求自身利益，然而，市场经济在突出实现人的自我价值的同时，却诱发着一些人一味强调个体自由、个人利益、自我实现、自我选择，陷入极端个人主义、功利主义的泥潭。个人主义是西方资本主义国家的基本价值原则，是指"一种以个人为中心对待社会或他人的思想和理论观点"①,极端个人主义则更加强调一切都以个人利益为中心,漠视社会与他人的利益,是一种认为个人才是最高目的的极端利己主义的价值观。如在立法和守法等问题上,霍布斯则从"性本恶"的立场走向了一种极端个人主义,他讲道:"每一个人的自我保存与满足交给各人自己照管以后,大家就没有理由不按照他认为有助于这一方面的方式行动。因此,立约与不立约,守约与不守约,只要有助于个人利益,就不违反理性。"② 不难看出,极端个人主义的主要特征是以自我为中心,以个人为本位,为了满足个人私欲不惜损害他人和社会的利益,这与边沁主张的功利主义十分相似。功利主义者为了满足自己感官的快乐,必然会因为占有物质的排他性,而使自身与他人处于无法兼容的状态,走向极端个人主义和利己主义。对此,恩格斯指出:"边沁在自己的经验中犯了黑格尔在理论上犯过的同样错误;他没有认真地克服二者的对立,……因此把一切都颠倒了。最初他说普遍利益和单个利益是不可分的,后来他就仅止于片面地谈论赤裸裸的单个利益。"③ 可见,极端个人主义、功利主义本质上是相同的,两者都只是强调自身单个人的利益,而消解集体行动、社会团结等观念。例如,在新冠疫情防控中,推崇极端个人主义价值观的西方人士依然我行我素,对减少聚会、减少社交活动、公共场所佩戴口罩嗤之以鼻,一些鼓吹极端个人主义的政客,不把人民的生命安全放在第一位,不及时采取科学防控措施,不秉持负责任的态度,而耽误了关键的防控期,使得新冠疫情的暴发愈演愈烈,造成大量民众失去了生命。可以说,极端的个人主义、功利主义的危害是不言而喻的。从对我国的影响来看,对于正处于价值观建构的大学生来说,极端个人主义极易导

---

① 中国大百科全书总编辑委员会:《中国大百科全书》,中国大百科全书出版社2002年版,第248页。

② [英]霍布斯:《利维坦》,黎思复、黎廷弼译,杨昌裕校,商务印书馆1985年版,第109页。

③ 《马克思恩格斯文集》第一卷,人民出版社2009年版,第106页。

致少数学生失去组织性、规范性、纪律性,甚至有可能最终走向无政府主义;对于少数党员来说,极端的个人主义会使他们动摇理想信念、淡化服务意识和进取精神,滋长名利思想、堕落思想、享乐思想;少数领导干部迷恋权力,为自己谋利,自行得意,走向了党和人民的反面。总之,任由极端个人主义、利己主义、功利主义发展,后果则不堪设想。对此,为了有效制约和纠正这种消极化的差异诉求,应对极端个人主义错误思潮的冲击,我们必须要构建并坚持整体性的规约原则,培育个体树立科学的集体主义的价值理念,在尊重个体利益,鼓励和促进个体追求自身多样化诉求的同时,要避免极端个人主义和利己主义。例如,在校园中要建构一定的文明公约,如爱护图书馆书刊、不要涂改毁坏,就餐文明有序、排队自觉,保护设施设备、不破坏公物,尊敬师长、友爱同学,遵守宿舍管理制度,按时熄灯就寝,不打闹喧哗,不影响他人学习和休息,等等,引导学生遵守学校相关的规章制度和文明纪律,以更好地规避部分学生自私自利的思想观念和不良的行为举止。总之,坚持整体性的规约原则就是要引导受教育者在追求自身发展的过程中,实现个体与社会步调一致、和谐统一的发展,鼓励和促进更具有包容性的集体主义精神。

(二)整体性规约原则保障和纠正着差异诉求

整体性规约原则在促使个体实现多样性发展的过程中同样发挥着重要作用,主要表现在以下两方面:

其一,整体性规约原则能够保障和促进积极的差异诉求得以满足。马克思指出:"只有在共同体中,个人才能获得全面发展其才能的手段。"[①] 这就是说,集体包含着个体多样性发展的蓝图,集体目标具有一定的包容度和自由度,能够促使个体在共同的目标中寻找自身多样化的诉求和目标。保障个体实现自我发展的过程,实际上也就是指导受教育者确立与集体利益、集体发展目标相一致的个人

---

① 《马克思恩格斯文集》第一卷,人民出版社2009年版,第571页。

发展需要和目标的过程，希望受教育者在理解社会发展要求的同时，也了解自己的内在诉求，明确自己的发展方向，自觉根据社会发展目标调整自己的思想和行为，在这种内化和外化的相互转换过程中，个体才能不断提高思想政治素质，才能满足自身的差异化发展诉求。可见，引导受教育者坚持整体性的规约原则是协调好个人与社会、人与人之间关系的重要步骤，要想在保障集体利益的前提下，满足和实现个人对自己利益的正当追求，促使个体的诉求得以满足，个体的优势和才能得到充分的发展，就要使个体在思想和行为上具有高度的自觉性来践行整体性的规约原则。习近平总书记指出："伟大抗疫精神，同中华民族长期形成的特质禀赋和文化基因一脉相承，是爱国主义、集体主义、社会主义精神的传承和发展，是中国精神的生动诠释，丰富了民族精神和时代精神的内涵。"① 这充分说明，在抗击新冠疫情中所形成的众志成城的抗疫精神，就是一种弘扬集体主义、坚持整体性规约原则的表现。面对疫情，以习近平同志为核心的党中央统一指挥、统一部署，真正做到了一方有难八方支援，各省、市、区步调一致、统一行动，及时建立了联防联控、群防群控的体系，各地医疗队、医护人员紧急支援，大量医疗设备、物资运往湖北，形成了全面部署、全面动员、全面防控的局面，这种众志成城、守望相助的精神使疫情蔓延的势头在短时间内就得到初步遏制，保障了人民的生命安全和身体健康，为复工复产创造了条件，对满足人民对美好生活的向往以及实现不同个体的诉求具有积极作用。因此，培育和弘扬伟大的抗疫精神，有助于引导社会成员们认同社会发展的共同目标，增强个体的获得感和归属感，使得个体在促进和实现集体利益的同时，满足自身多样性的发展诉求，进而促进人们实现更全面的发展。

其二，整体性规约原则能够纠正和制约消极的差异诉求。在我

---

① 习近平：《在全国抗击新冠肺炎疫情表彰大会上的讲话》，人民出版社2020年版，第16页。

国社会转型的过程中，随着人的个性的增强，个人与社会之间出现疏离状态，呈现出一种原子化的倾向。阿伦特认为，"原子化的个体"是孤独的、完全"私人化"的，并且个体间没有强有力的联系。① 当个体之间的情感逐渐疏远，人们的责任感、义务感不断被淡化，那么法律、规章制度等规范就会被消解，甚至产生社会道德缺失的危机，极端个人主义、利己主义就会盛行，这些极端个人主义者会将社会看作工具，难以担当起国家富强、民族振兴、社会发展、人民幸福的重任。同时，这种原子化倾向也会限制个体的发展空间，个体差异化的诉求难以得到回应和满足，严重影响个体自身的发展。可见，如果人们缺少共同富裕价值观、集体主义价值观，无法克服严重的个人主义倾向，那么就无法合情合理地履行义务、承担责任，就会出现一系列的利益冲突和人际矛盾。为了防止出现这些负面现象，我们要树立和建构一定的行为标准和处事原则。对此，马克思曾指出："我们的需要和享受是由社会产生的；因此，我们在衡量需要和享受时是以社会为尺度，而不是以满足它们的物品为尺度的。"② 是否顺应社会发展规律，符合社会发展目标，是判断个体所追求的差异化诉求是否正当、合理的重要标准。如果个体所追求的利益和诉求违背了社会发展的需要和目标，那么，就需要对个体进行正向引导和教育，纠正不合理、不正当的诉求。只有教育和引导个体遵循整体性规约原则，才能有效纠正个体不合理、不正当的诉求，制约个体的错误思想和行为。一是在情感上，加强集体主义精神建设，形成对集体主义价值观的情感认同。教育者要充分利用一些公共危机性事件，如抗震救灾、防控疫情等，把握时机进行集体主义价值观的教育。新冠疫情发生后，全国上下迅速响应党中央有关防疫的号召和部署，各地人民团结互助、无私奉献，这些

---

① [美]汉娜·阿伦特：《极权主义的起源》，林骧华译，生活·读书·新知三联书店2008年版，第420页。
② 《马克思恩格斯文集》第一卷，人民出版社2009年版，第729页。

都是对团结、互助、友善、奉献等集体主义精神的生动诠释，使人们对集体主义精神产生强烈的情感认同。二是在行为上，敦促受教育者践行集体主义价值观，落实关心集体、团结向上、甘于奉献的美德行为。要想保障集体主义价值观的延续性，就要促进个体将对集体的情感认同转化到具体的行动上，如承担社会责任、认真履行义务、互帮互助、关爱他人等。只有在实践中坚持集体主义的价值观、遵循整体性的规约原则，个体才能调适好自身发展与社会发展之间的关系，才能在和谐的社会环境中协调和平衡好诸多差异问题，实现更为全面的发展。

三 思想政治教育差异诉求及其有序性规约的辩证统一

由上文可知，个体在追求自身差异化诉求的过程中，要调适好个人与他人、个人与集体之间的关系，为了达到这样的行为指向，其中一个重要的途径和要求就是要坚持有序性的规约原则，引导个体在实践过程中遵循相应的制度和规范。同时，还要发挥个体差异化诉求对有序性规约原则的作用，使有序性规约原则也能得到发展。只有充分达成个体差异化诉求与有序性规约原则之间的作用关系，个体的行为才能得到约束和促进，个体才能在公平、和谐、有序的环境中平衡好诸多差异问题，实现更加和谐有序的多样性发展。

（一）差异诉求促进着有序性规约原则的生成

公平、有序的社会环境有助于个人实现自身差异化的发展，而创造良好的社会环境离不开合理的制度、法律、政策等一系列的社会规范。如前文所述，社会规范是集体智慧的结晶，无论是个体积极的诉求还是消极诉求，在一定程度上都能够促进道德、法律、规章制度等社会规范的生成和发展，以更好地促进个体遵循有序性规约原则。

一方面，积极的差异诉求肯定地促进有序性规约原则的生成。伴随着我国社会主义市场经济的不断发展，人们产生了多样性的美好诉求，这些诉求经过实践的检验，转化为保障社会公平、有序发展的制度、政策，预示着社会发展的未来方向。这一系列符合社会发展的规范，通常就是从个体积极的差异化诉求开始的。正如，改革开放后，邓小平对如何在生产力相对落后的中国实现共同富裕作出回答："在经济政策上，我认为要允许一部分地区、一部分企业、一部分工人农民，由于辛勤努力成绩大而收入先多一些，生活先好起来……带动其他地区、其他单位的人们向他们学习。"[①] 这表明，正是在我国生产力落后的情况下，人民对效率优先积极的差异诉求生成了先富带动后富的有序发展政策，进而促进了我国生产力的迅速发展。而随着我国经济的不断发展，贫富差距问题凸显，人民对公平的诉求促使政府及时做出政策的调整，强调更加注重公平的发展原则。党的十三大、十四大报告进一步提出，在发展效率的同时，也要兼顾公平，"合理拉开收入差距，又防止两极分化，逐步实现共同富裕"[②]，"坚持效率优先、兼顾公平"[③]。进入新时代，公平建设进一步成为我国社会建设的重要任务，当下百姓对公平的积极诉求并不是要完全地消除差异，而是追求在公平的基础上使得每个人都能释放自己的发展活力，从而实现共同富裕和共同发展，基于此，党的十九大报告指出："我们要激发全社会创造力和发展活力，努力实现更高质量、更有效率、更加公平、更可持续的发展！"[④] 由此，中国特色社会主义道路就是一条不断探索如何将个体积极诉求转化为合理制度、政策安排的有序发展之路，以此实现"消灭两极分化"和"共同富裕"的社会主义本质。

另一方面，消极的差异诉求否定地促进有序性规约原则的生成。在社会生产力还没有达到充分发展的历史阶段，物质资源的有限性会导致人与人之间以及个体利益和共同利益之间的矛盾，为了调适

---

① 《邓小平文选》第二卷，人民出版社1994年版，第152页。
② 《十四大以来重要文献选编》（上），人民出版社1996年版，第19页。
③ 《十五大以来重要文献选编》（上），人民出版社2000年版，第24页。
④ 习近平：《决胜全面建成小康社会 夺取新时代中国特色社会主义伟大胜利——在中国共产党第十九次全国代表大会上的报告》，人民出版社2017年版，第35页。

诸多矛盾问题，人们产生了对有序性发展的诉求，对法律、制度、政策等合理性社会规范的需要。因此，逐步满足和发展个体多样性、全方面的诉求，必须在党和国家政策、制度允许的范围内进行。为了营造良好的社会氛围，教育个体应积极了解、主动认同、自觉遵守国家相关的法律、政策。深刻理解这些政策、制度既能够保障个体合理性的差异诉求，同时也能约束和制约不合理的发展需要。然而，与之相反，消极的差异诉求则从否定的方面促进着有序规约的形成。当前，伴随着信息化浪潮，无政府主义思潮也以新的方式在网络空间中扩散、传播。"网络无政府主义是一种阻碍社会成员对政权政治认同的网络社会思潮"[1]，它不仅攻击国家政府以及代表法律权威的法官、警察等群体，还导致违法行为频频出现，试图在网络和现实中制造无政府的混乱状态。例如，一些境外势力在网上发布污蔑、攻击中国共产党的内容，甚至将我国政府对网络的正常监管抹黑成一种侵犯自由的表现，教唆、胁迫青少年网民开展无政府主义的行动。不难看出，无政府主义在强调"自治""互助""反独裁"的同时，实际上是倡导取消政府的管理，强调小集体、小组织的有序，进而否定甚至破坏社会的整体有序性。习近平总书记指出："互联网不是法外之地。利用网络鼓吹推翻国家政权，煽动宗教极端主义，宣扬民族分裂思想，教唆暴力恐怖活动，等等，这样的行为要坚决制止和打击，决不能任其大行其道。"[2] 因此，为了有效制约和纠正这种消极的、不合理的差异诉求，应对无政府主义、历史虚无主义、新自由主义等错误思潮，我们必须要构建和完善有序性的规约原则，一是需要法治手段的强力保障，制定合理的政策、法律、制度等；二是要教育和引导人们普遍认同，并自觉遵守道德、法律、规章制度等社会规范，使个体能够在公平、有序、稳定、和谐的社

---

[1] 刘力波：《网络无政府主义对我国意识形态安全的威胁及我们的应对》，《马克思主义研究》2019年第2期。

[2] 《习近平谈治国理政》第二卷，外文出版社2017年版，第336页。

会环境下实现自身的发展。

(二) 有序性规约原则保障和纠正着差异诉求

有序性规约原则在反映和满足个体差异化诉求的过程中发挥着保障、促进和纠正、制约的功能。

一方面，有序性规约原则能够保障和促进积极的差异诉求得以实现和满足。由前文可知，个体的差异化诉求与有序性的规约原则之间是紧密相关的，人的差异化诉求是产生和建构有序性规约原则的基础，反之，有序性规约原则的建构是人们获得美好诉求所必需的具有一定社会形式的需要。从价值目标来看，建构和坚持有序性的规约原则就是要致力于公平合理地满足人民群众的美好生活需要。思想政治教育要充分发挥引导和规约性功能，教育者要通过开展多样性、差异化的教育实践活动，引导和教育受教育者认同和遵循相应的社会规范，塑造个体优秀的思想品质和积极向上的实践行动，以形成良好的社会氛围，保障个体在公平的社会环境中真正拥有平等实现美好生活的差异化诉求的权利与能力，实现个体有序的、差异化的发展。正如，从家风建设来看，良好的家风能够保障家庭成员们实现自身积极的差异化诉求。家风就是一个家庭生活作风、行为习惯、处事原则的总体性呈现，良好的家风就是一个有序的规约原则，它的确立在一定程度上能够规范、约束家庭成员们的思想、道德与行为。在良好家风的教育和塑造下，个体能够掌握正确的行动方向，使人们以积极向上、勇敢负责的心态进行实践诉求的活动，在实践中满足自己对美好生活的需要。再如，好的校风校纪能够保障师生们实现美好教育教学的发展诉求。教师优秀的工作作风、教育风气，良好的治校风气以及校园纪律和管理制度对全体师生具有熏陶、引导和鼓励作用，引导师生遵循一定的校园规约，坚持有序性的规约原则，能够保障整个学校有序运行，形成良好的校园面貌和精神风貌，从而塑造和培育个体形成友善、正直、勤勉的道德品质，使老师和学生都能够各自实现自己的美好发展诉求。

另一方面，有序性规约原则能够纠正和制约消极的差异诉求。

目前在市场经济条件下，少数人为了最大化地追求自身利益，出现以权谋私、经济诈骗、伪造劣质、削减工料等违规和违法犯罪行为，使人民群众的利益遭受重大损害，阻碍着人民达成美好生活的诉求。例如，激素含量严重超标的宝宝霜在各大电商平台以及线下的母婴店大量销售，使用过的婴儿在数月后迅速发胖、毛发疯长、脸部肿大，严重危害着婴幼儿的健康，破坏了部分使用宝宝霜家庭原有的和谐生活。如果个体追求利益的行为不是在道德、法律等社会规范的允许范围内展开的，就会严重损害他人和集体的利益。为了防止这些负面现象的出现，保障人民群众的正当利益，维护社会秩序健康、有序运行，就要建构和完善有序性的规约原则，充分深入地展开法律道德教育，对那些错误的思想和行为进行纠正和规范，约束不合理的需要和行为。一是要开展思想道德教育。由于某些社会成员道德观念模糊不清，对是非、善恶、美丑标准不明确，造成唯利是图、造假诈骗等负面现象久治不绝，严重妨碍人民追求美好生活。这就需要在道德层面坚持有序性的规约原则，重视和落实好公民的道德建设。中共中央、国务院印发的《新时代公民道德建设实施纲要》（以下简称《纲要》）对于准确把握道德领域存在的问题具有重要意义。针对食品安全、产品质量、生态环境、公共秩序等人民群众反映强烈的问题，教育者要依据《纲要》内容对社会成员进行思想道德规范的教育，对那些错误行为进行规范和谴责，及时纠正个体消极的、不合理的诉求，促使人们自觉遵守社会道德，提高自觉践行道德规范的能力。二是要开展法律教育。教育者要对受教育者进行法律法规的教育，使法律精神深入人心，帮助人们增强法治观念，自觉遵纪守法，达到制约、纠正无序行为的目的。以环境保护法律制度的教育为例，要把环境保护的相关政策、法律法规作为教育内容，通过开发多样性的宣传渠道，开展丰富多彩的环保宣传活动，普及环境保护的相关政策、法律制度，帮助人们树立科学的环保观念，培育个体保护环境的责任感。同时，要引导党政部门和党员干部在实践中发挥榜样作用，以身作则，在实践中严格遵守国家环境保护法律法规，树立环境保护的责任感，防止出现少数党员因没有遵守法律法规而破坏生态环境的现象。综上可见，坚持有序性的规约原则，有助于形成扶正祛邪、公平正义的社会氛围，保障个体实现有序的发展。

四 思想政治教育差异诉求及其目标性规约的辩证统一

个体所追求的自由发展并不是无限制、任意性的，而是与必然紧密相关的自由发展，是那种不影响他人、遵从社会发展客观规律，并对社会负责的发展状态。因而，个体要想满足和实现自身的差异化诉求，就要把握好自由和必然之间的相互关系。这也正是本章第二节所述"坚持目标性规约原则"的题中应有之义。那么，思想政治教育要想引导人们协调好发展中的差异现象和差异问题，并保障和促进人的全面发展，就要引导和教育个体在差异化的实践中认同和遵循目标性的规约原则，理解什么是真正的自由，并以此为原则来规范或促进自身发展。当然，建构和培育目标性规约原则也并不是一劳永逸、一蹴而就的，它的生成和完善离不开现实的个人及其差异性诉求。在思想政治教育活动中，我们要理解和把握好人的差异诉求和目标性规约原则的辩证关系，引导个体在遵循必然性的范围内展开多样性的自由发展。

（一）差异诉求促进着目标性规约原则的生成

人是生活在现实中的社会存在物，有着多样性的发展诉求，但这些自由的选择及其满足与实现并不是任性随意的，而是要在认识与遵从必然性的基础上来完成，也就是说，个人要在受动性和主动性相统一的作用下才能追求真正的自由。建构目标性规约原则的目的就是要让个体能够实现真正的自由，而这一规约原则的生成与完善也来源于个体的自由发展及其差异化诉求。个体的现实诉求有积极的部分，也有消极的部分，因而，我们将从肯定和否定两个方面来分析个体差异化诉求对目标性规约原则的生成所起的作用，具体而言：

一方面，积极的差异诉求肯定地促进目标性规约原则的生成。随着我国经济社会的不断发展，个体的主体意识日渐凸显，人们产生了对美好生活的积极诉求，这些诉求经过实践的探索，转化为保障个体实现合必然性、合规律性的自由发展的规范原则，引导着个体在合理的自由范围内实现自身多样性的发展。以浙江温岭民主恳谈会为例，市场经济催生了多元化的利益主体，差异化的利益诉求及其实现途径呈现复杂性特征，在复杂的利益诉求相互交织的作用下，人们向往着能够真正收获公平的发展的基层社会治理模式，期待着能够将局部利益诉求无限制地发展转化为对公共利益的有效协商，在这一积极诉求的作用下，温岭人催生了对基层民主的热情，首创了民主恳谈形式，并逐步发展为后来的集体性决策的民主恳谈以及现在的参与式民主协商，但其目标是相同的，就是防止个体追求任意的、任性的片面发展，促使人们自觉主动地以承担社会责任、对他人负责、对集体负责为目标，在共同参与公共生活的过程中调适利益矛盾，实现一种有责任、有目标的高质量发展。例如，21世纪初，温岭、新河镇两级政府面对激烈的劳资纠纷和资方矛盾，开展了一场由政府主导、工会出面、企业主和工人互动沟通的"羊毛衫行业职工工资恳谈会"，并通过先后召开的十次民主恳谈会，最终确定了《2003年下半年羊毛衫行业职工工贸（工价）集体协商协议书》，明确了最低工资标准、工资发放时间等相关内容，保障了企业和工人们的利益诉求，使社会秩序有序稳定。① 可见，正是由于人们对解决利益矛盾问题、创新基层治理模式的积极诉求，建构出一种有利于各方发展的目标规约。温岭民主恳谈会正是对建构目标性规约原则的积极探索。当前，在社会转型、体制转轨、结构转优的过程中，我们更要建构和完善目标性的规约原则，充分发挥个体的积极诉求转化为目标性规约原则的重要作用，因为只要引导个体树立

---

① 陈朋：《国家推动与社会发育：生长在中国乡村的协商民主实践》，博士学位论文，华东师范大学，2010年，第169—176页。

正确的自由观和发展目标，才能有效调适好诸多差异现象和差异问题。

另一方面，消极的差异诉求否定地促进目标性规约原则的生成。目标性的规约原则所要表达的是，引导个体在追求自身更好发展、实现差异化诉求过程中，要树立正确的自由观，在必然性的范围内充分发挥自身能动性，实现自身的发展诉求。但是，部分个体往往在实践中无法辨识什么才是真正的自由，迷失在追求极端的、任性的自由中。为了达成自己的自由化发展，而视他人、视社会发展规律、视社会责任于不顾。正如，站在个人主义立场的哈耶克就认为："这种对个人作为其目标的最终决断者的承认，对个人应尽可能以自己的意图支配自己的行动的信念，构成了个人主义立场的实质。"①在哈耶克那里，个人是"其目标的最后决断者"，个人的目标高于他人以及社会发展客观规律等一切必然规定。这样的个人主义立场必然将人们引向对任性自由的追逐，无视他人的存在，无视社会发展的客观规律，也就无法认识到个人所应承担的社会责任。如哈耶克所强调的责任，就是个体的单个的责任。他还否定了存在那种由社会成员们共同承担的责任，进而否定社会发展、集体利益对个人自由、责任的规定性。与哈耶克不同，马克思主义认为，个人的自由与社会的自由是紧密相关、辩证统一的，"每个人的自由发展是一切人的自由发展的条件"②，从而形成真正的"自由人联合体"，实现"人的真正的社会联系"，其中"人在积极实现自己本质的过程中创造、生产人的社会联系、社会本质"③，这种"真正的社会联系"就是一种目标性规约。因此，真正的自由是在社会中所实现的和谐的、整体的自由，责任也就是对社会整体的责任，是一种共同性的责任。诚然，立足当前，与社会不断发展相伴的是部分个体的社会责任感

---

① ［英］弗雷德里希·奥古斯特·冯·哈耶克：《通往奴役之路》，王明毅、冯兴元等译，冯兴元、毛寿龙、王明毅校校，中国社会科学出版社1997年版，第62页。
② 《马克思恩格斯文集》第2卷，人民出版社2009年版，第53页。
③ 《马克思恩格斯全集》第42卷，人民出版社1979年版，第24页。

被侵蚀，出现违背客观规律、损害他人和国家利益的现象，主要就是因为他们在实践活动中无视必然性的存在，没有正确认识和把握自然规律、社会规律、经济规律，一味地向往单个人的极端化的自由发展，割裂个体发展与社会发展的相关性。因此，为了有效制约和纠正这种错误的自由观以及由此产生的消极化的差异诉求，必须重视建构目标性的规约原则，以实现人的自由而全面发展为目标，以此为原则规范个体的差异化发展，引导个体在正确认识和把握客观必然性的基础上实现真正的、为社会负责的自由。

（二）目标性规约原则保障和纠正着差异诉求

目标性规约原则在促使个体实现多样性发展的过程中发挥着重要作用，表现在以下两方面：

其一，目标性规约原则能够保障和促进积极的差异诉求得以实现和满足。马克思指出，作为现实的人就有任务和使命，"这个任务是由于你的需要及其与现存世界的联系而产生"①。这表明，个人要想满足和实现自身的需要，就要充分认识到自由的发展不是任意随性的，而是有规定性的发展，是一种尊重他人、遵循社会历史性的、负责任的发展。因此，思想政治教育要积极引导个体理解和践行正确的自由发展观，使人们自觉主动地认识和把握社会发展的客观规律，践行具有社会责任感的自由发展，以保障和促进个体在实践活动中实现积极的差异化诉求。习近平总书记在多次讲话中谈到，要具备"功成不必在我"的精神境界和"功成必定有我"的历史担当，在抗击新冠疫情过程中，无论是义无反顾支援武汉定点医院的勇士，还是在各地坚守岗位的战士们，他们的行为无不展现出一种为他人、为社会负责的精神和力量，这是一种真正实现自由并遵循目标性规约原则的积极表现，也正是在无数个体自觉遵循目标性规约原则的共同努力下，人民群众才能享受安详的日常生活，满足和实现自身积极的发展诉求。试想，如果个体只顾着自身利益，视他

---

① 《马克思恩格斯全集》第3卷，人民出版社1960年版，第329页。

人生命于不顾，视社会发展于不顾，没有"功成必定有我"的责任和担当，那么，人民对生活的美好诉求就不可能实现。坚持目标性规约原则对于当代大学生具有重要意义，在全面建设社会主义现代化国家的进程中，时代需要负有历史责任感、使命感的有为青年，需要能够自觉将个人的"小我"融入到国家和集体的"大我"中的时代新人。对此，教育者要以生动的案例引导和教育学生们树立正确的自由观，正确处理个人与集体、与社会的关系，积极地承担社会责任，激励学生自觉成为一个高尚的人、一个脱离了低级趣味且有益于人民的人，这既是遵循目标性规约原则的应有之义，也有助于个体在奋斗中实现自身积极的发展诉求。

其二，目标性规约原则能够纠正和制约消极的差异诉求。黑格尔曾说："人之所以为人的本质——是自由。"[①] 追求自由是人的本性，是人的发展目标，但生存于不同历史发展阶段下的人对自由的理解是有差别的，有的人以任性放纵、极端个人主义的发展为目标，而有的人则致力于实现负责任、合规范的自由发展，这就造成不同个体有着差别化的行为选择。随着我国社会主义市场经济的不断发展，人们对美好生活的诉求更加多元多样，然而，市场经济的发展在一定程度上也造成了物质主义的萌生，加之消费主义、虚无主义等西方思潮的传入，部分人沉沦于奢侈消费、炫耀消费、享乐性的物质欲望等消极的诉求中，他们只在意当下的消遣体验和物欲满足。为了满足自己越来越大的欲望和虚荣而肆意作为，忽视了自身的社会价值、责任和使命，这不仅有害于自身的健康发展，也会造成诸多利益矛盾。因此，如果个体所追求的自由发展是违背客观必然性、有害于他人和社会的，那么，就要对个体进行正向的引导、教育，在教育实践活动中贯彻好目标性的规约原则。遵循目标性的规范原则，有助于帮助和引导个体树立正确的发展目标和自由观，纠正和制约个体错误、消极的差异诉求，使个体秉持正确的发展目标从事

---

① ［德］黑格尔：《历史哲学》，王造时译，上海书店出版社1999年版，第18页。

社会实践,激励个体主动自觉地践行健康、合理的差异化发展。一是要加强理想信念教育和爱国主义教育。中国特色社会主义是亿万人民群众共同创造的伟大事业,是依靠人民群众的艰苦努力取得的根本成就。教育者要高度重视社会责任感缺失的现象和问题,促使个体牢记中国特色社会主义发展的奋斗信念,让社会成员充分感受到自身发展与社会发展的同步性、统一性,及时回答时代之问、人民之问,发挥思想政治教育的引领和启发性功能。二是要展开人文精神教育,提高个体的人文精神涵养。思想政治教育并非要教化人们生活在空洞的精神世界中,而是要树立正确的物质利益观,处理好物质追求与精神需求的辩证关系,时刻提醒人们不要被光怪陆离的物欲世界所吞噬,帮助人们在实践中实现理想与现实、自由与必然、工具与目的、个体与社会的统一,培育和践行真、善、美的价值观念,从而使个体实现有长远价值、有责任的自由发展,实现对自身有限生命的无限超越,走向更高层次的全面发展。

综上可见,思想政治教育在引导人们协调和平衡诸多差异问题以及促进人的全面发展的过程中,既要重视与尊重个体的差异化诉求,又要引导和教育个体在追求自身诉求时遵守一定的规约原则和要求。本章试图探究思想政治教育差异诉求及其差异规约的辩证统一关系,旨在建构和生成合理化的规约原则,保障个体的差异化诉求能够得以满足和实现,进而在实践中使人们能够理性平和地面对和把握差异问题,实现合目的、合规律的多样性发展。相较于第四章"理念与机制"、第五章"结构与功能",本章内容更注重挖掘理论本身对于纠正和防止个体的错误思想和失范行为的指导意义,从理论建构走向差异现实。由此说明,在思想政治教育过程中,引导和教育个体遵循一系列道德、法律等社会规范,促使个体实现自我完善、自由约束,完善相关的教育内容和教育方法必然是大势所趋。

结　　论

　　人的生活是五彩斑斓、生动多样的，人的发展则是差异纷呈、丰富多彩的。伴随着我国社会转型、市场经济的不断发展，不同社会群体、社会阶层的生活方式、价值取向、思想观念以及利益关系也悄无声息地发生着深刻变化，由于目前我国社会生产力的发展还不够充分与平衡，人的发展呈现出不平衡性、片面性的特征，使得个体在发展中面对着诸多差异现象和差异问题，如人自身内在的理想与现实之间的差异，以及人与人、个人与社会之间的差异等。这些差异问题可能转化并上升为各种社会矛盾，它需要思想政治教育予以重视、直面与化解，以促进社会和谐稳定发展。尽管这些差异问题促使着思想政治教育改变其传统的、不适应时代发展要求的工作理念和实践方式，但是在实践教育活动中，思想政治教育仍存在着看待差异问题观念滞后、协调差异有效性不强、激发和制约人的发展能力不足等诸多挑战。因而，在外部环境和内部挑战的双重推动下，新时代思想政治教育必然走向"差异"的研究视阈中，通过科学运用差异的分析视角来面对差异现象、协调差异问题，进而促使人们实现多样性与统一性的发展。可见，在社会转型进程中，差异现象和差异问题的存在并不可怕，只要我们透视困境表现、把握困境成因、探寻问题实质、凝聚解决共识，就能促使思想政治教育在面对和协调差异的过程中发现新的发展机遇，实现思想政治教育的创新性和进阶性发展。

一　探寻促进人的发展的有效路径

人的发展问题是思想政治教育的永恒命题。当前，学界关于人的发展的理论探索是丰厚扎实的，尤其是对马克思恩格斯有关人的自由而全面发展思想的探究至今仍未止步，但其中仍存在着理论创新的必要性和可行性。马克思恩格斯关于差异的思想是直面现实差异的重要理论，它在指导我们面对差异现象、协调差异问题时应当如何认识和理解人的发展上发挥着重要作用。对此，本书探究了马克思恩格斯关于差异思想的内容、本质与特征，可以清楚认识到的是，任何具体事物的客观存在和永恒发展都必然表现为一定的内在差异和外在差异及其相互作用，差异要素之间既相互对立、相互制约，又相互依赖、相互联系，在一定条件下相互转化，促使事物由低级到高级、由简单到复杂的不断发展。于是，在马克思恩格斯关于差异思想的视阈中可知，思想政治教育的目标与意义并不是将个体培育成单一化的发展模式，而是要教育和引导人们实现最高层次的自由而全面发展，从而为社会进步注入无穷活力。对此，思想政治教育要引导人们准确把握现实中的差异现象和差异问题，充分释放和激发正向差异的动力性，规避差异问题带来的消极价值，使个体的差异性现状得到平衡与协调，并通过自我完善、自我超越实现其沿着有限片面的差异性现状—和谐共同性发展—最高层次的自由而全面发展这一过程而发展。本书正是以思想政治教育协调差异问题、促进人的发展为背景，尝试地提出一个运用差异为分析视角来研究思想政治教育的理论框架。一是基于对思想政治教育全过程中差异要素的考察，明确了思想政治教育差异的内涵与本质，揭示了思想政治教育差异的三个基本维度和四个特性。二是结合个体所面对的差异问题，从根本的差异、直接的差异、现实的差异三个角度，分析了差异问题存在的原因，并结合具体实践情况，总结了当前思想政治教育解决差异问题的困境所在。三是在探析"理念与机制""结构与功能""诉求与规约"三对矛盾范畴的辩证统一关系中，建构了思想政治教育差异的理论架构，以此尝试性地探索促进人的自由而全面发展的有效路径，使新时代思想政治教育工作得以有效开展，提升思想政治教育的实效性。

二　发掘思想政治教育差异理论架构的重要价值

思想政治教育差异的理论架构由理念与机制、结构与功能、诉求与规约三方面组成，这三个方面都是相互制约、相互促进的矛盾范畴，它们既分别发挥着多样性价值，又共同地促进人的全面发展。其一，思想政治教育差异理念及其差异机制之间的辩证统一关系为促进人的全面发展明确了总的精神规定和运行方式。保障人的全面发展需要将其凝练成为一种理念和精神规定，并在此指导下运行思想政治教育差异的引导机制、协调机制、动力机制，促使思想政治教育引导人们在发展中理性平和地面对差异现象、调适差异问题，使个体对自身偏离正确方向的思想和行为进行及时纠正，并充分激发出自身发展的内在驱动力。其二，思想政治教育差异结构及其差异功能之间的辩证统一关系为促进人的全面发展探寻了要素之间的良好联系及所发挥的正向作用。思想政治教育要想引导人们协调好差异问题、促进人与社会的全面发展，就要把握好思想政治教育差异系统中教育主体、教育客体、教育介体和教育环境四要素之间的相互联系、相互作用，从而增进思想政治教育促进个体发展所发挥的正向作用，在反映和满足个体理想与价值诉求、理性调节差异与矛盾、激励个体实现合理的发展目标等方面发挥重要作用。其三，思想政治教育差异诉求及其差异规约之间的辩证统一关系，促使个体在满足和追求自身差异化诉求的同时，能够遵守一定的规约原则和要求，即坚持主导性、整体性、有序性、目标性的规约原则，从而保障个体实现合目的、合规律的发展，最终实现人的自由而全面发展。本书认为，在人的发展中，理念是个体差异发展的起点，不同时期、不同群体的差异理念就会外化为多样的差异行动，于是就要有差异的机制予以保障，只有将思想政治教育差异机制运行好、完善好，才有助于实现思想政治教育差异理念；在现实的社会实践中，个体的发展形成了差异的结构，发挥着不同的差异功能，于是就要形成与之相适应的结构与功能的协作机制，只有将思想政治教育差异功能发挥好，才能使教育者和受教育者通过开展差异性的实践活动更好地推进多样性、自主性的发展；同样，不同时期、不同群体的差异理念形成了人们的差异诉求，引起了人们满足诉求的不同实践活动，于是就需要有差异的规约予以有序的规范，只有将思想政治教育差异规约予以建构和完善，才能使教育者和受教育者在有序的规范中逐步满足人们的差异诉求，实现自身的全面发展。因此，正是通过理念与机制、结构与功能、诉求与规约这三个方面所形成的思想政治教育差异理论架构，以及它们内在的相互制约、相互促进之辩证关系，在协调各种差异问题中促进着人的全面发展，展现着十分重要的实践价值。

三　探索差异分析视角的未来走向

本书以差异为分析视角对思想政治教育分析差异原因、协调差异问题等相关内容进行了探究，但限于笔者的能力和水平以及本书的篇幅和时间，因此无论是对思想政治教育差异论研究本身，还是对差异这一分析视角来说，都还存有一定的研究空间。一方面，对思想政治教育差异的理论架构还需要进行深入研究。尽管本书从理念与机制、结构与功能、诉求与规约等方面着力建构了思想政治教育差异的理论框架，但没有对三个方面之间如何协调发展进行系统的深入研究，需要进一步加强理论架构的立体化、关联度的探讨。同时，除了这三方面的内容，还可能从其他矛盾范畴入手进行深入探索。这些问题虽未得以解决，但也为今后的深入研究指明了努力的方向。另一方面，对差异分析视角的运用还可以展开更加广泛和深入的探索。马克思恩格斯关于差异的思想为人类进行多样性、发展性活动提供了科学的理论指导，将差异作为分析视角有助于我们理解和把握事物的差异性存在和多样性发展，而本书致力于运用差异的分析视角考察和揭示思想政治教育分析差异原因、协调差异问题、促进人的全面发展的相关问题，也只是关注了其中的沧海一粟。当前，世界正经历百年未有之大变局，正视各国发展的差异性、文明类型的多样性，积极化解人类发展的矛盾与冲突是时代发展的重要主题，也是差异问题研究视阈内的重要内容。因为任何事物的存在都是包含着差异的统一体，人类世界亦是如此，只有尊重差异、把握差异、协调差异、平衡差异，才能克服文化交流中的单一视角、独断论，以及世界交往中的霸凌现象，才能克服主体间相互对立、排斥的状态，形成各民族、地区和国家之间共生共存的和谐关系，使各国人民同心协力，构建人类命运共同体。因此，运用差异的分析视角来探究人类共同价值、构建人类命运共同体等问题无疑具有重要意义。总之，我们可以尝试性地拓展和延伸对差异分析视角的运用，为分析和揭示人的差异、社会差异、文化差异、价值差异等诸多差异性问题开拓新的研究视角，创新差异发展的实现形式，从而更好地助力中国式现代化的建设并促进人的自由而全面发展和社会的全面进步。

主要参考文献

一 中文文献

（一）经典著作

《马克思恩格斯文集》第1—10卷，人民出版社2009年版。

《马克思恩格斯全集》第3卷，人民出版社1960年、2002年版。

《马克思恩格斯全集》第4卷，人民出版社1958年版。

《马克思恩格斯全集》第35卷，人民出版社2013年版。

《马克思恩格斯全集》第37卷，人民出版社2019年版。

《马克思恩格斯全集》第38卷，人民出版社2019年版。

《马克思恩格斯全集》第40卷，人民出版社1982年版。

《马克思恩格斯全集》第42卷，人民出版社1979年版。

《马克思恩格斯全集》第49卷，人民出版社1982年版。

《列宁专题文集》第1—5卷，人民出版社2009年版。

《列宁全集》第36卷，人民出版社1959年版。

《毛泽东选集》第一、二、三、四卷，人民出版社1991年版。

《毛泽东文集》第一—八卷，人民出版社1993—1999年版。

《毛泽东年谱（1893—1949）》中卷（修订本），中央文献出版社2013年版。

《邓小平文选》第一、二卷，人民出版社1994年版。

《邓小平文选》第三卷，人民出版社1993年版。

《江泽民文选》第一、二、三卷，人民出版社2006年版。

《胡锦涛文选》第一、二、三卷，人民出版社2016年版。

主要参考文献

《习近平谈治国理政》第一卷，外文出版社 2018 年版。
《习近平谈治国理政》第二卷，外文出版社 2017 年版。
《习近平谈治国理政》第三卷，外文出版社 2020 年版。
《习近平谈治国理政》第四卷，外文出版社 2022 年版。
《习近平著作选读》第一卷，人民出版社 2023 年版。
《习近平著作选读》第二卷，人民出版社 2023 年版。
《十四大以来重要文献选编》（上），人民出版社 1996 年版。
《十五大以来重要文献选编》（上），人民出版社 2000 年版。
《十八大以来重要文献选编》（上），中央文献出版社 2014 年版。
《十八大以来重要文献选编》（中），中央文献出版社 2016 年版。
《十八大以来重要文献选编》（下），中央文献出版社 2018 年版。
习近平：《决胜全面建成小康社会　夺取新时代中国特色社会主义伟大胜利——在中国共产党第十九次全国代表大会上的报告》，人民出版社 2017 年版。
习近平：《高举中国特色社会主义伟大旗帜　为全面建设社会主义现代化国家而团结奋斗——在中国共产党第二十次全国代表大会上的报告》，人民出版社 2022 年版。
习近平：《中国共产党第二十届中央委员会第三次全体会议文件汇编》，人民出版社 2024 年版。
习近平：《论教育》，中央文献出版社 2024 年版。
《习近平关于社会主义文化建设论述摘编》，中央文献出版社 2017 年版。
习近平：《在全国抗击新冠肺炎疫情表彰大会上的讲话》，人民出版社 2020 年版。
习近平：《在中国科学院第十九次院士大会、中国工程院第十四次院士大会上的讲话》，人民出版社 2018 年版。
习近平：《做党和人民满意的好老师：同北京师范大学师生代表座谈时的讲话》，人民出版社 2014 年版。
习近平：《思政课是落实立德树人根本任务的关键课程》，人民出版社 2020 年版。

《习近平新时代中国特色社会主义思想三十讲》，学习出版社 2018 年版。

《习近平关于"不忘初心、牢记使命"重要论述选编》，中央文献出版社、党建读物出版社 2019 年版。

（二）学术著作

北京大学哲学系外国哲学史教研室编译：《西方哲学原著选读》上卷，商务印书馆 1981 年版。

北京大学哲学系外国哲学史教研室编译：《西方哲学原著选读》下卷，商务印书馆 1982 年版。

仓道来主编：《思想政治教育学》，北京大学出版社 2004 年版。

陈秉公：《21 世纪思想政治教育工作创新理论体系》，吉林教育出版社 2000 年版。

陈秉公：《思想政治教育学原理》，辽宁人民出版社 2001 年版。

陈桂生：《人的全面发展理论与现时代》，华东师范大学出版社 2012 年版。

陈乔见：《公私辨：历史衍化与现代诠释》，生活·读书·新知三联书店 2013 年版。

陈万柏、张耀灿主编：《思想政治教育学原理》（第三版），高等教育出版社 2015 年版。

陈燕：《思想政治教育社会治理功能研究》，中央编译出版社 2019 年版。

崔永和：《思维差异与和谐社会》，湖南师范大学出版社 2009 年版。

邓晓芒：《邓晓芒讲黑格尔》，北京大学出版社 2006 年版。

邓晓芒、赵林：《西方哲学史》（修订版），高等教育出版社 2014 年版。

段忠桥：《重释历史唯物主义》，江苏人民出版社 2009 年版。

冯刚：《改革开放以来高校思想政治教育发展史》，人民出版社 2018 年版。

付安玲:《思想政治教育个体价值论》,人民出版社 2018 年版。

高岸起:《利益的主体性》,人民出版社 2008 年版。

巩克菊:《人的利益与思想政治教育创新》,中央编译出版社 2019 年版。

郭建宁主编:《利益协调与社会和谐》,天津人民出版社 2008 年版。

国家职业分类大典修订工作委员会:《中华人民共和国职业分类大典》,中国劳动社会保障出版社、中国人事出版社 2015 年版。

贺麟:《现代西方哲学讲演集》,上海人民出版社 1984 年版。

洪远朋、李慧中、陶友之、孔爱国、陈波主编:《利益关系总论》,复旦大学出版社 2011 年版。

侯惠勤、姜迎春、黄明理:《冲突与整合:如何认识我国社会主义改革实践过程对人们思想的影响》,中国人民大学出版社 2004 年版。

贾春增主编:《外国社会学史》(第三版),中国人民大学出版社 2008 年版。

姜建成:《高校马克思主义理论研究向实践转化论》,苏州大学出版社 2016 年版。

姜建成:《中国特色社会主义理论与实践研究》,苏州大学出版社 2019 年版。

姜智红:《文明多样性的当代解读》,国家行政学院出版社 2012 年版。

李德顺:《价值论———一种主体性的研究》(第三版),中国人民大学出版社 2013 年版。

李培林、陈光金、王春光主编,李炜、田丰、邹宇春副主编:《2020 年中国社会形势分析与预测》,社会科学文献出版社 2019 年版。

刘建军等:《信仰的呼唤:社会主义市场经济条件下的信仰问题研究》,人民出版社 2011 年版。

陆树程:《价值哲学与共同体研究》,苏州大学出版社 2019 年版。

罗国杰主编:《马克思主义伦理学》,人民出版社 1982 年版。

罗国杰:《社会主义道德体系研究》,中国人民大学出版社 2018 年版。

彭心安:《阶层分化与新时期人民内部矛盾》,厦门大学出版社 2012

年版。

彭新武:《复杂性思维与社会发展》,中国人民大学出版社2003年版。

彭有怀:《差异世界》,辽宁民族出版社1998年版。

邱柏生、董雅华:《思想政治教育学新论》,复旦大学出版社2012年版。

邱耕田:《发展哲学导论》,中国社会科学出版社2001年版。

邱耕田:《哲学视阈中的科学发展》,新华出版社2014年版。

宋德勇:《人学视角的现代思想政治教育研究》,河南人民出版社2016年版。

宋锡辉等:《思想政治教育学元理论研究》,中央编译出版社2012年版。

苏国勋、张旅平、夏光:《全球化:文明冲突与共生》,社会科学文献出版社2006年版。

粟国康:《思想政治教育功能研究》,中国社会科学出版社2019年版。

隋宁:《思想政治教育先在结构研究》,人民出版社2015年版。

孙其昂:《思想政治教育学前沿研究》,人民出版社2013年版。

唐志龙:《思想政治教育工作思维方式导论》,汉语大词典出版社2000年版。

陶东风、周宪:《文化研究》第10辑,社会科学文献出版社2010年版。

万光侠等:《思想政治教育的人学基础》,人民出版社2006年版。

王丽:《思想政治教育价值结构研究》,中央编译出版社2019年版。

王伟光:《社会矛盾论》,中国社会科学出版社2011年版。

乌杰:《系统哲学基本原理》,人民出版社2014年版。

吴晓明:《当代学者视野中的马克思主义哲学》西方学者卷(上),北京师范大学出版社2012年版。

项久雨:《思想政治教育价值论》,中国社会科学出版社2003年版。

肖前主编,黄楠森、陈晏清副主编:《马克思主义哲学原理》上册,中国人民大学出版社1998年版。

熊建生:《思想政治教育内容结构论》,中国社会科学出版社2012

年版。

许斗斗：《质疑与辩驳——马克思哲学的实践性与现实性研究》，人民出版社 2020 年版。

叶方兴：《社会之镜：思想政治教育社会整合研究》，上海人民出版社 2018 年版。

易小明：《社会差异研究》，湖南人民出版社 1999 年版。

易小明：《文化差异与社会和谐》，湖南师范大学出版社 2008 年版。

袁贵仁、韩庆祥：《论人的全面发展》，广西人民出版社 2003 年版。

张立文：《和合哲学论》，人民出版社 2004 年版。

张文喜：《马克思论"大写的人"》，社会科学文献出版社 2004 年版。

张耀灿、郑永廷、吴潜涛、骆郁廷等：《思想政治教育学前沿》，人民出版社 2006 年版。

张耀灿、郑永廷、吴潜涛、骆郁廷等：《现代思想政治教育学》，人民出版社 2006 年版。

张一兵：《文本的深度耕犁：西方马克思主义经典文本解读》第一卷，中国人民大学出版社 2004 年版。

张玉堂：《利益论——关于利益冲突与协调问题的研究》，武汉大学出版社 2001 年版。

赵敦华：《西方哲学简史》（修订版），北京大学出版社 2012 年版。

郑永廷、江传月等：《主导德育论：大学生思想政治教育一元主导与多样发展研究》，人民出版社 2008 年版。

钟明华、李萍等：《马克思主义人学视阈中的现代人生问题》，人民出版社 2006 年版。

钟启东：《思想政治教育理念创新逻辑论》，人民出版社 2016 年版。

［比］米歇尔·梅耶：《差异 排斥 历史》，史忠义、晓祥译，知识产权出版社 2015 年版。

［德］尤尔根·哈贝马斯：《交往行为理论》第一卷，曹卫东译，世纪出版集团、上海人民出版社 2004 年版。

［德］哈贝马斯：《交往与社会进化》，徐崇温主编，张博树译，重

庆出版社 1989 年版。

[德] 黑格尔:《法哲学原理》,范扬、张企泰译,商务印书馆 1961 年版。

[德] 黑格尔:《精神现象学》上卷,贺麟、王玖兴译,上海人民出版社 2013 年版。

[德] 黑格尔:《历史哲学》,王造时译,上海书店出版社 1999 年版。

[德] 黑格尔:《逻辑学》下卷,杨一之译,商务印书馆 1976 年版。

[德] 黑格尔:《小逻辑》,贺麟译,商务印书馆 1980 年版。

[德] 康德:《纯粹理性批判》,邓晓芒译,杨祖陶校,人民出版社 2017 年版。

[德] 马丁·海德格尔:《同一与差异》,孙周兴译,商务印书馆 2011 年版。

[德] 马克斯·舍勒:《人在宇宙中的地位》,李伯杰译,刘小枫校,贵州人民出版社 1989 年版。

[德] 诺贝特·埃利亚斯:《个体的社会》,翟三江、陆兴华译,译林出版社 2003 年版。

[德] 沃尔夫冈·弗里茨·豪格:《文化差异》,杨俊杰译,河南大学出版社 2017 年版。

[法] 阿兰·佩雷菲特:《信任社会》,邱海婴译,商务印书馆 2005 年版。

[法] 卢梭:《爱弥儿》(上下卷),李平沤译,商务印书馆 1978 年版。

[法] 雅克·德里达:《论文字学》,汪堂家译,上海译文出版社 1999 年版。

[法] 雅克·德里达:《书写与差异》,张宁译,生活·读书·新知三联书店 2001 年版。

[古希腊]《柏拉图全集》第一、二、三卷,王晓朝译,人民出版社 2002 年版。

[古希腊] 亚里士多德:《尼各马可伦理学》,廖申白译,商务印书馆 2003 年版。

［古希腊］《亚里士多德全集》第 7 卷，中国人民大学出版社 1993 年版。

［古希腊］亚里士多德：《形而上学》，吴寿彭译，商务印书馆 1959 年版。

［古希腊］亚里士多德：《政治学》，吴寿彭译，商务印书馆 1965 年版。

［美］E. A. 罗斯：《社会控制》，秦志勇、毛永政译，华夏出版社 1989 年版。

［美］艾丽斯·M. 杨：《正义与差异政治》，李诚予、刘靖子译，中国政法大学出版社 2017 年版。

［美］埃里希·弗洛姆著，黄颂杰主编：《弗洛姆著作精选——人性·社会·拯救》，上海人民出版社 1989 年版。

［美］查尔斯·霍顿·库利：《人类本性与社会秩序》，包凡一、王源译，华夏出版社 1999 年版。

［美］戴维·哈维：《正义、自然与差异地理学》，胡大平译，上海人民出版社 2015 年版。

［美］房龙：《宽容》，迮卫、靳翠微译，生活·读书·新知三联书店 1985 年版。

［美］弗兰西斯·福山：《信任——社会道德与繁荣的创造》，李宛蓉译，远方出版社 1998 年版。

［美］古尔德：《马克思的社会本体论：马克思社会实在理论中的个体和共同体》，王虎学译，北京师范大学出版社 2009 年版。

［美］汉娜·阿伦特：《极权主义的起源》，林骧华译，生活·读书·新知三联书店 2008 年版。

［美］康芒斯：《制度经济学》上册，于树生译，商务印书馆 1962 年版。

［美］罗伯特·D. 帕特南：《使民主运转起来——现代意大利的公民传统》，王列、赖海榕译，中国人民大学出版社 2015 年版。

［美］马斯洛：《马斯洛人本哲学》，唐译译，吉林出版集团有限责

任公司2013年版。

［美］曼纽尔·卡斯特：《认同的力量》（第二版），曹荣湘译，社会科学文献出版社2006年版。

［美］米尔顿·弗里德曼：《资本主义与自由》，张瑞玉译，商务印书馆1986年版。

［美］萨克森豪斯：《惧怕差异——古希腊思想中政治科学的诞生》，曹聪译，华夏出版社2010年版。

［美］塞缪尔·P.亨廷顿：《变化社会中的政治秩序》，王冠华、刘为等译，沈宗美校，上海人民出版社2015年版。

［美］约翰·杜威：《民主主义与教育》，王承绪译，人民教育出版社2001年版。

［美］约翰·杜威：《人的问题》，傅统先、邱椿译，上海人民出版社1986年版。

［美］约翰·罗尔斯：《正义论》（修订版），何怀宏、何包钢、廖申白译，中国社会科学出版社2009年版。

［美］约翰·罗尔斯：《政治哲学史讲义》，杨通进、李丽丽、林航译，中国社会科学出版社2011年版。

［美］詹姆斯·布坎南：《财产与自由》，韩旭译，中国社会科学出版社2002年版。

［瑞士］皮亚杰：《结构主义》，倪连杰、王琳译，商务印书馆1984年版。

［印］阿马蒂亚·森：《以自由看待发展》，任赜、于真译，刘民权、刘柳校，中国人民大学出版社2002年版。

［英］达尔文：《人类的由来》，潘光旦、胡寿文译，商务印书馆1983年版。

［英］弗雷德里希·奥古斯特·冯·哈耶克：《通往奴役之路》，王明毅、冯兴元等译，冯兴元、毛寿龙、王明毅统校，中国社会科学出版社1997年版。

［英］弗雷德里希·冯·哈耶克：《自由秩序原理》，邓正来译，生

活·读书·新知三联书店 1997 年版。

［英］赫伯特·斯宾塞：《社会静力学》，张雄武译，商务印书馆 2009 年版。

［英］霍布斯：《利维坦》，黎思复、黎廷弼译，杨昌裕校，商务印书馆 1985 年版。

［英］杰弗里·托马斯：《政治哲学导论》，顾肃、刘雪梅译，中国人民大学出版社 2006 年版。

［英］迈克·费瑟斯通：《消费文化与后现代主义》，刘精明译，刘东、黄平主编，译林出版社 2000 年版。

［英］肖恩·塞耶斯：《马克思主义与人性》，魏小萍主编，冯颜利译，任平校，东方出版社 2008 年版。

［英］亚当·斯密：《道德情操论》，蒋自强、钦北愚、朱钟棣、沈凯璋译，胡企林校，商务印书馆 2015 年版。

（三）期刊报纸

习近平：《在全国教育大会上强调 坚持中国特色社会主义教育发展道路 培养德智体美劳全面发展的社会主义建设者和接班人》，《人民日报》2018 年 9 月 11 日第 1 版。

《习近平回信寄语广大高校毕业生 把个人的理想追求融入党和国家事业之中 为党为祖国为人民多作贡献》，《人民日报》2020 年 7 月 9 日第 1 版。

习近平：《关于全面建成小康社会补短板问题》，《求是》2020 年第 11 期。

《中共十九届五中全会在京举行 中央政治局主持会议 中央委员会总书记习近平作重要讲话》，《人民日报》2020 年 10 月 30 日第 1 版。

习近平：《在全国脱贫攻坚总结表彰大会上的讲话》，《人民日报》2021 年 2 月 25 日第 2 版。

白显良：《宏观思想政治教育学理论奠立的几重视野》，《思想理论教育》2022 年第 3 期。

曹典顺：《论差异性社会的社会逻辑》，《江海学刊》2011 年第 2 期。

陈华洲、赵耀：《社会主要矛盾转化视域下思想政治教育的现代转型》，《思想理论教育》2019 年第 2 期。

陈跃、熊洁、何玲玲：《关于马克思主义阶级分析方法理论与现实的研究报告》，《马克思主义研究》2011 年第 9 期。

褚宏启：《关注差异性公平》，《光明日报》2012 年 12 月 8 日第 6 版。

邓晓芒：《关于黑格尔〈精神现象学〉的几个问题》，《中国高校社会科学》2013 年第 5 期。

邓晓芒：《黑格尔〈精神现象学〉中的自我意识溯源》，《哲学研究》2011 年第 8 期。

邓晓芒：《论"自我"的自欺本质》，《世界哲学》2009 年第 4 期。

邓晓芒：《中西正义观之比较》，《华中科技大学学报》（社会科学版）2015 年第 1 期。

《第三批新职业发布——带货主播"转正"了》，《经济日报》2020 年 7 月 7 日第 5 版。

方世南：《马克思关于人类文明多样性思想初探》，《马克思主义研究》2003 年第 4 期。

方世南：《马克思文明多样性思想的研究方法》，《哲学研究》2004 年第 7 期。

方世南：《全球化与文化本土化的多元并存与双向建构》，《马克思主义研究》2001 年第 4 期。

冯刚：《新时代中国特色社会主义思想政治教育的创新发展》，《中国高等教育》2018 年第 Z1 期。

冯刚：《增强高校思想政治教育持续发展的内生动力》，《中国高等教育》2017 年第 Z2 期。

扶荣元、夏东民：《差异正义与社会主义和谐社会构建》，《江苏技术师范学院学报》2012 年第 6 期。

高德胜、张耀灿：《整体性视角下思想政治教育构成要件研究》，

《马克思主义与现实》2020 年第 2 期。

韩丽颖：《高校立德树人需要遵循道德发展规律》，《东北师大学报》（哲学社会科学版）2019 年第 6 期。

何锡辉、王芝华：《全面建设社会主义现代化国家话语蕴含的辩证思维》，《思想理论教育》2021 年第 3 期。

何锡辉：《中国共产党改革国际镜鉴的历史发展和逻辑理路》，《吉首大学学报》（社会科学版）2021 年第 2 期。

何益忠：《论马克思主义理论教育中的差异性》，《理论月刊》2009 年第 12 期。

洪跃雄：《差异性和同一性：中国梦认同问题探析的二维视角》，《东南学术》2016 年第 5 期。

侯耀文：《马克思需要理论视域下新时代社会主要矛盾转化》，《大连理工大学学报》（社会科学版）2019 年第 5 期。

黄桂钦、郑英杰：《思维差异视域下的当代大学生思想政治教育和谐发展问题探讨》，《贵州社会科学》2010 年第 5 期。

黄建洪：《社会治理的价值规约与政府治理创新》，《马克思主义与现实》2015 年第 6 期。

季轩民：《价值差异视角下的核心价值观大众化研究》，《中共南昌市委党校学报》2017 年第 1 期。

贾付强：《"分众"理念与大学生社会主义核心价值体系教育》，《理论界》2012 年第 6 期。

姜建成：《促进人的全面发展：经济社会发展的价值依归》，《社会科学战线》2009 年第 2 期。

姜建成：《双选·双认·双赢：马克思主义与中华民族文化的整合效应》，《马克思主义研究》2013 年第 1 期。

姜建成：《社会冲突的发生机理、深层原因及治理对策》，《毛泽东邓小平理论研究》2012 年第 2 期。

姜建成、于佳：《马克思恩格斯社会权益思想及其理论意义——一种走向"自由人的联合体"的新阐释》，《学术研究》2020 年第

5 期。

姜立强：《思想政治教育要注重个体需要的利益机制》，《理论学刊》2003 年第 2 期。

蒋元春：《"分众"理念下高校少数民族学生思想政治教育探究》，《江苏科技信息》2013 年第 4 期。

雷骥：《论马克思主义需要理论在实际工作中的应用》，《河南师范大学学报》（哲学社会科学版）2004 年第 2 期。

李继宗、谢遐龄：《从康德和黑格尔看认识论和辩证法的区别》，《学术月刊》1985 年第 9 期。

李凯灿：《以分众化理念推进马克思主义大众化》，《思想政治工作研究》2010 年第 9 期。

李明坤：《当前西方社会新自由主义意识形态的危机及其启示》，《当代世界与社会主义》2019 年第 1 期。

李爽：《思想政治工作的分众化理念》，《思想政治工作研究》2009 年第 12 期。

李伟：《论思想政治教育对美好精神生活需要的满足》，《思想理论教育》2020 年第 3 期。

刘国新：《协同视域下的差异与矛盾》，《南方论刊》2014 年第 10 期。

刘国章：《全球化与文明多样性》，《湖北社会科学》2008 年第 6 期。

刘力波：《网络无政府主义对我国意识形态安全的威胁及我们的应对》，《马克思主义研究》2019 年第 2 期。

刘琳：《差异性社会的伦理逻辑与包容性增长的实现》，《苏州大学学报》（哲学社会科学版）2011 年第 2 期。

刘谦：《新时代加强社会主义思想道德建设的理论思考》，《教学与研究》2020 年第 2 期。

刘学坤：《论思想政治教育发展的核心关系范畴》，《北京教育》（德育）2020 年第 2 期。

刘於清：《论价值差异协同的现实意义及其路径选择》，《太原大学学报》2015 年第 2 期。

陆树程、崔昆：《论构建社会主义和谐社会的历史必然性》，《马克思主义研究》2012年第7期。

陆树程、方文：《思想政治教育机制新论》，《思想理论教育导刊》2010年第3期。

吕国忱、郭亭：《差异多样：人的生存和发展之维》，《边疆经济与文化》2012年第8期。

吕鸣章：《共享发展：从包容性发展到差异共享》，《苏州大学学报》（哲学社会科学版）2017年第6期。

骆郁廷、高裕：《新时代大学生成长预期的调适》，《马克思主义与现实》2019年第4期。

骆郁廷、项敬尧：《论新时代思想政治教育创新发展的基本遵循》，《思想理论教育》2018年第1期。

麻宝斌、贾茹：《当代中国社会公平感代际差异及影响因素》，《公共行政评论》2017年第4期。

马俊驹、童列春：《论私法上人格平等与身份差异》，《河北法学》2009年第11期。

马奇柯：《思想政治教育机制相关概念辨析》，《求实》2008年第4期。

马拥军、杜明娥：《对理想与现实关系的哲学思考》，《社会科学》2001年第12期。

潘自勉：《论差异与价值发现》，《黑龙江社会科学》2001年第1期。

平章起、王方：《社会主要矛盾转化与思想政治教育转型》，《理论与现代化》2017年第6期。

蒲清平、何丽玲：《新时代大学生思想政治教育内部矛盾的新变化与新应对》，《思想教育研究》2018年第7期。

秦维红、张玉杰：《马克思需要理论视域中"美好生活需要"探析》，《马克思主义理论学科研究》2020年第4期。

邱耕田：《差异性原理与科学发展》，《中国社会科学》2013年第7期。

冉亚辉：《马克思主义教育伦理与自由主义教育伦理：人类教育伦理高点的交锋》，《贵州社会科学》2019年第10期。

任平：《论差异性社会的正义逻辑》，《江海学刊》2011年第2期。

任平：《论建设一个良序治理的差异性社会》，《马克思主义与现实》2009年第4期。

任平、王建明：《论差异性社会与中国特色社会主义民主政治的未来》，《马克思主义研究》2010年第5期。

任平、王建明、王俊华：《差异政治——后现代政治哲学探析之一》，《天津社会科学》2001年第3期。

任平：《中国道路的历史坐标、社会根基与世界价值》，《江苏行政学院学报》2015年第3期。

任晓霞：《新时代社会主要矛盾转化背景下思想政治教育思维方式的创新研究》，《改革与开放》2018年第20期。

佘双好：《论新时代思想政治教育发展的新使命》，《思想理论教育》2018年第5期。

申来津：《思想政治教育的激励功能》，《理论月刊》2002年第2期。

宋德孝：《集体虚无主义批判与大学生集体主义精神建设》，《思想教育研究》2018年第11期。

孙梦婵：《论新时代思想政治教育主要矛盾》，《思想政治教育研究》2019年第1期。

孙建华：《共同富裕视域下三次分配的理论基础、本质要求及路径保障》，《西南民族大学学报》（人文社会科学版）2022年第10期。

唐士其：《政治中的差异与平等》，《政治学研究》2018年第2期。

童世骏：《不对称主体之间的平等交往何以可能——从哈贝马斯交往论看杜威教育观引出的一个问题》，《学术月刊》2020年第1期。

王朝庆、王刚：《问题与思路：社会主要矛盾变化下思想政治教育的新路向》，《学校党建与思想教育》2018年第13期。

王春晓、朱虹：《地位焦虑、物质主义与炫耀性消费——中国人物质主义倾向的现状、前因及后果》，《北京社会科学》2016年第

5 期。

王海亮、李庆华：《推动新时代思想政治教育内涵式发展的三个逻辑点》，《马克思主义与现实》2018 年第 3 期。

王继全、陆树程：《和谐社会视阈中思想政治教育的利益原则》，《毛泽东邓小平理论研究》2009 年第 2 期。

王建敏：《新时代思想政治教育的特征及实现路径》，《马克思主义与现实》2018 年第 5 期。

王建明：《差异性社会与和谐政治——当代中国政治哲学的基本向度》，《马克思主义与现实》2009 年第 4 期。

王俊秀：《不同主观社会阶层的社会心态》，《江苏社会科学》2018 年第 1 期。

王俊秀、刘晓柳、刘洋洋：《人民美好生活需要的层次结构和实现途径》，《江苏社会科学》2020 年第 2 期。

王丽、罗洪铁：《思想政治教育过程若干问题研究的评析》，《思想教育研究》2020 年第 6 期。

王丽、罗洪铁：《思想政治教育价值结构及功能研究》，《马克思主义理论学科研究》2017 年第 3 期。

王树荫：《论思想政治教育的历史研究方法》，《教学与研究》2023 年第 12 期。

王学俭、顾超：《新时代思想政治教育矛盾的新特点与解决思路》，《思想理论教育》2019 年第 2 期。

王易、单文鹏：《思想政治教育机制研究的缘起、现状与思考》，《马克思主义理论学科研究》2019 年第 1 期。

王易、朱小娟：《思想政治教育认同初探》，《思想理论教育导刊》2013 年第 5 期。

王永贵：《全人类共同价值的话语特性和叙事体系》，《马克思主义研究》2023 年第 8 期。

王永益：《问题与思路：新时代社会主要矛盾变化下的思想政治教育》，《湖湘论坛》2018 年第 2 期。

王永友、宁友金:《改革开放以来大学生思想政治教育主要矛盾的演化历程》,《当代青年研究》2020 年第 5 期。

魏后凯:《以提高质量为导向》,《人民日报》2019 年 4 月 19 日第 9 版。

魏贤超:《有差异的平等:教育公平发展的新阶段——简评〈向有差异的平等迈进〉》,《浙江社会科学》2017 年第 3 期。

温波:《论差异性社会的文化矛盾及其解决》,《马克思主义与现实》2009 年第 4 期。

乌杰:《关于差异的哲学概念》,《系统科学学报》2008 年第 2 期。

吴宏政、辛欣:《"价值观先导"在解决社会主要矛盾中的基本功能》,《马克思主义理论学科研究》2019 年第 3 期。

吴忠民:《对社会公正的不当追求及其负面效应》,《马克思主义与现实》2017 年第 5 期。

吴忠民:《普惠性公正与差异性公正的平衡发展逻辑》,《中国社会科学》2017 年第 9 期。

夏东民、陆扬:《论马克思主义中国化理论创新及其核心要素》,《马克思主义研究》2011 年第 11 期。

项久雨、孟维嘉:《新时代思想政治教育服务国家战略的功能向度》,《思想理论教育》2020 年第 3 期。

徐梦秋:《规范的基础和自由的中介》,《哲学研究》2001 年第 7 期。

许斗斗:《差异、公平与和谐社会的价值建构》,《探求》2006 年第 6 期。

许斗斗:《论马克思的社会建设思想及其当代意义——一种生态文明建设的分析视角》,《哲学研究》2011 年第 8 期。

许斗斗:《马克思实践理论的革命性及其当代反思》,《东南学术》2014 年第 6 期。

许蕴文:《基于思维差异的来华留学生思想教育工作思路与措施》,《学校党建与思想教育》2019 年第 4 期。

严存生：《差异和平等——兼论法律上的平等》，《北方法学》2011年第3期。

杨威：《思想政治教育根源的人性探索》，《思想理论教育》2016年第10期。

杨小明、张涛：《论有差异的公平》，《学术论坛》2007年第3期。

杨晓春：《高校思想政治教育理念方法惯性效用的辩证分析》，《湖南社会科学》2015年第5期。

杨振闻：《中国人精神世界重建与社会主义核心价值观》，《求索》2017年第2期。

易小明、曹晓鲜：《正义的效率之维及其限度》，《哲学研究》2011年第12期。

易小明：《从差异与同一角度看平等与效率》，《湘潭大学学报》（哲学社会科学版）2009年第6期。

易小明：《分配正义的两个基本原则》，《中国社会科学》2015年第3期。

易小明、刘庆海：《差异论》，《吉首大学学报》（社会科学版）1993年第2期。

易小明：《论差异性正义与同一性正义》，《哲学研究》2006年第8期。

易小明：《论"以人为本"的时代神韵》，《马克思主义研究》2007年第1期。

易小明、王波：《协同正义：中国特色社会主义正义的本质》，《道德与文明》2014年第3期。

于佳：《论马克思恩格斯辩证差异观及其当代价值》，《东南学术》2020年第3期。

俞吾金：《差异分析：马克思文本中的后现代思想酵素之一》，《学术月刊》2008年第12期。

俞吾金：《差异分析与理论重构——马克思哲学研究中的方法论问

题》,《中共浙江省委党校学报》2005 年第 1 期。

俞吾金:《运用差异分析法研究马克思的学说》,《哲学动态》2004 年第 12 期。

宇文利:《新时代思想政治教育创新之魂》,《思想理论教育》2019 年第 1 期。

曾继耘:《促进个体差异发展:合理性辩护》,《教育科学研究》2006 年第 4 期。

曾继耘:《论个体差异发展的当代意义》,《当代教育科学》2006 年第 13 期。

张秉福:《思想政治教育在当代人个性培养中的作用》,《中南民族大学学报》(人文社会科学版)2004 年第 S2 期。

张澍军:《论高校马克思主义理论教育的若干重要问题》,《思想理论教育》2007 年第 3 期。

张天勇:《差异性社会与差异的正义:和谐社会的现实基础与价值维度》,《江海学刊》2009 年第 6 期。

张彦、王丽霞:《论以需要为基础的人的本质与价值的实现——兼论新时代思想政治教育的本质与规律》,《思想理论教育》2019 年第 5 期。

张耀灿、刘伟:《论教育环境是思想政治教育过程的要素》,《江汉论坛》2006 年第 5 期。

张毅翔:《社会主要矛盾转化影响新时代思想政治教育的机理、根源与应对》,《思想理论教育》2019 年第 4 期。

张毅翔:《新时代思想政治教育的新使命和新要求》,《思想教育研究》2017 年第 11 期。

张毅翔:《新时代思想政治教育图景:构设、挑战与方略》,《思想教育研究》2018 年第 10 期。

张苑松、彭映龙、周浩卿:《代际差异视角下的农民工社会公平感研究——以上海为例》,《改革与开放》2017 年第 14 期。

张祖华:《论社会主义初级阶段差异性社会的生成》,《求实》2012 年第 4 期。

章国锋:《哈贝马斯访谈录》,《外国文学评论》2000 年第 1 期。

赵勇、王金情:《人的需要差异与思想政治教育的针对性》,《江苏社会科学》2012 年第 S1 期。

钟启东:《思想政治教育理念创新的逻辑论析》,《思想理论教育》2016 年第 8 期。

钟启东:《思想政治教育理念内涵论析》,《思想教育研究》2015 年第 12 期。

周成贤:《个体性思想政治教育的基本内涵与工作机制》,《学术论坛》2016 年第 1 期。

周举坤、周峰:《新时代思想政治教育工作科学化推进的思考》,《思想教育研究》2018 年第 2 期。

周正刚、陈曙光:《化解文化矛盾与构建和谐社会》,《湖北行政学院学报》2006 年第 3 期。

朱炳元:《劳动价值论:方法论、基本内涵与当代视野》,《贵州师范大学学报》(社会科学版) 2018 年第 1 期。

朱炳元:《习近平新时代中国特色社会主义思想对马克思主义的继承与发展》,《马克思主义与现实》2020 年第 4 期。

朱承:《义利之辨与儒家公共性思想的展开》,《哲学动态》2019 年第 5 期。

朱宗友、余露:《新时代高校思想政治理论课教学中的不平衡不充分问题探析》,《思想政治课研究》2019 年第 1 期。

[法] M. 福柯:《另类空间》,王喆法译,《世界哲学》2006 年第 6 期。

[英] 杰里米·吉尔伯特:《反新自由主义的模式:道德主义、马克思主义与 21 世纪的社会主义》,王瑶译,《当代世界与社会主义》2018 年第 6 期。

二 英文文献

Aasia Khatoon Khattak and Iram Khalid,"China's One Belt One Road Initiative: Towards Mutual Peace & Development", *Journal of Research Society of Pakistan*, No. 54, 2017.

Alan W. Norrie, "Dialectic and Difference: Dialectical Critical Realism and the Grounds of Justice", *Journal of Law & Society*, Vol. 37, No. 3, 2010.

Barry Naughton, "After the Third Plenum: Economic Reform Revival Moves toward Implementation", *China Leadership Monitor*, No. 3, 2014.

Bates Gil, "China's Future under Xi Jinping: Challenges Ahead", *Political Science*, No. 1, 2017.

Carl R. Rogers, *Freedom to learn*, Columbus, Ohio: Merrill Publishing, 1969.

Chris Barker and Emma A. Jane, *Culture studies: Theory and Practice*, London: Sage Publication, 2000.

E. Durkheim ed., *The Division of Labor in Society*, New York: Free Press, 1964.

Elias, L. John, *Moral Education: Secular Religion*, Malabar, Florida: Robert E. Krieger Publishing Company, 1989.

George F. Kneller, *Existentialism and Education*, New York: Philosophical Library, 1958.

Gilles Deleuze, *Difference and Repetition*, trans. by Paul Patton, New York: Columbia University Press, 1995.

Gilles Deleuze, *Nietzsche and Philosophy*, trans. by Hugh Tomlinson, New York: Columbia University Press, 1983.

Hans Barth ed., *Truth and Ideology*, Berkrley: University of California Press, 1976.

Herbert Spencer, *The Principles of Sociology*, New York: D. Appleton and Company, 1925.

Jeffrey D. Sachs, *The End of Poverty: Economic Possibilities for Our Time*, New York: The Penguin Press, 2005.

Joseph E. Stiglitz, *Globalization and Its Discontents*, New York and London: W. W. Norton & Company, 2002.

Karl Korsch, *Marxism and Philosophy*, New York: New Left Books, 1970.

Kenneth Dorter, *Form and Good in Plato's Eleatic Dialogues: The Parmenides, Theatetus, Sophist, and Statesman*, Berkeley: University of California Press, 1994.

Kevin Sylwester and Feng Wang, "Anticorruption and Growth: Evidence from China", *European Journal of Political Economy*, No. 55, 2018.

Kim, Chung-Roh, "China's New Social Structure and the Emergence of New Consumers: Socio-Cultural Analysis on the Report to the 19th Congress", *Academy of Asian Business Review*, Vol. 3, No. 2, 2017.

Michel Foucault, *Les Mots et les choses*, Paris: Editions Gallimard, 1966.

Newman, Fred M., *Education for Citizen Action: Challenge for Secondary Curriculum*, Berkeley, Calif.: McCutchan, 1975.

Peter Ferdinand, "Westward Ho—the China Dream and 'One Belt, One Road': Chinese Foreign Policy under Xi Jinping", *International Affairs*, No. 4, 2016.

Proshansky H. M., "The city and self-identity", *Environ Behavi*, Vol. 10, No. 2, 1978.

Richards Jenkins, *Social Identity*, London: Routledge Publishing Group, 1997.

Richins, Marsha L. and Dawson, Scott, "A Consumer Values Orientation for Materialism and Its Measurement: Scale Development and Validation", *Journal of Consumer Research*, Vol. 19, No. 3, 1992.

Talcott Parsons, "Social Structure and Political Orientation", *World Poli-*

tics, Vol. 13, No. 1, 1960.

Talcott Parsons, *Social System*, New York: Free Press, 1951.

William A. Callahan, "China 2035: From the China Dream to the World Dream", *Global Affairs*, No. 4, 2016.

William A. Callahan, "History, Tradition and the China Dream: Socialist Modernization in the World of Great Harmony", *Journal of Contemporary China*, Vol. 24, No. 96, 2015.

William E. Connolly, *Identity/ Difference: Democratic Negotiations of Political Paradox*, Ithaca, N. Y.: Comell University Press, 1992.

索　引

B

柏拉图　32,47—51,67,160

包容　5,8,9,13,15,18—20,28,38,39,102,112,115,118,125,150,154,155,161,166,178,207,210,212,224,230,238,252,259

辩证法　1,32—34,41,44,47—51,53,54,59,60,65,66,68,71,76,80,81,85,87,90,92,174

不充分　4,6,7,24—26,28,112,120,137,139—141,143,170

不平衡　4,6,7,11,24,26,39,69,74,88,99,106,112,115,120,124,126,137,141,143,144,170,213,224,273

C

差异　1,2,4—24,26,28—41,43—136,140,141,143,144,146—156,158—171,173—182,184—188,190,192—220,222,223,225—252,254—257,259—265,267—277

差异问题　1,4—8,10,11,22,31,32,40,41,43—47,67,69,80,86,90,92—94,98—105,107—109,111,112,114—116,118—120,122,124—133,136,137,140—143,145—147,149,150,152,153,158,159,162—165,167,168,170,173,174,176,179,186,188,190,192,193,195,197,199,201,205,207,208,210—212,217,226,230,232,244,247,250,251,262,267,269,272—277

D

道德　1,3,17,20,24,26,48,75,93,94,120,123,124,151,153,155—157,165,170,171,174,175,180,183,185,186,191,195,197,199—201,204,212,213,224,226,236,237,243,245,247,249,253—256,261,262,264—266,272

德国古典哲学　41,44,47,53,54,
　　57,67,94
邓小平　112,169,180,221,244,
　　263
动力　2,7,10,16,18,20,23,24,
　　28,31,46,63,67,68,73,74,79,80,
　　84,90,94,97,99,100,105,107—
　　109,112,119,120,124,127,128,
　　138,146,151,153—155,162,166,
　　168,171—175,178,181,184,188—
　　193,195,198,199,207,211,212,
　　216,229,233,234,236,245,274,
　　275
斗争　71,76,79,82,131,190
多样性　1—4,6,9,10,15,18—21,
　　24,26,27,29,32,34,35,44,48—
　　50,52—57,60,61,63,64,67,68,
　　70—72,75—77,80,84,85,88,89,
　　92,94—96,98—101,103—105,
　　107—112,114,115,117—119,121,
　　122,124,131,133,134,144—149,
　　152,154—156,158,159,161—168,
　　170—174,176—179,181,184,
　　186—193,198—210,212—220,
　　224,227,228,230,232—234,240—
　　246,248,249,251,254,256,257,
　　259,260,262,264—268,270,272,
　　273,275—277

E

恩格斯　1—3,5,6,11,12,32,40,
　　41,43,44,47,53,59,60,68—87,
　　89,90,93—97,99,100,103,110,
　　116,123,125—127,129—132,134,
　　137,139,141,146,147,159,160,
　　163,166,177—179,185,188—190,
　　202,207,214,223—226,229,233,
　　235—242,249,250,258,259,261,
　　269,270,274,276

F

发展　1—32,38—41,44—46,48,
　　51,53,59,61—156,158—166,
　　168—195,197—252,254—257,
　　259—265,267—277
法律　14,93,123,155,157,158,
　　170,171,199,213,224,226,236,
　　242,243,247—249,256,261,262,
　　264,266,267,272
费希特　53,58,59,67
分工　16,17,39,73,89,95,130—
　　132,134,141,143,182,237,263
否定　20,32,33,39,49,53,54,
　　61—66,68,73,74,76,78,79,81,
　　82,90,102,103,114,127,135,136,
　　144,145,150,172,185,249,252,
　　257,263,264,267,269
负向　7,79,88,89,92,98,111,
　　112,118,127,165,176,205,206,
　　211,227,236
复杂性　10,12,28,40,74,75,79,
　　88,89,104,106—110,165,242,268

G

个人　1,2,18,44,45,49,72—74,78,82,83,85,90,93—95,97,98,100,102,114—117,120,123,126,128—130,132—137,141,144,146,148,149,151—159,163—165,168,169,171,173,176—178,180,181,184—186,188—193,197,198,201,211,212,215,219,221,237—242,246—253,255—263,267,269—271,273

个人利益　115,134,135,152,156,157,169,171,179,180,214,246,256—258

个人利益与社会利益　115,134,135,213

个性　18,20,27,28,30,35,72,73,85,87,103,105,108,117,119,121,123,129,132—134,141,147,149,151—154,186,187,219,220,228,230,234,239,261

功能　8,10,23,41,44—46,52,53,63—65,67,69,84,92,108,110—113,117,119—121,123,140,155,161,167,176,194,195,197,204,209,210,212—218,220—223,225—227,229—231,233,242,248,265,272,274—276

共识　7,22,26,30,34,35,121,146,168,169,212—214,222,234,245,247,255,273

共同富裕　132,221,222,224,248,254,261,263

共同性　2,3,5,20,30,37,44,45,93,94,97,98,102—106,122,125,149,162,163,165,173,184,269,274

共性　1,18,20,27,108,181,187,234

古希腊哲学　41,44,47,51,67

规范　8,13,31,36,38,93,98,122—124,155—158,163,170,171,182,184,186,187,198—200,205,207,212,213,224,226—229,232,242—250,252,256,257,259,261—268,270—272,276

规约　16,23,41,43—46,113,122—124,152,155—158,199,231,232,241—252,254—257,259,272,274—276

H

合力　7,45,84,99,102,104,108,121,124,162,171,182,187,204,208,209

黑格尔　12,32,51,53,54,59—68,82,84,89,102,136,188,258,271

J

机制　10,16,27,28,30,41,44—46,138,142,152,153,159,166—

176,178,179,181—188,190—192,194,212,272,274—276

价值引领　93,152,153,165,173,174,243

江泽民　107

交往　2,21,27,35,82,83,112,115,121,132,134,137,151,159,185,190,199,203,205,206,214,226,236—238,240,277

教育方式　28,30,117,175,186,217

教育环境　46,117,134,187,197—209,216—218,220,223—227,229,231,275

教育介体　46,187,197,199—209,216—218,220,222,227,229—231,275

教育客体　46,155,197—210,213,215—218,220—225,227—231,241,275

教育目标　7,30,117,167,187,199,201

教育内容　7,28,29,117,123,146,147,183,198—204,206,219,220,222,229,230,266,272

教育主体　28,46,122—124,159,197—210,212,213,215—218,220—225,227—231,241,254,275

结构　8,12—14,21,28,39,41,44—46,71,84,88,89,95,120,128,140,142,145,146,149,155,160,

194—197,200—202,204,205,207,209—212,214,216—218,220,222,223,225—231,245,253,268,272,274—276

精神诉求　236—238

K

康德　53—58,67

客观　5,7,10,19,21,25,37,40,45,48,49,57,59,60,62,68,79—81,86—88,90,94,98,100,102,105,108,110,113,116—120,124,127,129,153,154,160—162,165,174,175,192,194,200,204,207,213,216,219,230,235,242,267,269—271,274

肯定　19,26,38,50,54,59,62,64,74,76,78,81,82,86,90,97,171,177,180,184,192,193,207,220,230,251,252,257,262,267,268

L

理念　9,19,23,26,29,30,36—38,41,44—47,49—52,67,146—149,152,153,159—170,172—176,181—183,188,194,203,235,236,259,272—276

理想　1,14,18,23,25,31,37,38,46,77,78,89,90,98,103,108,114,117,118,120,124,126—129,135,137,141,146,148,150,151,153,

154,159,161,164,165,169,173,
174,176,178,180,182,184,186,
190,192,193,195,198,207,210—
213,215,216,218,221,224,237,
238,243—245,254,256,259,272,
273,275

联系　2,22,46,50,51,60,61,63,
64,68,69,72,73,76,80—83,85—
87,91,98—102,119,128,167—
169,175,176,179,192,195—197,
199—205,207,218,228,231,238,
249,250,261,269,270,274,275

列宁　60,83,92,169,179,187,244

M

马克思　1—7,10—14,16—18,20,
22,23,27,29,31,32,40,41,43—
45,47,53,59,60,66,68—87,89,
90,93—97,99—101,103,110,111,
113,116,123,125—134,137,139,
141,144,146,147,156,159—161,
163,166,169,177—179,181,185,
188—190,202,207,211,214,223—
226,229,233—242,244,249,250,
253,254,258,259,261,264,269,
270,274,276

毛泽东　87,107,120,169,183,
187,244,250

矛盾　1,4—10,21—28,32,34,35,
41,45,46,49,51,59,61—69,71,
74—91,99,101,108,112—116,
119—121, 126, 128, 131—138,
140—143, 146, 149—155, 162—
169,171,173,175—182,184—187,
191—193,195—199,201,203,205,
211—214,222—226,228,230,231,
244,246,248,250,251,256,257,
261,263,264,268,271,273—277

目标性　46,172,173,248,250,
267—271,275

N

内在差异　63,65—67,71,78,80,
81,88—90,109,114,120,126,165,
274

P

平衡　1,4,7,14—16,23,27,45,
86,88,98—100,102,103,106,108,
111, 112, 114, 119, 122, 124, 132,
137, 139, 142, 143, 146, 148—150,
152, 159, 161, 165, 171, 174, 177,
179, 181, 184, 185, 192, 193, 208,
230,244,250,251,262,272—274,
277

R

人的本质　17,73,98,114,129,
130,132,133,186,241,271

人的发展　2—4,17,45,67,69,74,
77—79,90,93,96,100,102,106,
109,110,112,114,115,120,123,

124，126，128，133，134，137，140—143，149—157，159，161，162，165，168，170—176，178，181，182，185，186，190，191，194—197，201，207，214，217，218，221，226，227，231，233，234，238，242—244，247，248，271，273—275

人的自由而全面发展　1，2，4，6，21，32，44—46，94，100—102，105，159，161—164，218，234，249，251，270，274，275，277

S

社会　1—32，34—41，43—46，66，67，69，72—75，77—81，83—85，87，89，90，92—100，102—117，119—162，164—193，195，198—202，204—230，232—277

社会历史　68，74，78，89，90，95—97，117，214，270

社会利益　115，120，134，135，143，152，246，257

社会心态　43，100，106，111，119，125，131，148，151—153，155，164，205，207

社会性　73，90，133，134，152，238，246，249

社会主要矛盾　4，5，22—24，26，27，31，32，40，108，114，137

剩余价值　79

时代性　6，19，31，79，80，93，114，166

实践活动　2，4，6，7，43，45，78，87，93—100，102，104，108，111，113，115—120，123—127，129，133，135，136，141，148—154，156，158，159，161—165，168，170，172，174，178，181，182，184，189，190，193，198，199，201，202，205—208，210—212，214—216，222—224，226，228，230，234，236，238，240—246，248，250，251，265，270，271，276

世界历史　59，82，83

适应性　96，174，240

思维方式　6，21，23，30，73，96，99，102，103，107，108，149，159，160，162，164，165，212，230

思想政治教育　1，2，4—8，22—32，40，41，43—47，69，92—95，97—107，109—111，113—118，120—130，132—137，140，145—168，170—179，181—188，190—193，195，196，198—205，207，209—218，221—224，226—229，232—234，236，238，242—246，248，250，251，254，256，265，267，270，272—277

思想政治教育差异　1，5—8，22，24，31，32，40，41，43—47，69，91—94，97，98，100—109，111—125，136，153，155，159，160，162—166，168—176，181—183，188，194—197，199—205，207，209—212，214，

216—218,220—223,225—227,229—234,241—243,250,251,256,262,267,272,274—276

苏格拉底　33,47—49,67,160

T

同一性　10,16,31,35,57—59,63,70,71

调节　38,46,75,78,121,131,155,167—170,172,173,175,179—187,197,199,201,204—207,209,210,212,213,216,220,222—227,231,275

W

外在差异　63,65,71,80,88,89,109,120,126,165,274

物质诉求、精神诉求　234

X

习近平　4,19,26,29,75,99,104,107,118,119,121,128,135,138,139,141,143,144,147—149,157,158,161,163,169,173,180,182,215,221—224,227,237,244,245,254,260,263,264,270

现实　1,2,4—7,13—16,18,19,21,22,25,27,29—31,36,38,40,43—45,59,67,68,71—74,76—80,84,87,90,91,93—101,103—105,107—111,114—118,120,124—131,133—137,140,141,144,146—155,158—166,168,169,172—174,176—181,184—186,192—195,198,201,205,207,208,211—213,215,219,221,226,234,235,237,238,241,251,256,257,264,267,270,272—274,276

协调　1,4—8,16,32,35,40,41,43—46,66,80,86,88,91,92,94,98—100,102—108,111,112,114—117,119—129,131—134,136,137,140,141,143,144,146,147,149—153,157—164,166—168,170,171,173,177,178,184,185,192,193,195,196,198,207,210,211,213,216,218,220,222,223,225,229,230,232,244—247,250,251,260,262,267,272—277

谢林　53,59,67

需求　6,24,26,27,30,31,78,83,97,98,103,114—121,124,127,132,135,142,143,151,152,168,169,189,203,237,246,252,272

Y

亚里士多德　32,47,50—53,67,111

引领性　103,139,164,256

有序性　46,122,223,247,248,262—267,275

运动　9,11,16,39,59,68,77,79,

81,84—87,108,112,116,120,163,
166,179,184,219,220,249

Z

真理　　33,49,68,80

整体性　　11,28,31,32,40,46,63,
69,71,103,110,114,121,123,124,
168,201,217,245,246,256,257,
259—262,275

正向　　7,44,46,88,89,93,98,105,
106,108,110—112,118—121,127,
154,155,165,172,176—178,192,
204,207,210,224,227,230,231,
261,271,274,275

主导性　　28,46,94,117,123,186,
197,198,202,225,227,230,234,
244,251,252,254—256,275

自驱性　　173

自然辩证法　　70,76,77

自然界　　2,3,9—11,59,68,69,71,
76,77,81—85,89,113,223—225,
249

自我意识　　57—59,67,134,184,
215

自由　　1—4,10,18,19,29,37,45,
62,64,75,78,100,103,106,121,
124,127,132—134,141,144,145,
151,155,165,168,171,173,176—
178,188,193,203,211,234,237,
238,242,243,248—250,252,253,
257,259,264,267—272,274

后　　记

本书是我2022年6月申报的国家社科基金后期资助暨优秀博士论文项目"思想政治教育差异问题研究"（项目批准号：22FYB004）的最终研究成果。该成果于2022年4月获评苏州大学优秀博士论文，又承蒙全国哲学社会科学规划办公室和诸多评审专家的厚爱，有幸获得国家社科基金后期资助暨优秀博士论文项目的立项资助，这对刚刚博士毕业走上工作岗位的我来说是巨大的科研鞭策和学术鼓励。现在呈现在读者面前的这本专著是在本人的博士论文《思想政治教育差异问题研究》的基础上修改整理而成的，修改内容主要包括两个方面：一是增补研究。根据对思想政治教育差异论的进一步研究，我在本书中补充了马克思恩格斯关于差异思想的一些"比较性"研究，并对思想政治教育差异范畴的一些概念进行了更为准确的描述和界定。二是增补研究成果。博士毕业后我入职苏州大学做师资博士后，先后申报了中国博士后面上资助项目"马克思辩证差异观视域下凝聚思想共识研究"（项目批准号：2022M722320）、江苏省社会科学基金青年项目"马克思辩证差异观视域下共同富裕研究"（项目批准号：22ZXC002），本书稿在修订中也融入了以上课题的阶段性研究成果，并对部分内容进行了删改与融合。

本人长期致力于马克思恩格斯人的发展问题研究，在探讨马克思自由人联合体思想以及思考人在这种"联合体"中是如何存在和发展的，人的自由和人的发展又具有怎样的特性等问题时，察觉个体是差别性与共同性的统一，个体的"全面性"不仅表现为人的主动性、创造性、自主性的全面发展，也表现为消除人的模式化、单调化、同步化，因而实现人的自由而全面发展强调的是实现人的多样性的自由以及实现人的全面性的发展。思想政治教育作为一种指导人们如何生活、如何发展、如何实现价值的教育，只有协调好人和社会发展过程中的各种差异问题，解决好社会发展的诸多矛盾，才能真正为人的全面发展创造更多的发挥空间。对此，思想政治教育要回答和解释好马克思所说的"人的自由而全面发展"，也就是面对着社会实践活动中的差异性现状，如何从思想政治教育的角度来思考人应该怎样追求和实现自由而全面的发展。在研究过程中，为了更加系统地把握人的多样性发展及其所要直面的差异性问题，我在对马克思恩格斯关于差异的思想进行探究的基础上，以思想政治教育协调差异问题、促进人的发展为出发点和立足点，尝试性地提出了一个运用差异为分析视角来研究思想政治教育的理论框架。一是以思想政治教育差异为研究对象，对其内涵、本质、特征进行阐释；二是分析和考察现实的差异问题及其原因，总结当前思想政治教育解决差异问题的困境；三是在探析"理念与机制""结构与功能""诉求与规约"三对矛盾范畴的辩证统一关系中，建构了思想政治教育差异的理论架构，以此尝试性地探索促进人的自由而全面发展的有效路径，使新时代思想政治教育工作得以有效开展，提升思想政治教育的实效性。

  在研究过程中发现，差异及其问题渗透在自然界、人、社会及其发展过程的各个方面，正因其司空见惯就容易被人忽视。长期以来，马克思恩格斯有关差异的思想在很大程度上被淡化、遮蔽和误解，人们忽视了其内在价值，忽略了其揭示事物联系、分析社会问题之矛盾分析法的本真要义，使其未发挥出应有的指导人和社会发展的重要作用。对此，我与导师姜建成教授聚焦马克思恩格斯自由人联合体思想、马克思恩格斯辩证差异观等相关内容展开持续关注和精细探究。在 2021 年及之前,我们围绕相关主题发表了《马克思恩格斯社会权益思想及其理论意义———一种走向"自由人的联合体"的新阐释》(《学术研究》2020 年第 5 期)、《唯物史观视阈中的公平性差异探析》(《福建论坛》(人文社会科学版)2020 年第 4 期)、《论马克思恩格斯辩证差异观及其当代价值》(《东南学术》2020 年第 3 期)、《论恩格斯〈自然辩证法〉中的辩证差异观——驳西方学者对"自然辩证法"的曲解》(《福建师范大学学报》(哲学社会科学版)2020 年第 4 期)等多篇学术论文。

  这些前期的思考为本成果的形成提供了有益的启发。在社会转型进程中,差异现象和差异问题的存在并不可怕,只要我们透视困境表现、把握困境成因、探寻问题实质、凝聚解决共识,就能促使思想政治教育在面对和协调差异的过程中发现新的发展机遇,实现思想政治教育的创新性和进阶性发展。在前期成果的基础上,我申报了国家社科基金后期资助暨优秀博士论文项目"思想政治教育差异问题研究"并顺利立项。立项后,我对思想政治教育差异论进行了整体系统的思考和探究,进一步完善了框架结构,翔实了观点内容,并将与主题相关的科研成果重新修改、完善融入到文稿中,最终形成了《思想政治教育差异论》这本专著。

  本书稿的出版恰逢思想政治教育学科设立四十周年。思想政治教育作为一门与时俱进的科学研究,致力于探索和解决不同时期思想政治教育所面临的不同情况和不同问题。当前我国社会主要矛盾发生转化,面对发展进程中的差异现象和差异问题,思想政治教育不仅要引导和教育人们认识客观差异的存在,还要帮助人们准确分析和把握差异的积极一面和消极一面,对正向差异予以激励和促进,对负向差异予以防范和规避,通过差异化的实践活动引导和帮助人们协调好发展中的差异问题,发掘自身的潜能和优势,实现协调、平衡的发展,从而为社会的全面进步带来更大动力。差异作为新时代思想政治教育看待和解决问题的一种研究视角、研究方法和研究路向，是正确认识和有效调适差异现象和差异问题的关键，是当前思想政治教育不可回避的一项研究。然而，通过对该课题的研究，我深感思想政治教育差异问题研究的宏观性与复杂性，要深度探究思想政治教育差异论、实质性推动该领域的相关研究任重道远，需要学者们共同付出艰辛努力，在研究中拓展深度和广度：一是要对思想政治教育差异的理论架构进行深度挖掘，加强理论架构的立体化、关联度、协调性；二是要拓展和延伸对差异分析视角的运用，为分析和揭示人的差异、社会差异、文化差异、价值差异、发展差异等诸多差异性问题开拓新的研究视角。因此，本专著的研究可以说是初步探索，还有大量的研究工作有待后期继续深入开展，书中尚且存在的不足，恳望同行批评指正。

最后，我作为课题主持人要特别感谢在课题申报、课题研究过程中指导和帮助过我的前辈老师、师兄师姐和同学们；感谢多位评审专家在项目结项评审中给予的较高评价以及非常宝贵的修改补充意见，有助于我在本书出版之前能有针对性地予以充实、修订和完善；感谢全国哲学社会科学规划办公室对该课题的肯定从而有幸出版；感谢此书的责任编辑中国社会科学出版社刘艳女士。对"思想政治教育差异问题研究"这一项目以及给予该专著关注与鼓励的学人一并表示衷心的感谢！

本书的形成过程交代如上，专为记录这段值得铭记的学习时光，是为后记。

于 佳